PAUL HENGGE

ES STEHT IN DER BIBEL:

JOSEPH ABER DACHTE MARIA ZU VERLASSEN...

(DER VATER, JOSEPH VON NAZARETH)

SPUREN DER ALTEN ÜBERLIEFERUNG IM NEUEN TESTAMENT

ARCHIV OLGA HENGGE - PLÜSS

Verlag und Vertretung für Urheberrechte
Umschlaggestaltung Grafikhaus München
Lektorat Ergül Waidmann
Gesamtherstellung Books on Demand GmbH
Printed in Germany
ISBN 3-8311-1149-9

1. Buchausgabe DER VATER – Joseph von Nazareth
Untersuchung zur Geschichte der Familie des Zimmermanns
1980 Orac & Pietsch, Wien

Inhalt

I. GEGEN DAS VORURTEIL

In den Weihnachtslegenden wird Joseph von Nazareth nur am Rande erwähnt; ein alter Mann, der zu der Ehre berufen wurde, Nährvater des Kindes Jesus zu sein, das die Jungfrau Maria vom Heiligen Geist empfangen hatte. In den einzigen von den Kirchen als authentisch anerkannten Quellen, den vier Evangelien des Neuen Testamentes der Bibel, wird Joseph im späteren Leben Jesu nicht mehr erwähnt. Wir erfahren nicht, wie er gelebt hat. Niemand weiß, wann, wo und wie er gestorben ist. Auch bei den frömmsten Christen erweckt die Frage nach dem Grab des Joseph von Nazareth nur unmutige Verwunderung. Keiner weiß, wo dieses Grab gewesen sein könnte, niemand vermag zu sagen, ob es ein Grab mit seinem Namen überhaupt gegeben hat.

Nach christlichem Glauben ist Jesus vom Tode auferstanden und in den Himmel aufgefahren. Im Jahre 1950 legte Papst Pius XII. für die römische Kirche als verbindliche Glaubenswahrheit fest, daß auch Maria aus dem Erdenleben in den Himmel aufgenommen worden ist. Die Katholiken sind seither verpflichtet, an eine leibliche Himmelfahrt der Mutter Jesu zu glauben.

Aus der heiligen Familie, die wir von den Weihnachtsbildern kennen, blieb danach nur Joseph allein und unbeachtet auf der Erde zurück. Im Gedächtnis des Abendlandes ist er nur eine vage, immer nur zur Weihnachtszeit blaß auflebende Erinnerung.

Manche Menschen, die ihre Vorstellung vom Zimmermann Joseph aus Legenden und Weihnachtsmärchen bezogen haben, werden vielleicht den Titel dieses Buches mißbilligen. Bevor sie mich deshalb aber mit unheiligen Namen bedenken, sollten sie die biblischen Texte noch einmal lesen.

Von den 27 Schriften, die im Neuen Testament gesammelt sind, enthalten zwar nur zwei Evangelien kurze Berichte über Joseph; ihr Inhalt reicht aber aus, das Bild vom angeblich einfältigen Mann zu widerlegen und den Titel dieses Buches zu rechtfertigen.

Nach dem Wortlaut des Johannes-Evangeliums soll Philippus nach seiner ersten Begegnung mit Jesus zu Nathanael gesagt haben:

Joh. 1.45.
Wir haben den gefunden, von welchem Mose

im Gesetz und die Propheten geschrieben haben, JESUM, JOSEPHS SOHN VON NAZARETH.

In einem anderen Kapitel des Johannes-Evangeliums wird ebenfalls betont, daß seine Zeitgenossen nichts von einer übernatürlichen Herkunft Jesu gewußt haben. Sie waren überrascht, als der bis dahin anscheinend unauffällig lebende Sohn des Zimmermannes öffentlich zu lehren und zu heilen begann.

Joh. 6.42.
Ist dieser nicht Jesus, Josephs Sohn, des Vater und Mutter wir kennen?

Das Erstaunen seiner Umgebung wird auch im Matthäus-Evangelium erwähnt. Als Jesus zum erstenmal in seiner Vaterstadt lehrte, waren die Menschen, die ihn kannten, verwundert.

Matthäus 13.55.
Ist er nicht eines Zimmermannes Sohn? Heißt nicht seine Mutter Maria? Und seine Brüder Jakob und Joses und Simon und Judas?

Nur im Evangelium nach Markus wird an dieser Stelle Joseph von den Nachbarn nicht als Vater genannt.

Markus 6.3.
Ist er nicht der Zimmermann, Marias Sohn?...

Die Formulierung der Frage beweist aber, daß auch nach Meinung der Verfasser dieses Evangeliums Jesus in seiner Umgebung bis dahin als stiller, unauffälliger Mensch angesehen worden ist.
Im ersten Kapitel des Lukas-Evangeliums wird wohl ausführlich über eine wunderbare Zeugung Jesu' berichtet: Der Engel Gabriel verkündet der Jungfrau Maria, sie werde einen Sohn zur Welt bringen, den sie aus einer „Überschattung“ durch den Heiligen Geist empfangen soll.
Aus dem folgenden Text geht dann aber eindeutig hervor, daß die Menschen von diesem Wunder nichts gewußt haben.

Lukas 3.23.
Und Jesus war, da er anfing, ungefähr dreißig Jahre, und WARD GEHALTEN FÜR EINEN SOHN JOSEPHS.

Die Augenzeugen seines Wirkens, jene Menschen also, die als erste Gedanken seiner Lehre in die Welt getragen haben, hielten nach übereinstimmender Darstellung aller vier Evangelien Jesus für einen Sohn des Zimmermannes Joseph von Nazareth. In ihren Erzählungen muß Joseph daher eine wichtige Rolle gespielt haben, denn in dieser Zeit war der Vater alleiniges, schicksalbestimmendes Oberhaupt der Familie. Er allein konnte über die Erziehung der Kinder entscheiden. Viele, die dem Menschen Jesus begegnen durften, haben deshalb vermutlich angenommen, daß seine Gedanken und Handlungen aus dem Geist bestimmt wurden, der ihm durch den Vater nahegebracht worden ist. Manche werden, wie es damals üblich war, Joseph überschwenglich gelobt und gepriesen haben, weil er in ihren Augen der Vater eines weisen und mutigen Sohnes gewesen ist. Nach der Auffassung der Menschen seiner Zeit muß Joseph hohe Bedeutung im Leben Jesu gehabt haben. Unter der Oberfläche ist diese Bedeutung auch noch im überlieferten Wortlaut der vier Evangelien zu erkennen; aber diese Spuren wurden in der abendländischen Tradition nicht verfolgt, und dadurch ist ein wichtiger Teil der Überlieferung verkümmert.
Im Lauf der Jahrhunderte wurden unzählbar viele Erzählungen, Analysen und Berichte über das Leben Jesu verfaßt. Joseph kommt darin kaum vor. In den Geschichtsbüchern kommt sein Name meist auch dann nicht vor, wenn die Autoren den Ereignissen, von denen die vier Evangelien berichten, geschichtliche Realität zugestehen.
Im Vorurteil des Abendlandes blieb Joseph ein farbloser Charakter von untergeordneter Bedeutung, dessen einzige Aufgabe es war, die von den Engeln überbrachten göttlichen Befehle auszuführen.
Ganz im Gegensatz dazu steht der Eindruck, der sich aus zwei Sätzen im Evangelium nach Matthäus aufdrängt, wenn man sie aufmerksam liest; denn aus ihnen ist zu erkennen, daß Jesus zu dieser Zeit wahrscheinlich nicht geboren worden wäre, wenn Joseph nicht den Mut gehabt hätte, sich gegen das Gesetz zu stellen, und die Kraft, sich zu einem Kind zu bekennen, das nicht sein eigenes war.

II. DIE ENTSCHEIDUNG

Joseph aber gedachte, Maria zu verlassen

Matth. 1.18.
Die Geburt Christi war aber also getan. Als Maria, seine Mutter, dem Joseph vertraut war, ehe er sie heimholte, erfand sich's, daß sie schwanger war von dem heiligen Geist.

Im Matthäus-Evangelium wird keine Erklärung gegeben über die Entstehung der Schwangerschaft oder wie Maria sie erlebt und erkannt hat. Ganz eindeutig wird dagegen berichtet, daß Joseph auf das, was er erfahren mußte, nicht vorbereitet gewesen ist. Der Bericht über seine Reaktion erweckt erhebliche Zweifel an der Wahrhaftigkeit der Legende vom einfältigen alten Nährvater, dem seine hohe Aufgabe angeblich bewußt gewesen sein soll.

Matth. 1.19.
Joseph aber, ihr Mann, war fromm und wollte sie nicht in Schande bringen, gedachte aber, sie heimlich zu verlassen.

Dieser Satz erzählt nicht von der lammfrommen Duldsamkeit eines einfältigen Greises. Er gibt die verständliche Verzweiflung eines Mannes wieder, der seine Zuneigung mißachtet und sein Vertrauen enttäuscht sieht. Das Evangelium beschreibt, was jeder Mann empfände, wenn er vor dem Vollzug der Ehe erkennen müßte, daß seine Frau ein Kind erwartet, das nicht von ihm sein kann.
Hätte Joseph in der Bitterkeit der ersten Stunden Freunden oder Nachbarn von seiner Enttäuschung erzählt, so wäre Maria der Schande ausgesetzt gewesen. In der Lebensart unserer Zeit kann „Schande“ im schlimmsten Fall bedeuten, daß manche Wohnungseigentümer wegen des unehelichen Kindes den Mietvertrag verweigern und sich einige Spießbürger unter Nachbarn und Bekannten das Maul zerreißen. In der

gottestreuen Gemeinde der damaligen Zeit hätte die „Schande" grausame Folgen haben müssen, denn nach dem Gesetz war die Braut verpflichtet, geschlechtlich unversehrt in die Ehe zu treten.

Deut. 22.20.
Ist's aber die Wahrheit, daß die Dirne nicht ist Jungfrau gefunden (21), so soll man sie heraus vor die Tür ihres Vaters Hauses führen, und die Leute der Stadt sollen sie zu Tode steinigen, darum, daß sie eine Torheit in Israel begangen und in ihres Vaters Haus gehurt hat; und sollst das Böse von dir tun.

Joseph dachte also nicht nur daran, harmlose „Schande" von Maria abzuwenden, er wollte sie nicht dem Todesurteil ausliefern.
Tief verletzt, konnte er wohl in diesen Stunden auch den Gedanken nicht ertragen, daß Maria in wenigen Monaten ein fremdes Kind zur Welt bringen würde. Da sie zu dieser Zeit noch nicht in seinem Haus lebte, bedeutete die Absicht, Maria „heimlich zu verlassen", nur, daß er sie nicht in sein Haus nehmen, den Grund dafür aber verheimlichen wollte. Die Katastrophe hätte er dadurch nicht abwenden können, denn die Ehe wäre für alle Nachbarn und alle Gesetzeswahrer klar erkennbar nicht vollzogen worden. Nach kurzer Zeit aber wäre es für alle offensichtlich gewesen, daß Maria schwanger war.

Lev. 20.10.
Wer die Ehe bricht mit jemandes Weib, der soll des Todes sterben, beide, Ehebrecher und Ehebrecherin...

Es mag dagegen eingewendet werden, daß die Ehe noch nicht vollzogen gewesen ist und deshalb Ehebruch nicht hätte geltend gemacht werden können. Vor den Richter gerufen, hätte Joseph als frommer Jude aber nicht verheimlichen dürfen, weshalb er die Ehe nicht vollzogen hatte. Es wäre dann belanglos gewesen, ob das Todesurteil wegen Ehebruchs verhängt worden wäre, oder weil durch die Schwangerschaft bewiesen war, daß die Braut nicht mehr Jungfrau gewesen sein konnte. Die Hinrichtung der Mutter hätte in jedem Fall auch den Tod des ungeborenen Kindes zur Folge gehabt.

Träumer wenden dagegen ein, daß Maria sich zum Beweis ihrer Unschuld auf die übernatürliche Zeugung durch den Heiligen Geist hätte berufen können. Es fällt ihnen dann aber schwer, die Tatsachen zu nennen, mit denen die Richter von der Unschuld der Angeklagten zu überzeugen gewesen wären.

Die Schriftgelehrten des Alten Testamentes hätten Maria ebensowenig geglaubt, wie die Kirchengelehrten des Neuen Testamentes bereit gewesen sind, den Beteuerungen der Jeanne d'Arc zu vertrauen.
In der Zeit des Verfalls der alten Kulturen glaubten die Menschen, die Welt sei überfüllt mit Erscheinungen des Satans und ständig bedroht von Dämonen und bösen Geistern. Auch die meisten Priester und Schriftgelehrten der Juden glaubten in dieser Zeit an die Existenz böser Mächte. Es wäre Maria nicht möglich gewesen, zu beweisen, daß ihre Schwangerschaft von einem guten — vom Heiligen — Geist herrührte. Hätte sie es trotzdem behauptet, so wäre sie wahrscheinlich von der Mehrheit der Richter wegen schwerer Gotteslästerung verurteilt worden.

Lev. 24.16.
Welcher des Herrn Namen lästert, der soll des Todes sterben; die ganze Gemeinde soll ihn steinigen...

Der Wert des machtlosen Menschen war gering in der Welt des untergehenden Altertums. Das werdende Leben im Mutterleib galt als materielles Eigentum des Mannes und konnte im Schadensfall dem Vater durch Geld ersetzt werden.

Ex. 21.22.
Wenn Männer hadern und verletzen ein schwanger Weib, DASS IHR DIE FRUCHT ABGEHT und ihr kein Schade wiederfährt, so soll man ihn um Geld strafen...

Wie wenig auch die Frau in dieser Zeit gegolten hat, wird aus den Berichten des Flavius Josephus deutlich. In seinem Buch „Jüdische Altertümer" schreibt er, wie die Aussage einer Frau von den Richtern bewertet werden sollte:

Auch soll das Zeugnis der Weiber nicht zulässig sein wegen der ihrem Geschlechte eigenen Leichtfertigkeit und Dreistigkeit.

Joseph hat Maria nicht „in Schande gebracht", das heißt, er hat mit keinem Menschen darüber gesprochen; so wird er an diesem Tag sehr einsam gewesen sein; schwankend zwischen der Traurigkeit über die verlorene Liebe und der Verzweiflung, die ihn wohl befallen haben wird, wenn er daran dachte, Maria dem Gesetz und damit der Steinigung auszuliefern. Dem Tag wird eine ebenso einsame Nacht gefolgt sein, mit unruhigem, von quälenden Gedanken und bedrückenden Träumen zerrissenem Schlaf. Aus seiner Frömmigkeit mußte er von sich die Einhaltung des Gesetzes verlangen und aus seiner Menschlichkeit zugleich diesen Gedanken hassen. Seine Liebe war nicht erloschen, aber um so tiefer mußte er den Schmerz empfinden, wenn er an das fremde Kind dachte. So kehrten seine Gedanken wohl immer wieder zu dem bitteren Entschluß zurück, Maria zu verlassen.

Matthäus 1.20.
Indem er aber also gedachte, siehe, da erschien ihm ein Engel des Herrn im Traum und sprach: Joseph, du Sohn Davids, fürchte dich nicht, Maria, dein Gemahl, zu dir zu nehmen; denn das in ihr geboren ist, das ist von dem Heiligen Geist.

In der Tradition des christlichen Abendlandes gilt es als selbstverständlich, daß Joseph dem Wort des Engels folgen mußte. Nirgends wird aber erklärt, wie und woran er im unruhigen Schlaf einer verzweifelten Nacht ein Traumbild als „Engel" und dessen Worte als eine Botschaft Gottes erkannt haben sollte.

Am Morgen war ihm von diesem Traum nichts geblieben als die nicht beweisbare Erinnerung an eine Stimme.

Matthäus 1.21.
Und sie wird einen Sohn gebären, des Namen sollst du Jesus heißen, denn er wird sein Volk selig machen von ihren Sünden.

Das Traumbild forderte ihn auf, gegen das Gesetz zu handeln, in dem seit der Väter Zeiten geboten war, „das Böse von Israel zu tun". Joseph hätte die Möglichkeit gehabt, Priester oder Schriftgelehrte um eine Beurteilung seines Traumerlebnisses zu bitten. Auch sie hätten ihm Rat und Antwort nur nach dem Gesetz geben dürfen. Aus seiner Erzählung hätten sie aber nur schließen können, daß eine Erscheinung, die von ihm verlangt, gegen das Gesetz zu handeln und ein sündig empfangenes Kind blasphemisch als Erlöser des Volkes ankündigte, nicht Botschaft des wahren Gottes sei. Der Argwohn, daß das Böse sich oft im Kleid des Guten zeigt, war und ist weit verbreitet. Auch der Apostel Paulus warnte in einem Brief an die Christengemeinde von Korinth vor falschen Propheten.

2. Korintherbrief 11.14.
...denn er selbst der Satan verstellt sich zum
Engel des Lichts.

Joseph mußte allein nach seinem Gewissen entscheiden, ob er daran glauben wollte, daß ihm ein Engel erschienen war, oder ob ihn der Satan dazu verführen wollte, als Engelserscheinung anzusehen, was in Wirklichkeit nur der Widerhall eigener Gedanken und seiner innigen Sehnsucht gewesen ist.

Matthäus 1.24.
Da nun Joseph vom Schlaf erwachte, tat er,
wie ihm des Herrn Engel befohlen hatte, und
nahm sein Gemahl zu sich.

Joseph hatte entschieden — für den Menschen und gegen das Gesetz. Er nahm Maria zu sich und wurde so, vor Nachbarn und Obrigkeit, vor dem Gesetz und den Menschen, Vater des Kindes. Indem er die Mutter nicht der Steinigung preisgab, hat er auch dem Kind das Leben gegeben. Wenn dieses Kind zum Mann geworden ist, werden im Tempel zu Jerusalem eines Tages Pharisäer und Schriftgelehrte vor ihn hintreten. Sie werden auf eine Frau zeigen, die auf frischer Tat im Ehebruch ergriffen wurde. Sie werden fragen, was mit ihr geschehen soll: „Moses hat uns im Gesetz geboten, solche zu steinigen; was sagst du?" Jesus, im Haus des Joseph von Nazareth aufgewachsen und erzogen, wird antworten: „Wer von euch ohne Sünde ist, der werfe den ersten Stein

auf sie."
Nach den Worten im Johannes-Evangelium (8.9.) werden die Ankläger hinausgehen — „von ihrem Gewissen überführt" — einer nach dem anderen.
Vielleicht ist dieses — im weltlichen Gebrauch wohl das berühmteste — Jesuswort aus dem Geist entstanden, aus dem Joseph von Nazareth die Kraft gewonnen hat zu der Entscheidung, seiner Frau Maria die bis dahin empfundene Liebe nicht zu entziehen, sondern auch das heranreifende Kind einzuschließen in die Zuwendung, in der Vertrauen, Vergebung und Verstehen, Opferbereitschaft und Dankbarkeit untrennbar verbunden sind.
Wir sollten nicht daran zweifeln, daß die Entwicklung zu den Gedanken der neuen Lehre ihren Anfang fand, als Joseph den Mut hatte, gegen das Gesetz zu entscheiden — im Geist der Nächstenliebe, die dem Menschen auferlegt, seinem Nächsten die gleichen Rechte zu gewähren, die er für sich selbst beansprucht. Solange es Menschen gibt, wird jeder für sich selbst vor allem das Recht auf Leben fordern. Joseph hat für Maria und Jesus dieses Recht gewahrt.
Man kann einwenden, daß der damals im Heiligen Land als Vasall der Römer herrschende König Herodes zehn Frauen hatte und eine kleine Sünderin nicht hätte hinrichten lassen. Der historische Herodes war nicht so schlimm, wie er in den Märchen geschildert wird, aber ein Hort der Menschlichkeit und der Gnade ist er nicht gewesen. Ein Kind, von dem die Mutter behauptete, es sei vom Heiligen Geist empfangen, hätte er nicht leben lassen; und auch von den Römern hätte Maria keine Hilfe erhalten. Das Kommen des Messias wurde von den unterdrückten Juden täglich erfleht und stündlich erwartet. Es war irreale Hoffnung für die Rechtlosen, aus der eine reale Bedrohung der Mächtigen entstand, sobald sich das Gerücht verdichtete, der Messias sei gekommen.
Als letztes Argument kann man auch noch sagen, Joseph hätte den Schutz des Kindes dem Heiligen Geist überlassen können. Mit viel Glück und Schicksalsgunst wäre die Mutter vielleicht mit dem Leben davongekommen. Sie wäre einem elenden, verachteten Dasein ausgesetzt gewesen und hätte im Kampf ums Überleben kaum die Möglichkeit gehabt, sich um ihr Kind zu kümmern.
Joseph hat dem Kind nicht nur das Recht auf Leben bewahrt, das im Gebot der Nächstenliebe gefordert wird, er hat auch sein Recht auf Liebe anerkannt, ohne die das Recht auf Leben wenig Wert hat.
Zwei Verse im Evangelium nach Matthäus erzählen die Geschichte

einer großen Liebe, von der die Kraft ausging, durch die die Welt verändert wurde.
Auch wer aus der Tiefe seines Herzens daran glaubt, daß Jesus der übernatürlich gezeugte Sohn Gottes ist, wird diesen Gedanken annehmen können. Die Liebe der Eltern zueinander, das darin ruhende Verstehen, ist wichtigste Voraussetzung für die Entwicklung der Kinder. Wer möchte Gott unterstellen, daß er seinen geliebten Sohn in die Obhut einer Lebensgemeinschaft gab, in der die erwachsenen Partner einander fremd und gleichgültig gewesen sind?

Matthäus 1.22.
Das ist aber alles geschehen, auf daß erfüllet würde, das der Herr durch den Propheten gesagt hat, der da spricht (23.): „Siehe, eine Jungfrau wird schwanger sein und einen Sohn gebären, und sie werden seinen Namen Immanuel heißen, das ist verdolmetscht; Gott mit uns."

Die zitierte Prophezeiung steht in einem Buch des Alten Testamentes, das nach dem Propheten Jesaja benannt ist, der im 8. Jahrhundert vor unserer Zeit gelebt hat. Die Gelehrten, die den endgültigen, uns überlieferten Text des Matthäus-Evangeliums gestaltet haben, sehen eine Übereinstimmung zwischen den Geschehnissen um Maria und Joseph und der Weissagung des Propheten Jesaja, durch die Gott, wie sie glauben, schon vor Jahrhunderten die Menschwerdung seines Sohnes verheißen hat. Auf den ersten Blick erscheint durch die behauptete Übereinstimmung mit der Prophezeiung die Auffassung widerlegt, wonach Joseph allein dem Gewissen folgend über das Schicksal seiner Frau und ihres Kindes entscheiden mußte und davon die Verwirklichung der schon vor Jahrhunderten vorhergesagten Geburt des Messias abhängig gewesen sein sollte. Aber gerade die zitierte Weissagung Jesajas, durch die sie widerlegt zu sein scheint, wird sich als wichtige Stütze dieser Auffassung erweisen.

Jahweh hilft

Im Matthäus-Evangelium wird berichtet, Joseph sei fromm gewesen. Aus dem Text nach Lukas erfahren wir, daß er das vom Propheten Mose gegebene Gesetz befolgte und alljährlich zum Pesach nach Jerusalem gewandert war, um dort im Tempel der Befreiung des Volkes aus der Versklavung zu gedenken. Es kann deshalb als sicher gelten, daß er durch die gottesdienstlichen Lesungen aus den Heiligen Schriften die Weissagungen über das Kommen des Messias gekannt hat, von denen die im Matthäus-Evangelium zitierte Prophezeiung des Jesaja eine der wichtigsten gewesen sein soll. Der Prophet des Alten Testamentes hatte verkündet, daß man den Sohn der Jungfrau „Immanuel" nennen werde. Der „Engel des Herrn", der Joseph im Traum erschienen war, soll ihm geboten haben, den Sohn der Maria „Jesus" zu nennen.

Zu dem Namen Immanuel wird die Deutung „Gott mit uns" angegeben. Der hebräische Name „Joschua" (griechisch: Jesus) muß mit dem Begriff „Jahweh hilft" übersetzt werden.

Es gibt in der christlichen Theologie wohl Erläuterungen, die auch zu den Namen eine Übereinstimmung herstellen. Zur Frage, weshalb der „Engel des Herrn" nicht denselben Namen genannt hat, den Gott schon acht Jahrhunderte früher durch seinen Propheten für den Messias verkündet haben soll, gibt es keine überzeugende Erklärung. Joseph hat von seiner Traumerscheinung auch nicht unmißverständlich erfahren, daß das Kind, das Maria zur Welt bringt, der Messias ist. Der „Engel des Herrn" stellt keine Übereinstimmung mit den Prophezeiungen der Vergangenheit her. Er sagt, das Kind, das Maria trägt, sei vom „Heiligen Geist".

Der Begriff vom Heiligen, mit Gottvater und Sohn dreieinigen Geist der christlichen Lehre war Joseph noch nicht bekannt. Er hätte ihn nach den ihm vertrauten Glaubenstraditionen nur deuten können als den alles bewegenden Geist Gottes, über den im Gesetz der Zehn Worte gesagt ist, daß der Mensch sich von ihm keine Vorstellungen und keine Bilder schaffen soll. Aus den im Traum vernommenen Worten konnte sich somit für Joseph keine verläßliche Hilfe ergeben. Es war daraus auch keine unumgängliche, unmißverständliche Anweisung Gottes zu erkennen, denn die Aufforderung, den Knaben „Jesus" zu nennen, wäre für den, der die alten Prophezeiungen gekannt hat, Grund genug gewesen, der Traumerscheinung zu mißtrauen.

Auch strenggläubige, schrifttreue Menschen werden anerkennen müssen, daß der für Deutungen sehr weite Spielraum zwischen den Namen „Immanuel“ und „Joschua“ einem Abgrund ähnlich ist, den der Mensch Joseph mit seiner Entscheidung überbrückt hat, indem er bereit war, ein Kind anzunehmen, von dem er nur wußte, daß es nicht sein eigenes ist.
Es gibt Menschen, die in der unerschütterlichen Überzeugung leben, es könne nichts gegen den Willen Gottes geschehen. Sie werden weiterhin darauf bestehen, daß Joseph nur ein Werkzeug Gottes gewesen ist, dem keine Freiheit gegeben war, anders als nach dem göttlichen Heilsplan zu handeln. Solche Menschen glauben aber meistens ebenso fest an die reale Existenz eines Teufels, der beständig versucht, die Menschen von ihrem rechten Weg zu Gott abzubringen. Dieser Teufel soll angeblich nur dann Macht über die Menschen gewinnen können, wenn sie sich aus der gläubigen Gemeinschaft entfernen und der sorgenden Aufsicht entziehen. Wer in seinem Streben unsicher wird, darf deshalb nicht zögern, den Rat derer einzuholen, die berufen sind, über die Herde der Gläubigen zu wachen.
Als Joseph von Nazareth seine Entscheidung zu treffen hatte, gab es die christlichen Priester noch nicht, es gab noch kein Christentum. Joseph hätte nur die Orakel römischer oder griechischer Kulte befragen können oder die Schriftgelehrten und Priester seines eigenen Volkes — dann aber wäre Jesus nicht geboren worden, und es gäbe das Christentum vielleicht auch heute noch nicht.
Kein Schriftgelehrter, kein Priester hätte es gewagt, die ehrwürdige, über siebenhundert Jahre alte Weissagung aus der Heiligen Schrift, die den *emanuel* ankündigt, mit dem im Traum vernommenen Namen „Joschua“ als erfüllt anzuerkennen.
In der Bedeutung des Namens Immanuel — „Gott mit uns“ — ist Gewißheit. Der Name Jesus/Josua — „Jahweh hilft“ — bedeutet Hoffnung und Vertrauen auf die Hilfe, ohne die Joseph von Nazareth den Weg nicht hätte gehen können, auf dem er den Menschen höher stellte als das Gesetz. Über der Begeisterung, in Jesus von Nazareth die Verkörperung des göttlichen Geistes erkannt zu haben, wurde in der späteren christlichen Tradition nicht mehr darauf geachtet, daß Joseph die Zukunft nicht gekannt hat.
Zwar finden wir im Evangelientext nach Lukas die Erzählung, daß zwei Menschen schon in dem Neugeborenen den Erlöser der Welt erkannt haben, aber zur Bewertung dieser Erzählung müssen wir neben der

Skepsis gegenüber den bemühten Textredakteuren auch die Lebensart der Menschen berücksichtigen und das Verhalten der Eltern beachten. Auch in unserer Zeit werden im Orient die neugeborenen Knaben von Fremden mit lauten Huldigungen bedacht. „Augenstern Gottes", „Wegbereiter der Gerechtigkeit" oder „Vernichter des Bösen" sind oft gehörte Rufe, die von den stolzen Eltern nicht ganz ernstgenommen, aber doch als Prophezeiung empfunden und mit freundlichen Gaben belohnt werden.
Zur Begeisterung des Simon, der vom „Heiligen Geist erfüllt" war und im Tempel zu Jerusalem über den Knaben Jesus ausrief: „Meine Augen haben den Heiland gesehen", wird im Lukas-Evangelium eine nüchterne Reaktion der Eltern vermerkt:

Lukas 2.33.
Und sein Vater und Mutter wunderten sich
des, das von ihm geredet ward.

Sie hätten sich nicht gewundert, wenn ihnen wahrgenommene und erkannte Engel Gottes erschienen wären und ihnen Jesus als den Messias verkündet hätten.

Im Alter von zwölf Jahren durfte Jesus auch zur Pesach-Feier nach Jerusalem reisen. Auf dem Heimweg merkten die Eltern, daß der Knabe nicht mitgekommen war. Sie fanden ihn nach langer Suche im Tempel bei den Lehrern, und er soll zu seinen Eltern gesagt haben:

Lukas 2.49.
... wißt ihr nicht, daß ich sein muß in dem,
das meines Vaters ist?

Damit, so lehrt die Tradition, hat Jesus gemeint, er müsse im Tempel sein, weil dieser das Haus Gottes, seines wirklichen Vaters, ist. Interessant und bezeichnend ist dann wieder die Reaktion der Eltern:

Lukas 2.50.
Und sie verstunden das Wort nicht, das er mit
ihnen redete.

Wäre Maria und Joseph verkündet worden, daß der Knabe Jesus der

Sohn Gottes und Erlöser der Menschheit sei, sie hätten jedes Wort verstehen müssen.
Wer an Jesus als den Sohn Gottes glauben will, sollte deshalb die irdischen Eltern nicht zu willenlosen, einfältigen Marionetten degradieren. Joseph verdient Bewunderung, nicht, *weil* er von einer überirdischen Herkunft Jesu gewußt hat, sondern weil er *nichts* davon wußte und das Kind trotzdem angenommen hat.
Mit dem Bericht des Matthäus-Evangeliums über die Entscheidung Josephs für das Leben des fremden Kindes wurde ein Motiv in die biblische Überlieferung aufgenommen, das im Alten Testament noch nicht vorkommt. Keine andere biblische Schrift erzählt von einem Mann, der aus freiem Willen und gegen das Gesetz seines Volkes bereit gewesen ist, sich mit der ganzen Kraft seiner Liebe eines Kindes anzunehmen, das er nicht gezeugt hatte.
Damit wird die menschliche Verpflichtung zur Verantwortung für die Lebensrechte des anderen aus der Beschränkung auf die „Bindung durch das gemeinsame Blut" gelöst. Das Kind erwirbt sein Lebensrecht nicht mehr nur aus dem Dienst am Vater, dessen Verherrlichung neben der Verpflichtung zur „Vermehrung seines Samens" bis dahin als seine wichtigste Aufgabe angesehen worden ist. Es wird anerkannt als eigenständiges, gleichberechtigtes Lebewesen, in dem sich der Geist ebenso wertvoll verwirklichen kann wie in einem Nachkommen aus dem eigenen Blut.
Dreißig Jahre später hat Jesus von Nazareth seine Jünger daran gehindert, Kinder, die zu ihm wollten, zu vertreiben, und er soll gesagt haben:

Matth. 18.5.
Wer ein solches Kind aufnimmt in meinem
Namen, der nimmt mich auf.

Wer bereit ist, dem Text des Matthäus-Evangeliums zu vertrauen, wird daraus erkennen, daß Jesus wahrscheinlich manche Gedanken seiner Lehre erst durch das Beispiel, das Joseph ihm gab, in vollem Umfang erkannt hat. Indem Joseph das eigenständige Lebensrecht des fremden Kindes anerkannte, hat er sich auch aus dem erstarrten Vorurteil seiner Zeitgenossen gelöst, nach dem die Frau nur Wert gehabt hat als Gefäß, in dem der Samen des Mannes reift. Es ist eine verlockende, aber leider unbeweisbare Vermutung, daß in der ursprünglichen Überlieferung, aus der das Matthäus-Evangelium entstanden ist, die Jungfräulichkeit der Mutter nicht als der anatomische Begriff der geschlechtlichen Unversehrtheit erwähnt worden ist, sondern vielleicht im Sinne der alten Übersetzer, von denen Eusebius in seiner Kirchengeschichte (V. 8.10.) erzählt. Danach haben die jüdischen Proselyten Theodotion aus Ephesus und Aquila aus Pontus die Weissagung des Propheten Jesaja nicht mit dem von der Tradition anerkannten Wortlaut „Siehe, eine Jungfrau ist schwanger" übersetzt, sondern ihr die Bedeutung gegeben: „Siehe, das junge Weib wird empfangen und einen Sohn gebären..." In dieser Auffassung könnte der eigentliche Sinn der alten Weissagung gewesen sein, daß Frauen ebenso wie Männer den göttlichen Geist erkennen, aufnehmen und verwirklichen können.

Aus dieser Deutung ergäbe sich auch eine einleuchtende Erklärung für die erstaunliche Tatsache, daß im Anfang besonders die Frauen die Botschaft Jesu aufgenommen und aus ihr die erlösenden Veränderungen für ihr Dasein erhofft haben. Dem Neuen Testament ist nicht zu entnehmen, wo sich die Jünger in den Stunden des Leidens und Sterbens Jesu aufgehalten haben. Nach den übereinstimmenden Berichten aller vier Evangelien haben aber die Frauen auf Golgatha ausgeharrt, bis Jesus vom Kreuz genommen und in das Grab gelegt werden konnte. Manche Einzelheiten deuten darauf hin, daß Joseph nach dem Geist gelebt hat, der in der vermutlich ältesten Tradition der biblischen Überlieferung nach dem Gesetz der Zehn Worte bewahrt worden ist. In der Tradition dieser Alten Überlieferung wurde gelehrt, daß dem Menschen Erkenntnisse nur dann offenbart werden, wenn er bereit ist, den göttlichen Geist aufzunehmen. Im Alten Testament werden zweimal durch Botschaften des göttlichen Geistes Jahweh den Menschen Erkenntnisse offenbart, aus denen eine Entwicklung zur Erlösung und Befreiung gequälter Menschen entstehen konnte.

Im hebräischen Wortlaut wird der erkenntnisvermittelnde Geist „Bote JHWH's" genannt. Die Übersetzer haben dafür den Begriff „Ein Engel des Herrn" gewählt. Durch einen „Engel des Herrn" wurde auch Joseph zu seiner Entscheidung für das Leben gegen das Gesetz seiner Zeit geleitet. Im Sinne der Alten Überlieferung war es eine Botschaft an sein Gewissen, die er nicht aufgenommen hätte, wenn er dazu nicht bereit gewesen wäre.

Der Engel des Herrn

Seit der frühesten Zeit erweckte im christlichen Abendland die Beschreibung „Es erschien ihm ein Engel des Herrn“ die Vorstellung von einem schönen Menschen mit edlem Gesicht und großen Flügeln auf dem Rücken, der in einem wallenden Gewand vom Himmel zur Erde schwebte, um den Willen Gottes zu verkünden und durchzusetzen. In der Engelslehre werden diese mächtigen Boten Gottes als reale körperliche Wesen aufgefaßt, die nach dem göttlichen Willen ordnend und strafend in das menschliche Leben eingreifen.
Die Erscheinung eines solchen Engels ist im ersten Kapitel des Lukas-Evangeliums beschrieben. Es heißt dort, in der „Stunde des Räucherns“ habe der Priester Zacharias allein im Heiligtum des Tempels gebetet.

Luk. 1.11.
Es erschien ihm aber der Engel des Herrn und
stund zur rechten Hand am Räucheraltar.

Nach dieser Beschreibung war der Engel in sichtbarer, realer Gestalt erschienen und hat sich dem Priester Zacharias auch eindeutig zu erkennen gegeben.

Luk. 1.19.
Ich bin Gabriel, der vor Gott steht, und bin
gesandt, mit dir zu reden...

Er verkündet dem Zacharias, daß dessen Frau Elisabeth trotz ihres hohen Alters noch einen Sohn gebären wird, dem er den Namen Johannes geben soll. Es ist jener Johannes, der Jesus im Jordan getauft und deshalb den Namen „Der Täufer“ erhalten hat.
Weiter wird im ersten Kapitel des Lukas-Evangeliums beschrieben, daß der Engel Gabriel „im sechsten Monat“ der Jungfrau Maria erschien und ihr verkündete, sie werde nach „Überschattung durch den Heiligen Geist“ einen Sohn zur Welt bringen, dem Gott der Herr „den Stuhl seines Vaters David“ geben wird. Das war eine der vielen Formulierungen, mit denen die Propheten im Alten Testament den kommenden Messias bezeichnet haben.

Alle Fragen, die nach dem Text des Matthäus-Evangeliums zu der dort erwähnten Engelserscheinung gestellt werden mußten, waren durch die ausführliche Beschreibung, die das erste Kapitel des Lukas-Evangeliums gibt, unterbunden. Bei Matthäus wird die Traumerscheinung, die Joseph zu seiner Entscheidung für das Kind beeinflußt, ein „Engel des Herrn" genannt. Diese Erscheinung hat keinen anderen Namen und kann nach dem Wortlaut auch als wesenlose Offenbarung eines Gedankens gedeutet werden. Im ersten Kapitel des Lukas-Evangeliums hat der Engel eine erkennbare Gestalt und den Namen Gabriel. Da er zunächst aber auch mit der Bezeichnung „Engel des Herrn" eingeführt wird, entsteht der Eindruck, es habe sich um dieselbe oder zumindest um eine wesensgleiche Engelserscheinung gehandelt.

Der Engel Gabriel hat die Macht, Menschen zu strafen, wenn sie sich dem verkündeten Willen nicht unterordnen wollen. Aus dem Text des Matthäus-Evangeliums ergibt sich eindeutig, daß für Joseph von der Traumerscheinung keine Bedrohung ausging, er also nicht durch höhere Gewalt gezwungen war, dem „Befehl" zu folgen. Diese Deutung ist nicht mehr möglich, wenn man die Traumerscheinung nach Matthäus mit dem Engel Gabriel aus dem ersten Kapitel des Lukas-Evangeliums gleichsetzt. Nach Matthäus wird Joseph vom „Engel des Herrn" darauf hingewiesen, daß das Kind der Maria „vom Heiligen Geist" sei.

Ein Mensch, der in der vorchristlichen Zeit an den Gott des Alten Testamentes glaubte, hätte das nicht unbedingt als Hinweis auf eine übernatürliche Zeugung verstanden, sondern als eine Mahnung daran, daß in jedem Menschen, also auch in einem fremden Kind, der Heilige Geist seiner göttlichen Seele lebt.

Der Engel Gabriel verkündet im anderen Evangelium aber in eindeutigen Worten, daß Maria als Jungfrau den von den Propheten angekündigten Messias, dem Gott der Herr den Thron seines Vaters David geben werde, aus einer „Überschattung" durch den Heiligen Geist empfangen soll. Wenn man annimmt, daß die Engel beider Evangelien identisch oder einander gleich sind, muß dort, wo das Matthäus-Evangelium andere Auffassungen zuläßt, dem Text die Deutung gegeben werden, die sich aus dem ersten Kapitel des Lukas-Evangeliums ergibt. Auf den ersten Blick mag die lückenlose Beweisführung überzeugend erscheinen. Sie kann einer näheren Prüfung aber nicht standhalten.

Nach dem ersten Kapitel des Lukas-Evangeliums müßte Maria gewußt haben, daß ihr Sohn Jesus der vom Heiligen Geist gezeugte Messias ist. Aus anderen Texten desselben Evangeliums ergibt sich aber das genaue Gegenteil: Maria und Joseph wußten nichts und haben entsprechende Prophezeiungen und Anspielungen angeblich nicht begriffen.
Nach dem übereinstimmenden Zeugnis aller vier Evangelien haben die Zeitgenossen Jesus für einen Sohn Josephs gehalten. Demnach müßten Maria und Joseph ihr großes Geheimnis für sich behalten und nie einem Menschen davon erzählt haben. Diese Erklärung kann nicht gelten, denn, wie schon gesagt, sie wußten nicht, was es bedeuten sollte, wenn andere den Knaben Jesus als Heiland, Messias und Erlöser der Welt gepriesen haben. Das aber müßte heißen, daß Maria ihre wunderbare Begegnung mit dem Engel Gabriel und ihr Erlebnis mit dem Heiligen Geist nach wenigen Jahren schon vergessen hatte.
Maria soll allein gewesen sein, als sie vom Engel heimgesucht wurde. Niemand kann wissen, was gesprochen wurde, und schon gar nicht, was Maria in diesem Augenblick und später gedacht hat, es sei denn, sie hätte es ihm erzählt. Nach dem Wortlaut aller Evangelien scheidet diese Möglichkeit aus. Die Berichte lassen nur zwei Auffassungen zu: entweder wußten Maria und Joseph nichts von dem, was bei Lukas beschrieben wird, oder Maria hatte es vergessen.
Im Machtbereich der Kirche durfte diese Frage bis nahe an unsere Zeit nicht gestellt werden, denn nach der im Mittelalter entstandenen Theorie wurde gelehrt, die Verfasser der Evangelien hätten den Wortlaut der überlieferten Schriften vom Heiligen Geist empfangen, von derselben geistigen Kraft also, die nach dem ersten Kapitel des Lukas-Evangeliums im Leib der Jungfrau einen Menschen gezeugt haben soll. In unserem Jahrhundert wird auch von den Kirchen eine wörtliche Inspiration nicht mehr angenommen. Es gilt nur noch der Grundsatz, daß die Autoren der Bibeltexte in höherem Maße inspiriert waren als die Verfasser aller anderen Schriften, ihre Werke deshalb wohl göttliche Wahrheit offenbaren, aber doch Mängel enthalten, die durch menschliche Fehler entstanden sind. Durch die Aufgabe der Behauptung einer übernatürlichen Entstehung der Bibeltexte ist auch die Frage nach der geschichtlich überprüfbaren Quelle, aus der die Verfasser des Lukas-Evangeliums von der „Überschattung" der Jungfrau durch den Heiligen Geist erfahren haben könnten, völlig offen und kann selbst dann nicht beantwortet werden, wenn man die Schriften des Neuen Testamentes als verläßliche Beschreibungen geschichtlicher Ereignisse

ansieht, denn sie enthalten zu dieser Frage keine Information.
Von den drei synoptischen Evangelien (Matthäus, Markus, Lukas), die im Ereignisablauf annähernd, im gedanklichen Inhalt weitgehend übereinstimmen, ist der Text nach Lukas der jüngste. Als Entstehungszeit seiner Urschrift wird das neunte Jahrzehnt unserer Zeitrechnung angenommen. Der Wortlaut dieser Urschrift ist nicht mehr bekannt. Er war vermutlich nicht in allen Teilen dem Text gleich, der uns im Kanon des Neuen Testamentes überliefert worden ist.
In der Mitte des zweiten Jahrhunderts hat es in Rom zwei Gemeinden gegeben, in denen die christliche Lehre in zwei stark voneinander abweichenden Versionen gepredigt worden ist. In der Gemeinde des Marcion war — wie es in den Lehrbüchern der Kirchengeschichte formuliert wird — eine „sehr eigenwillige Sammlung heiliger Schriften" verbreitet. Darunter soll auch ein „stark verstümmeltes" Lukas-Evangelium gewesen sein, in dem etliches vom Text der später kanonisierten Fassung gefehlt haben soll. Die endgültige Entscheidung, welche Texte in welcher Fassung als die „vom Heiligen Geist inspirierten", also als „kanonizema" zu gelten haben, wurde erst im vierten Jahrhundert getroffen, vermutlich nach dem Ende der Verfolgungen, also in der Zeit zwischen der Anerkennung des Christentums durch Kaiser Konstantin (274—337) und der Erhebung zur einzig erlaubten Staatsreligion des Römischen Reiches durch Kaiser Theodosius (391).
Seit dem vierten Jahrhundert bestimmten die römischen Kaiser mit über die Entwicklung der christlichen Kirche. Durch Kaiser Konstantin wurde das erste Reichskonzil der Bischöfe nach Nicäa einberufen. Dort stritten sie im Jahre 325 vor allem darüber, ob Jesus Christus als Gottessohn dem Vater nur wesens*ähnlich* oder wesens*gleich* sei. Die Entscheidung für die *Wesensgleichheit* soll gegen heftigen Widerstand vorwiegend auf die Stellungnahme des Kaisers zurückzuführen sein.
Eusebius von Caesarea, der die erste Kirchengeschichte geschrieben hat und auch Hofbischof des Kaisers war, hat den Christen ein Bild beschrieben, aus dem die Macht zu erkennen ist, die Konstantin auch in der Kirche für sich in Anspruch genommen hat: „Christus, das Wort Gottes, ist der Herr der Welt. Durch ihn aber regiert unser gottgeliebter Kaiser als Abbild des himmlischen Kaisers alles Irdische."
Zu dieser Zeit, als Eusebius ihn den Christen als irdisches Abbild darstellte, war Konstantin noch nicht getauft.
Der Kaiser hat Wert darauf gelegt, sein himmlisches Gegenstück so hoch wie möglich angesetzt zu wissen. Kein Despot wird sich mit einer

Ähnlichkeit zufrieden geben, wenn ihm die Möglichkeit offensteht, sich als irdisches Abbild Gottes verehren zu lassen.
Die Auffassung, daß Jesus als Christus und Sohn Gottes wesensgleich mit dem Vatergott ist, konnte sich nur durchsetzen, wenn es keine Zweifel an seiner übernatürlichen Zeugung gab. Eine Deutung des Matthäus-Evangeliums, wonach der Mensch Joseph von Nazareth darüber entscheiden konnte, ob die Menschwerdung des Gottessohnes Wirklichkeit werden sollte oder nicht, wäre in der Zeit des beginnenden byzantinischen Hofdespotismus nicht mehr möglich gewesen. Man war zurückgekehrt zum Gottkönigtum der heidnischen Völker. Der Mensch mußte sich bedingungslos dem Willen der kaiserlich-göttlichen Macht und den Befehlen ihrer besiegelten Vertreter unterwerfen.
In Staat und Religion wurde von den Christen Gehorsamkeit als höchste Tugend verlangt. Die Verherrlichung des Gehorsams finden wir immer wieder eingestreut in den Schriften des Neuen Testamentes, und sie werden meistens der höchsten theologischen Autorität zugeschrieben, dem Apostel Paulus. So soll er im Brief an die Römer, noch nicht zwanzig Jahre, nachdem Jesus auf Golgatha gekreuzigt worden war, geschrieben haben:

Römer 13.1. (Einheitsübersetzung)
...Denn es gibt keine staatliche Gewalt, die nicht von Gott stammt; jede ist von Gott eingesetzt (2). Wer sich daher der staatlichen Gewalt widersetzt, stellt sich gegen die Ordnung Gottes...

Wo staatliche zugleich als göttliche Autorität gelten mußte, wäre der Gedanke, daß Joseph den Anordnungen seiner Traumerscheinung nicht unbedingten Gehorsam leisten mußte, unzweifelhaft mit dem Tode bestraft worden. Es spricht für die Klugheit, die Opferbereitschaft und den Mut vieler Christen der ersten Zeit, daß der im Matthäus-Evangelium gegebene Bericht über Joseph von Nazareth nicht gänzlich entstellt oder aus der Schrift entfernt worden ist.
Die sonst namenlose Bezeichnung „Engel des Herrn" eines Traumerlebnisses gibt uns einen fast sicheren Nachweis, daß die Verfasser der ursprünglichen Überlieferung, aus der das Matthäus-Evangelium entstanden ist, eine Erscheinung beschreiben wollten, die keinerlei Ähnlichkeit mit der Vorstellung vom leibhaftigen, beflügelten Himmels-

bewohner Gabriel hat, die uns im ersten Kapitel des Lukas-Evangeliums vorgesetzt wird. Diese Auffassung wurde auch in der von der katholischen Kirche genehmigten Ausgabe der Jerusalemer Bibel (1968) angedeutet.
In einer Anmerkung zur Traumerscheinung in Matthäus 1.20. wird erklärt:

ENGEL DES HERRN, in den alten Texten, Genesis 16.7., bedeutet der „Engel des Herrn" ursprünglich Jahweh selbst. Erst mit der Entfaltung der Engellehre wird er dann von Gott unterschieden.

Jahweh ist der wichtigste und älteste Gottesname in der mit dem Namen Mose verbundenen Glaubenstradition des Alten Testamentes. Er wurde später, als verschiedene Traditionen miteinander verschmolzen, mit den Gottesnamen dieser anderen Traditionen gleichgesetzt. Zur Zeit des Joseph von Nazareth galt der Name Jahweh (JHWH) als so heilig, daß er überhaupt nicht ausgesprochen werden durfte. Es war wohl erlaubt, ihn, weil die heiligen Texte des Alten Testamentes nicht verändert werden durften, in den Kopien alter Schriften zu schreiben, aber er durfte nicht mehr gesprochen oder in neuen Schriften geschrieben werden.
Im Buch Genesis, dem 1. Buch Mose des Alten Testamentes, ist angegeben, wann der Name Jahweh (JHWH) zum erstenmal ausgesprochen und angebetet worden ist:

Gen. 4.26.
Und Scheth zeugte auch einen Sohn und nannte ihn Enosch. Zu dessen Zeit begann man, den Namen Jahweh (JHWH) anzurufen.

Scheth und Enosch sind die ersten Geschlechter nach Kain und Abel. Der Name Enosch bedeutet im hebräischen Sprachgebrauch wie auch der Name Adam „Mensch". Zum Unterschied von Adam hat Enosch meistens die Bedeutung „der neue" oder „der richtige Mensch", weil eben in diesem Geschlecht der Name Jahweh zum erstenmal angebetet wurde.

Leser meines Buches „Die Bibel-Korrektur“ werden sich erinnern, daß ich für den Namen Jahweh (JHWH) die Bedeutung „das lebende Wort“ vorgeschlagen und nachzuweisen versucht habe, daß diese Gottesvorstellung rein geistig gewesen ist. In den Büchern Mose wird mehrmals gesagt, daß kein Lebender jemals Gott (JHWH) sehen wird. Wenn die Menschen nicht bereit sind, den „Geist“ aufzunehmen, siegt die tierhafte Egozentrik über die „Nächstenliebe“.
Das Wort „Engel des Herrn“ bedeutet in wörtlicher Übertragung „Bote“ oder „Botschaft JHWH“. Der Begriff ist zum erstenmal im Buch Genesis 16.7. erwähnt; Ismael, der erste Sohn Abrahams, den er mit der ägyptischen Magd Hagar gezeugt hatte, ist in Gefahr, in der Wüste umzukommen. Ein „Engel des Herrn“ rät Hagar, sich unter der Hand der eifersüchtigen, weil bis dahin unfruchtbaren Sarah zu demütigen, damit Ismael am Leben bleibt.
Gott läßt kein Wunder geschehen, sondern er führt Hagar zu der Erkenntnis, daß sie Sarahs Quälereien ertragen soll, damit das Leben Ismaels nicht zum Opfer ihrer eigenen Bequemlichkeit wird.
Als Abraham später den Befehl erhält, seinen einzigen, lang ersehnten und geliebten Sohn Isaac zu schlachten und zum Brandopfer darzubringen, ruft ihm eine Stimme, ein „Engel des Herrn“ vom Himmel zu, er solle seinen Sohn nicht töten. Abraham tötet Isaac nicht. Wieder nahm ein Mensch gegen einen Befehl der Priester die „Botschaft“ des „Wortes“ auf.
Weder Abraham noch Hagar haben den „Namen JHWH“ gekannt. Sie nahmen aus der Erkenntnis, daß der Mensch verpflichtet ist, das Leben des anderen zu schützen, „Hüter seines Bruders zu sein“, den Geist des Lebens und der Nächstenliebe auf.
Ein „Engel des Herrn“ beruft aus dem „brennenden Dornbusch“ Mose zum Propheten. Im Geist und im Namen Jahwehs führt Mose danach das versklavte Volk in die Freiheit. In jedem Fall war der „Engel des Herrn“ eine geistige Erscheinung, eine „Stimme“, der die aufgerufenen Menschen nicht hätten Folge leisten müssen, wenn sie nicht freiwillig dazu bereit gewesen wären, für das Wohlergehen des Nächsten Entbehrungen und Leiden auf sich zu nehmen.
Im Alten Testament rief der Geist JHWH die Menschen dazu auf, die Verantwortung für ihre Mitmenschen zu erkennen und danach zu leben. Im Namen JHWH verkündet Mose das Gesetz der Zehn Worte, das die Grundrechte der Schwachen auch gegen die Mächtigsten schützen soll.

Schon unter Mose war das Volk vom Geist JHWH abgefallen und betete ein Goldenes Kalb an. Kein „Engel des Herrn", kein leibhaftiger Gott verhinderte die Qualen der Gerechten und die Untaten der Abgefallenen. Im Geist JHWH standen viele Propheten auf, um das Volk aufzurufen, zum Geist zurückzukehren. Alle Bücher des Alten Testamentes beweisen, daß die Masse der Menschen selten bereit gewesen ist, dem Geist und dem Ruf der Propheten zu folgen. Deshalb mußten die Propheten lehren, daß die Ereignisse der Geschichte, Katastrophen, verlorene Kriege, die Vernichtung des Tempels, die Strafe Gottes für den Abfall der Menschen war. Diese Strafen trafen aber nicht selten erst spätere Generationen, während die Schuldigen noch ein angenehmes Leben führen konnten.
Aus dem nach dem Propheten Mose benannten Schriften des Alten Testamentes ist zu entnehmen, daß es lange Zeiten gegeben hat, in denen der „Name JHWH" bei den Menschen nicht mehr bekannt gewesen ist. Aber immer waren wenige bereit, unter Entbehrungen und Opfern im Widerstand gegen weltliche und religiöse Mächte den Geist „JHWH" weiterzugeben.
Es gibt viele Deutungen und Erklärungen für die Tatsache, daß im Judentum nach dem babylonischen Exil der Name Jahweh nicht mehr ausgesprochen werden durfte. Es ist aber, soviel ich weiß, bisher nicht beachtet worden, daß allein daran die völlige Wandlung der Tradition und Glaubensauffassung zu erkennen ist.
Zum Geschlecht Enosch wird in der Bibel nur der einzige Satz gesagt: „In dieser Zeit begann man, den Namen JHWH *auszusprechen.*"
Als Maria schwanger war, war es *verboten,* diesen Namen auszusprechen. Joseph war aber ein „Engel des Herrn" erschienen, dem jeder die Übereinstimmung mit den im Alten Testament erscheinenden „Botschaften JHWH's" zugestehen muß.
So liegt der Gedanke nahe, daß in der ersten hebräisch-aramäischen Überlieferung des Evangeliums, die erst mündlich und später schriftlich verbreitet worden sein wird, wahrscheinlich der Name JHWH ausgesprochen und neu geschrieben worden ist.
Das bedeutet, daß Joseph von Nazareth in einer, von der mittelalterlichen Kirche nicht beachteten, von den gesetzestreuen Juden abgelehnten Tradition gelebt hat, in der die alten Gedanken bewahrt worden sind, und daß Jesus in dieser Tradition der Bewahrer aufgewachsen ist.
Dieser Gedanke wird bekräftigt durch den bei Johannes geschriebenen Ausspruch:

Joh. 4.24.
Gott ist Geist, und die ihn anbeten, die müssen ihn im Geist und in der Wahrheit anbeten.

Die Deutung des „Namen JHWH“ mit „Wort des Lebens“ oder „lebendes Wort“ fügt sich nahtlos in die Einleitung des Johannes-Evangeliums.

Joh. 1.1.
Im Anfang war das Wort, und das Wort war bei Gott, und Gott war das Wort...

Jesus, der den göttlichen Geist „Vater“ nennt, wird auch im Johannes-Evangelium als alle überragender Sohn Gottes angerufen. Mit der Anerkennung der Deutung des Namens JHWH wird dieser Begriff aus der angedichteten Ähnlichkeit mit den leiblich gezeugten Göttersöhnen der Griechen und Römer befreit.
Das Wesen Jesu wird im Johannes-Evangelium in einem Sinn erklärt, der eigentlich eine andere Deutung des Namens JHWH ausschließen müßte.

Joh. 1.14.
Und das Wort ward Fleisch, und wohnte unter uns.

Der Geist der Nächstenliebe, der Geist JHWH, kann sich unter den Menschen nur verwirklichen, wenn sie bereit sind, ihn aufzunehmen. Wenn Joseph zu den Menschen gehörte, die sich vielleicht „Bewahrer“ nannten, dann hat Jesus diesen Geist aus der Tradition seines Vaters übernommen. Er hat aber mehr getan. Er hat gegen das Gesetz, gegen die Religion seines Volkes diesen Namen nicht nur im Kreis der Freunde ausgesprochen, sondern öffentlich. Er hat gefordert, für den Geist der Nächstenliebe wenn nötig auch Besitz und Leben aufzugeben. Wenn dieser Gedanke der geschichtlichen Situation der damaligen Zeit nahekommt, dann hat Jesus den Geist von Joseph übernommen.
Jesus hat sich selbst oft „Menschensohn“ genannt. Es gibt zahlreiche Betrachtungen dazu; keine hat bisher ganz befriedigt.
An vielen Stellen des Alten Testamentes kommt der Begriff „Menschensohn“ vor und heißt im hebräischen Wortlaut „Ben-Enosch“.

Das heißt „Sohn“ oder Nachkomme jener Menschen Enosch der Tradition, die im Geist JHWH gelebt haben.
Noch ein letztes, diese These bestätigendes Zitat aus dem Johannes-Evangelium. Jesus soll dieses Wort in einem Gebet gesagt haben, bevor er verhaftet worden ist.

Joh. 17.6.
Ich habe deinen Namen offenbaret den Menschen.

Diesen Namen hat Jesus von Joseph übernommen. Und wer an den göttlichen Geist und die christliche Religion glaubt, wird mit dieser Auffassung die Frage leichter beantworten können, weshalb der Mensch, in dem das Wort Gottes „Fleisch“ wurde, im Hause des Zimmermannes zur Welt gekommen ist.
Bis zur Neuzeit hat sich das Christentum oft gewandelt. In langen Perioden haben die kirchlichen Autoritäten nur Gehorsam und Dienst an den Vertretern Gottes verlangt. Die Behauptung einer realen körperlichen Existenz der Engel, die jeden Verstoß gegen das Gebot der Obrigkeit bitter bestrafen würden, war eine wichtige Säule dieses Weltbildes.
Seit die Abbilder des „himmlischen Kaisers“ in ihrer moralischen Gebrechlichkeit entzaubert worden sind, seit die „Engel Gottes“ Auschwitz tatenlos geschehen ließen, kann das süßliche Bild, das uns im ersten Kapitel des Lukas-Evangeliums vermittelt wird, nicht mehr überzeugen.
Auschwitz und die unzähligen anderen Grausamkeiten des 20. Jahrhunderts hätten vielleicht nicht verhindert, aber sie hätten gemildert werden können, wenn schon in den Anfängen die Menschen bereit gewesen wären, den „Engel des Herrn“ zu hören, den Geist der Verantwortung für die Nächsten aufzunehmen. Das wunderbarste Beispiel, das uns durch Joseph von Nazareth im Neuen Testament gegeben ist, war aber überlagert worden von der gefährlichen These, daß alle Obrigkeit im Sinne Gottes handelt.
Der Weg, den Joseph von Nazareth mit seiner Familie gehen mußte, war, wie wir sehen werden, mühsam, gefährlich und schwer. Es wird vielleicht eine sehr einfache Erklärung dafür geben, weshalb Jesus den Begriff Vater so geliebt hat. Und niemand sollte das Gebet vergessen, das er in der Bergpredigt allen Menschen gegeben haben soll. Es

beginnt mit dem Wort: „Unser Vater". Der Mensch Jesus hat den „himmlischen Vater" nicht für sich allein beansprucht. Der göttliche Geist der Nächstenliebe ist Hüter und Vater aller Menschen, solange der Geist bewahrt wird.
Man sollte es auch nicht als Unsinn, Zufall oder Gedankenlosigkeit der Autoren abtun, daß Maria den Joseph Vater genannt hat, wenn sie mit ihrem Sohn Jesus über ihn gesprochen hat.
Seit Fernrohre und Weltraumsonden uns die Gewalt des Universums ahnen lassen, sind die mittelalterlichen Engelsvorstellungen auf die materielle Wirklichkeit unserer Zeit nicht mehr anzuwenden. Die Erkenntnisse der Naturwissenschaft haben uns zurückgeführt zur Weisheit der ältesten biblischen Überlieferung, in der nach dem Gesetz der Zehn Worte geboten worden war, sich von dem, was im Himmel ist, keine „Bilder" zu machen, weil die menschliche Vorstellungskraft nicht ausreicht, das Universum zu erfassen.
Der Engel Gabriel des Lukas-Evangeliums ist im Zeitalter der Weltraumfahrt keine Hilfe für die Bedrängten.
Der „Engel des Herrn" hat die Menschen immer erreicht, auch gegen den Willen der Obrigkeit und die Bestimmungen der Gesetze. Die menschliche Verantwortung füreinander und besonders für das Wohl der Kinder, zu dem der „Engel des Herrn" aufgerufen hat, kann für viele rasche Hilfe bringen, wenn die Entscheidung des Joseph von Nazareth in ihrem moralischen Wert nicht mehr mißachtet wird.

III. DAS FREMDE KIND

Verwischte Spuren

„Es war das zweiundvierzigste Jahr der Regierung des Augustus und das achtundzwanzigste Jahr seit der Unterwerfung Ägyptens und dem Tod des Antonius und der Kleopatra ... da wurde unser Erlöser und Herr Jesus Christus unter Quirinius dem Statthalter von Syrien zur Zeit der damaligen ersten Volkszählung gemäß den Prophezeiungen zu Bethlehem in Judäa geboren."
So beschreibt Eusebius von Caesarea (ca. 260—340) in seiner Kirchengeschichte (I.5.2.) die Geburt zu Bethlehem. Seine Zeitangabe entspricht jener, die auch im Lukas-Evangelium gegeben wird; nur ist dort der Name des römischen Statthalters mit Cyrenius entstellt wiedergegeben. Wie Eusebius beschreiben auch alle anderen Schriftsteller aus der Frühzeit des Christentums die Szenen der Geburt nach den kargen Angaben, die den Evangelien nach Matthäus und Lukas zu entnehmen sind. Wann immer man meint, in alten Schriften eine neue Quelle gefunden zu haben, die das Ereignis anders oder ausführlicher beschreibt, muß man sehr bald erkennen, daß es doch wieder nur eine Abwandlung der Evangelien ist.
In unserer Zeit erklären Theologen und die Autoritäten der Kirchen, daß die Schriften der Bibel Dokumente der Religionen sind, die nicht nach dem Maß weltlicher Logik und im Vergleich mit wissenschaftlich erforschter Geschichte beurteilt werden dürfen; und sie reagieren gekränkt, wenn aus diesen Schriften geschichtliche Zusammenhänge nachgewiesen werden, die nicht mit den Lehren ihrer Glaubensgemeinschaft übereinstimmen. Selten beabsichtigen Historiker aber, die Glaubensgrundsätze der Religionsgemeinschaften zu verändern. Die Lebensauffassung der westlichen Welt erlaubt es allen, frei, unbeeinflußt und unbelästigt den religiösen Gedanken zu folgen, die sie für richtig halten, sofern sie durch ihre Glaubensauffassung und Religionsausübung nicht andere in ihrer Lebens- und Gedankenfreiheit beeinträchtigen.

Die Theologen aller Religionen haben das Recht, Grundsätze zu lehren, an die sie glauben, und nach Bräuchen zu leben, die ihnen gefallen. Sie haben nicht das Recht, die Überlieferungen der Vergangenheit für sich allein zu beanspruchen. Sie dürfen auch die Feuer, in denen Jeanne d'Arc, Savonarola und unzählige andere elend zugrundegehen mußten, ihren Glaubensgenossen in späteren Zeiten als wärmende Feuer der Liebe und die Ermordeten als Märtyrer ihres Glaubens darstellen, wenn gesichert ist, daß sich an der Glut der gelehrten Gedanken nicht irgendwann wieder die Feuer der Scheiterhaufen entzünden könnten.
Die Freiheit der Anbetung, die unsere moderne Lebensauffassung zur Grundlage der staatlichen Ordnung gemacht hat, wurde schon vor Tausenden von Jahren von den Verfassern der ältesten biblischen Überlieferung gelehrt. Sie wurde von denen, die allein über die Auslegung der alten Schriften bestimmten, nicht geachtet. Die Inkompetenz der Auslegenden ist durch die Todesurteile religiöser Gerichtsbarkeit ausreichend bewiesen. Es ist heuchlerisch, darauf hinzuweisen, daß die Vollstreckung der Urteile nur von weltlichen Gerichten angeordnet wurde, denn aus diesem Denken werden auch die Schreibtischtäter des zwanzigsten Jahrhunderts freigesprochen. Es ist traurig, wenn das eindeutige Gebot „Du sollst nicht töten“ durch sprachkünstlerische Zaubereien praktisch zu dem Grundsatz umgewertet wird: du sollst nicht töten, wenn es dir nicht von einem befohlen wurde, der dazu berufen ist.
Es waren, wie zu allen Zeiten, Sprachkünstler und Schriftgelehrte, die darauf bestanden, daß ihre Auslegung der Schrift die einzig gültige ist. Joseph von Nazareth hatte den Mut, eine andere Schriftauslegung zu denken und in seiner gefährlichen Gegenwart auch danach zu leben.
Fromme Seelen haben im Mittelalter zahlreiche Legenden über die Geburt zu Bethlehem erdacht. Sie erzählen von wunderbaren Zeichen des Himmels, von Engelscharen, die zur Erde gekommen waren, um die Geburt des Erlösers zu verkünden und die Heilige Familie zu beschützen. Über derlei Ereignisse ist aus den Chroniken und Schriften dieser Jahrzehnte nichts zu entnehmen. Nicht nur über die Geburt fehlen Zeugnisse, es gibt auch kein außerbiblisches Dokument, in dem das Leben der Familie des Zimmermannes, das Wirken Jesu und seine Kreuzigung bestätigt wird.
Gelegentlich wird diese Tatsache als Beweis angeführt, daß die im Neuen Testament beschriebenen Ereignisse nie stattgefunden haben. Ich halte diese These für ebenso unsinnig wie die mittelalterliche

Behauptung, jede Zeile der Bibel sei als Gottes Wort unanfechtbare Wahrheit.

Die Erklärung dafür, wieso es keine außerbiblischen Quellen über das Leben der Familie des Zimmermannes Joseph und die Gemeinschaft, der sie angehörte, gibt, finden wir in der Geschichte. Seit im vierten Jahrhundert die christliche Kirche zur Staatsreligion des römischen Weltreichs erklärt wurde, durfte es Berichte nicht mehr geben, die von dem abwichen, was die Kirche als „Wort Gottes" verkündete. Es gab nicht mehr Wissenschaft *und* Religion, nicht mehr Mythologie *und* Geschichte, es gab nur die einzige, im Bibelwort verkündete, von der Kirche den Gläubigen ausgelegte Wahrheit; die Mythologie der Kirche mußte als reale Geschichte geglaubt werden.

Es hieß, was Gott den Menschen über das Leben Jesu offenbaren wollte, hat er durch den Heiligen Geist den Autoren der vier Evangelien des Neuen Testamentes diktiert. Was es darüber hinaus an Schriften gegeben haben mag, die abweichend von den Evangelien über die Ereignisse berichteten, galt als wertlos, irreführend und gefährlich.

Auch Kirchengelehrte bestreiten nicht mehr, daß die uns überlieferten vier Evangelien nicht im ältesten Wortlaut erhalten sind. Im Vorwort zur deutschen Ausgabe der „Jerusalemer Bibel" (1968) schreiben die Verfasser über das Matthäus-Evangelium, es sei von Matthäus dem Zöllner, der zum Kollegium der zwölf Apostel gehörte, in Palästina für Juden geschrieben worden, die sich zu der neuen Lehre bekannten. Es heißt dann weiter:

Sein in „hebräischer Sprache", das heißt auf aramäisch verfaßtes Werk, ist später ins Griechische übersetzt worden.

Den ursprünglichen hebräisch-aramäischen Text gibt es nicht mehr. Niemand weiß, was damit geschehen ist.

Die Kirchengelehrten nehmen an, daß es eine älteste Niederschrift gegeben hat, in der nur Aussprüche Jesu gesammelt worden waren. Sie nennen diese vermutete Sammlung der „Herrenworte" die „Rede-" oder „Logienquelle", auch „Quelle Qu". Wenn es eine solche, von unmittelbaren Zeugen verfaßte Schrift tatsächlich jemals gegeben hat, bleibt es unerklärlich, wieso diese ältesten, kostbarsten Dokumente nicht erhalten geblieben sind. Die frühen Christen haben als Märtyrer für ihren Glauben, für ihre Gemeinschaft, unbeschreibliche Leiden auf

sich genommen. Es ist unbegreiflich, daß sie nicht auch die Kraft gehabt haben sollen, Dokumente zu bewahren, die Geschehnisse aus dem Leben Jesu so berichten, wie der Augenzeuge sie erlebt, und Worte in der Sprache wiedergeben, in der Jesus sie gesprochen hat.
Sollten manche dieser ältesten Zeugnisse in späteren Jahrhunderten aber zufällig entdeckt worden sein — wie in unserer Zeit die Schriftrollen vom Toten Meer —, so wurden sie im Mittelalter sicher nicht beachtet, wenn sie im Inhalt nicht mit den vier kanonisierten Evangelien übereinstimmten.
Aus dem überlieferten Bibeltext hatte sich den Autoritäten des Mittelalters ein Weltbild offenbart, nach dem das Universum vor viertausend Jahren erschaffen worden war. Nach dem Sündenfall der beiden im Paradies lebenden Menschen hatte Gott einen Heilsplan entwickelt, der die Menschen wieder aus der Sünde erlösen sollte. Diesen Heilsplan offenbarte er in den Verkündungen der Propheten des Alten Testamentes. Die Geburt zu Bethlehem war danach Sinnerfüllung der Geschichte und Wende der Zeiten.
Seit wir wissen, daß die Welt um einige Milliarden Jahre älter und das Universum Milliarden Sterne größer ist, als es die mittelalterlichen Wahrheitsverfechter gelehrt hatten, berufen sich viele Kirchenvertreter darauf, im Bibelwort Offenbarungen einer Glaubenswahrheit zu besitzen, die nicht das Geschichtsbild der Vergangenheit dieser Welt, sondern den Weg zum kommenden Reich Gottes wiedergibt.
So können wir nun in den Geschichtsbüchern lesen, Jesus von Nazareth sei vermutlich im Jahre 7 vor Christi Geburt zur Welt gekommen.
Nach bestem Wissen hatte man im Mittelalter nach den vorhandenen Grundlagen das Jahr der Geburt berechnet und danach eine neue Zeitrechnung festgelegt. Seit der Aufklärung konnte sich die Menschheit nach und nach aus der Umklammerung der behaupteten Unfehlbarkeit des Bibelwortes befreien. Die Erforschung der Naturgeschichte, das Studium alter Schriften der Griechen und Römer und vor allem die Forschungen der modernen Archäologen führten zu immer neuen profangeschichtlichen Entdeckungen und Erkenntnissen, die mit dem traditionellen, aus dem Bibeltext abgeleiteten Bild nicht übereinstimmten. Nur die Suche nach Beweisen für den geschichtlichen Kern der Ereignisse, die im Neuen Testament beschrieben sind, ist trotzdem unverändert schwer geblieben. Die Geburt zu Bethlehem hat zwar die Welt verändert, aber die Welt der damaligen Zeit scheint sie nicht beachtet zu haben. Die Dokumente dieser Zeit enthalten keine Berichte über

Wunder oder wunderbare Zeichen. So bleiben weiterhin nur die Glaubensdokumente der Christenheit Quellen zur Erforschung der realen geschichtlichen Ereignisse. Da das Mittelalter uns andere, profane Schriften über die Ereignisse nicht erhalten hat, darf auch von keiner Seite Anspruch erhoben werden auf das alleinige Recht, die Evangelientexte zu erforschen und als Dokumente realer geschichtlicher Begebenheiten zu bewerten und entsprechend zu deuten.

Die von der Kirche ausgewählten vier Evangelien sind von den erhaltenen Schriften jene, deren Ursprung am weitesten an die Ereignisse der Vergangenheit heranreicht. Die Apokryphen sind unsichere Ergänzungen oder fromme Erfindungen aus späteren Jahrhunderten.

Es bleiben uns also auch zur Erforschung der Geschichte des Joseph von Nazareth nur die im Neuen Testament gesammelten Schriften. In dieser Sammlung enthalten wieder nur die Texte nach Matthäus und Lukas einige karge Berichte über Ereignisse aus dem Leben der Familie in den Jahren der Kindheit Jesu.

Suchen wir darin nicht nur nach Glaubenswahrheiten, sondern nach den Konturen des weltlichen Lebens, so müssen wir erkennen, daß es dazu im Wortlaut beider Evangelien wenig Übereinstimmung, dafür einige scheinbar unvereinbare Widersprüche gibt.

Nach beiden Evangelien kam das Kind als leiblicher Sohn der Maria und gesetzlicher Sohn des Joseph in Bethlehem zur Welt.

Lukas gibt an, die Familie hätte schon vor der Geburt des Kindes in der Stadt Nazareth gewohnt.

Bei Matthäus zieht die Familie erst später in die von der biblischen Tradition bis dahin nicht beachtete, unbedeutende galiläische Stadt.

Die Benennung „Joseph von Nazareth“ als Bezeichnung seiner Herkunft ist also nur richtig, wenn man Lukas mehr vertraut als Matthäus, denn in diesem Evangelium bleibt völlig offen, wo Joseph und Maria bis zur Geburt gewohnt haben. Die Angaben in diesem Text legen eher den Schluß nahe, daß sie in Judäa und nicht in Galiläa gelebt haben.

Nach Lukas (2.4.) mußte Joseph zur Zeit, als Cyrenius (Quirinus) römischer Statthalter in Syrien war, einem Befehl des römischen Kaisers Augustus folgen und mit seiner schwangeren Frau zur Steuerschätzung nach Bethlehem in die Stadt seines Ahnherrn David reisen. Dort brachte Maria das Kind zur Welt, wickelte es in Windeln und legte es in eine Krippe, „denn sie hatten sonst keinen Raum in der Herberge“.

Im Matthäus-Evangelium wird nicht erwähnt, von wo und weshalb Maria und Joseph nach Bethlehem gekommen waren. Es heißt nur:

„Da Jesus geboren war zu Bethlehem im jüdischen Lande..." (2.1.). Eine nähere Erklärung war überflüssig, denn der Prophet Micha hatte 750 Jahre vorher die Geburt des Messias so vorhergesagt:

Micha 5.1.
...aus dir (Bethlehem) soll mir der kommen,
der in Israel Herr sei.

In beiden Evangelien steht zu lesen, daß die Geburt zu Bethlehem von wunderbaren Zeichen begleitet war und zahlreiche Menschen gekommen waren, den Erlöser schon in der Wiege anzubeten.
Nach Matthäus kamen die von einem wandernden Stern geleiteten „Weisen aus dem Morgenland" (2.2.—12.).
Im Lukas-Evangelium wird den Hirten, die in der Nacht bei ihren Herden geblieben waren, von einem „Engel des Herrn" die Ankunft des Erlösers verkündet.
Matthäus erwähnt die Hirten nicht. Im Text nach Lukas kommen dagegen die Weisen aus dem Morgenland nicht vor.
Wie bei Matthäus berichtet wird, soll bald nach der Geburt dem Joseph wieder „ein Engel des Herrn im Traum" erschienen sein und ihm befohlen haben, nach Ägypten zu ziehen, weil der in Judäa herrschende König Herodes dem Kind nach dem Leben trachtete.
Die Verfasser haben nicht versäumt, darauf hinzuweisen, daß dies alles so geschehen mußte, weil vor siebenhundert Jahren der Prophet Hosea im Namen seines Gottes verkündet hatte:

Hosea 11.1.
Aus Ägypten habe ich meinen Sohn gerufen.

Dem Lukas-Evangelium wiederum ist eine Bedrohung des Kindes durch Herodes nicht zu entnehmen. Dort erfahren wir, daß Joseph so, wie es das jüdische Gesetz vorschreibt, das Kind am achten Tag beschneiden ließ (2.21.) und ihm den Namen Jesus gab. Nach der im Gesetz bestimmten Frist brachten die Eltern das Kind nach Jerusalem, um es „dem Herrn zu heiligen" und das vorgeschriebene Opfer darzubringen (2.22.ff.). Für die Geburt eines Sohnes oder einer Tochter hatten die Eltern ein einjähriges Lamm zum Brandopfer und eine junge Taube oder eine Turteltaube zum Sündenopfer zu geben (Lev. 12.6.). Wenn die Eltern das einjährige Schaf nicht bezahlen konnten, war ihnen (Lev. 12.8.) erlaubt, zwei junge Tauben oder ein Paar Turteltauben zu opfern. Lukas beschreibt uns, daß Maria und Joseph nur dieses „Armenopfer“ geleistet haben.

Luk. 2.24. (Einheitsübersetzung)
Auch wollten sie ihr Opfer darbringen, wie es das Gesetz des Herrn vorschreibt: ein Paar Turteltauben oder zwei junge Tauben.

Danach kehrten die Eltern mit dem Kind wieder zurück nach Galiläa, „in ihre Stadt Nazareth“ (2.39.). Nach Matthäus wird ein ganz anderer Verlauf beschrieben. Danach blieben die Eltern in Ägypten, bis wieder ein „Engel des Herrn“ dem Joseph „im Traum“ mitteilte, daß Herodes gestorben war. Nach einer vermutlich langen Zeit machte sich die Familie auf, aus Ägypten heimzukehren. Unterwegs aber erfuhr Joseph, daß in Judäa nun Archelaos herrschte, den er nicht weniger fürchten mußte als dessen Vater Herodes. „Im Traum“ erteilt ihm Gott den Befehl, mit der Familie nach Galiläa zu ziehen und sich in der Stadt Nazareth niederzulassen:

Matth. 2.23.
... auf daß erfüllet würde, das da gesagt ist durch die Propheten: Er soll Nazarenus heißen.

Die Textgestalter der endgültigen Fassung des Matthäus-Evangeliums haben keine Möglichkeit versäumt, Übereinstimmung zwischen den geschilderten Begebenheiten und den Weissagungen der Propheten des Alten Testamentes herzustellen, um daraus zu beweisen, daß Jesus der Messias ist.
Dadurch entstand aber auch der Eindruck, Maria und Joseph hätten sich idyllisch, unter göttlichem Schutz sorgenfrei am Leben freuen und dem heranwachsenden Erlöser dienen können. In der Tradition wird erzählt, wie sich Hirten und Tiere um den Stall der Herberge versammeln, wo dann die Heiligen Drei Könige ihre Schätze — Gold, Weihrauch und Myrrhe — abliefern. Auch diese Idylle ist einer Prophezeiung Jesajas angeglichen:

Jes. 11.6.

Die Wölfe werden bei den Lämmern wohnen und die Pardel bei den Böcken liegen. Ein kleiner Knabe wird Kälber und junge Löwen und Mastvieh miteinander treiben.

So haben aber die Sumerer schon tausendfünfhundert Jahre vor dem Propheten Jesaja ihr Paradies Dilmun beschrieben. Als die Texte der Evangelien redigiert wurden, wußte man nichts mehr von einem Volk der Sumerer. Erst zwei Jahrtausende nach Christus wurden die Spuren und Dokumente dieses Volkes wieder entdeckt, und erst dann war es möglich, zu erkennen, daß in den Schriften der alten Propheten auch Gedanken und Überlieferungen anderer und älterer Völker enthalten sind.

Die gelehrten Autoren des Lukas-Evangeliums legten auf die — Schriftbeweis genannten — Prophezeiungen der Alten keinen Wert mehr. Sie gestalteten den Text zu einem Beweis für die übernatürliche Zeugung Jesu, nach dem für ihn gegen alle Andersdenkenden der Anspruch vertreten werden konnte, der Sohn zu sein, den Gott im Mutterleib gezeugt hatte.

In beiden Evangelien wurden im Interesse theologischer Beweisführung die Spuren der realen geschichtlichen Ereignisse verwischt, mit mystischen Gedanken überlagert und zum Teil aus der Unkenntnis der Vergangenheit zu Beschreibungen verändert, die den Sinn der ursprünglichen Überlieferung nicht wiedergeben.

Aus dem Vergleich der Texte der beiden Evangelien ist nicht zu erklären, wieso Lukas vom Besuch der Weisen (oder Könige) aus dem Morgenland nichts gewußt haben soll und Matthäus den „Engel des Herrn" übersehen hat, der den Hirten auf dem Felde erschienen war. Mit den Begriffen der alten biblischen Überlieferung erkennen wir eine überraschende Übereinstimmung der Berichte und erhalten eine neuerliche Bestätigung der Bedeutung, die Joseph für die Entwicklung des Menschen Jesus gehabt haben muß.

Die Weisen und die Hirten

Matth. 2.9.
...und siehe, der Stern, den sie im Morgenland gesehen hatten, ging vor ihnen hin, bis daß er kam und stund oben über, da das Kindlein war.

Die Kirche feierte im Mittelalter die „Weisen aus dem Morgenlande“ als die Heiligen Drei Könige, die aus fernen Ländern gekommen waren, um das Kind anzubeten. Im Text des Matthäus-Evangeliums — nur darin werden die „Weisen aus dem Morgenland“ erwähnt — deutet keine Silbe darauf hin, daß diese Weisen auch Könige gewesen sind.

Matth. 2.11.
...und fielen nieder und beteten es an, und taten ihre Schätze auf, und schenkten ihm Gold, Weihrauch und Myrrhe.

Die Verfasser des Textes nach Matthäus haben auch an dieser Stelle versucht, Bezüge zu den Weissagungen der Propheten herzustellen. Acht Jahrhunderte früher hatte der Prophet Jesaja über die Ankunft des Messias verkündet:

Jes. 60.6.
Denn die Menge der Kamele wird dich bedecken, die jungen Kamele aus Midian und Epha. Sie werden aus Saba alle kommen, Gold und Weihrauch bringen, und des Herrn Lob verkündigen.

Und im 72. Psalm wird dem „Friedensfürsten“ und scinem Reich, das durch ihn kommen soll, ein Loblied gesungen.

72.10.
Die Könige zu Tharsis und in den Inseln werden Geschenke bringen; die Könige aus Reicharabien und Saba werden Gaben zufüh-

ren.

Im Matthäus-Evangelium wird nicht gesagt, wie viele „Weise" gekommen waren. Aus der Weissagung in diesem Psalm wurden die drei Könige übernommen und in der Tradition mit den Weisen verschmolzen. Im 15. Vers werden die Geschenke der Könige näher erklärt:

72.15.
Er wird leben, und man wird ihm vom Gold aus Reicharabien geben. Und man wird immerdar für ihn beten, täglich wird man ihn segnen.

Um eine Beziehung zu den Wunderhoffnungen der Vergangenheit herzustellen, wurden aus nicht näher bezeichneten Besuchern reiche Könige, die Gold und kostbare Geschenke gebracht haben. Als Kinder haben wir gefragt, weshalb denn die reichen und mächtigen Könige aus dem Morgenland dem armen Jesus später nicht geholfen haben. Die Antworten waren verlegen oder schroff — aber immer unbefriedigend, immer erdichtet und immer falsch.
Durch die Forschungsergebnisse der Neuzeit wurden viele geschichtliche „Tatsachen" widerlegt, die in früheren Zeiten aus den Bibeltexten gedeutet worden waren. Auch die Kirchen haben dies anerkannt. In der 1979 erschienenen Endfassung der Einheitsübersetzung des Neuen Testamentes zeigt sich die große Wandlung der „Bilder".

Matth. 2.1. (Einheitsübersetzung)
Als Jesus zur Zeit des Königs Herodes in Bethlehem in Judäa geboren worden war, KAMEN STERNDEUTER AUS DEM OSTEN NACH JERUSALEM.

Die Gelehrten, die sich heute für die Übersetzung „Sterndeuter" entschieden haben, wären von den Schriftgelehrten vergangener Jahrhunderte verachtet und geschmäht worden.
Man hat sich auch entschieden, das Wort „Morgenland" durch den Begriff „Osten" zu ersetzen. Das östlich von Jerusalem liegende Gebiet von Babylon war in alter Zeit das Zentrum der astrologischen Schicksalsdeutung. Für die „Weisen" steht im griechischen Text „magoi";

der Begriff konnte Priester bezeichnen oder Zauberkundige. Das Wort „Magier“ ist dem griechischen Begriff verwandt. Aber auch bei diesem Begriff sind wir nicht mehr in der Lage, den damals gemeinten Sinn genau zu erkennen. Die Deutung des Wortes aus unserer Auffassung des Begriffes Magier ist ganz sicher nicht die beste.
Der andere Begriff „Morgenland“ wurde in Judäa und Samaria nicht für die in der Verheißung genannten Gebiete gebraucht. Das Wort „Osten“ in der Einheitsübersetzung ist Folge dieser Erkenntnis. Osten ist aber eine sehr unzulängliche Richtungsangabe. Die alten Autoren hätten auf diese Angabe ebensogut verzichten können, denn sie sagt nicht aus, woher diese Menschen gekommen waren; ebensogut hätte es heißen können: „von irgendwo“. Die ursprüngliche Überlieferung wollte mit dieser Angabe aber sehr wahrscheinlich etwas Wichtiges mitteilen. Eine Bedeutung, die später nicht mehr erkannt worden ist.
Im hebräischen Text des Alten Testamentes (Genesis 2.8.) ist ebenfalls ein Begriff als Ortsbezeichnung „Osten“ gedeutet worden, und das ergibt noch weniger Sinn, weil man dort nicht einmal weiß, im Osten, *von wo* das sein soll. Es ist die Stelle, in der beschrieben wird, daß Jahweh Elohim einen „Garten“ entstehen ließ „in Eden (im Lande) im Osten“. Der „Garten“ wurde in der Auslegungstradition als Paradies gedeutet. In der „Bibel-Korrektur“ habe ich darauf hingewiesen, daß das an dieser Stelle gebrauchte hebräische Wort — kdm — nicht nur „Osten“ bedeuten kann, sondern auch „Vorzeit“ oder „Vergangenheit“.
Es ist also möglich, daß auch in der ursprünglichen hebräisch/aramäischen Überlieferung des Matthäus-Evangeliums nicht mitgeteilt werden sollte, daß die Besucher aus östlichen Ländern gekommen waren, sondern daß sie das Wissen, die Weisheit der Vergangenheit, besaßen. Die „Weisen aus dem Morgenland“ wären dann nicht als Magier aus Babylon zu verstehen, auch nicht als Sterndeuter aus dem Osten, sondern als die „Wissenden der Vergangenheit“, als Menschen also, die die Weisheit der Vergangenheit pflegten und *bewahrten*.
Im Buch Genesis wird — in der Textauffassung der „Bibel-Korrektur“ — berichtet, daß die erste Kultur in jenem „Garten im Land der Vorzeit“ entstanden war. Die alte Überlieferung, deren Fragmente in den Fünf Büchern Mose noch zu erkennen sind, erzählte, wie die Menschen das damals erlernte Wissen, den erkannten „Geist Jahweh“, immer wiederfinden konnten, weil opferbereite, oft verhöhnte und verfolgte Außenseiter das Wissen der Vergangenheit bewahrt haben.

Nach dem Verfall dieser ersten Kultur (Gen. 3.24.) fielen die Menschen im Überlebenskampf wieder zurück in die Egozentrik und das tierhafte Dasein ihrer Vorfahren. Im Geschlecht Scheth begann eine neue kulturelle, sittliche Entwicklung, aus der das Geschlecht Enosch hervorging, von dem im Buch Genesis gesagt wird:

Gen. 4.26.
...zu dieser Zeit fing man an, den Namen
Jahweh (JHWH) zu nennen.

Den Namen, das heißt den Geist JHWH (Gen. 4.1.), hatten die Menschen aufgenommen, als Mann und Frau anfingen, in dauernder Gemeinschaft gleichberechtigt miteinander zu leben und die bei ihren tierhaften Vorfahren nicht erkannte Verantwortung für den bewußt gezeugten Nachwuchs und in weiterer Folge auch für die Mitmenschen zu übernehmen. Dieses erste „menschliche“ Geschlecht wird im Alten Testament Adam (Mensch) genannt.
Im hebräischen Wortschatz des Alten Testamentes gibt es nur zwei Ausdrücke für den Begriff „Menschensohn“, nämlich „ben-adam“ und „ben-enosch“.
Jesus soll für sich selbst wiederholt die Bezeichnung „Menschensohn“ gebraucht haben. Das spricht dafür, daß die Deutung des Begriffes „Die Weisen aus dem Morgenland“ als „Weise der Vergangenheit“ nicht abwegig sein kann.
In dieser Auffassung des Begriffes hätte die älteste Fassung des Matthäus-Berichtes erzählen wollen, daß die Geburt des Kindes auch von den Weisen gefeiert wurde, die das Wissen und den Geist der „Vorzeit“ oder der „Vergangenheit“ bewahrten, die wie Joseph und Maria nach dem Geist JHWH lebten. Diese „Weisen der Vergangenheit“ haben sicher Gold, Weihrauch und Myrrhe nicht als unerläßlich für ein gutes und richtiges Leben angesehen. Sie werden dem Neugeborenen andere „Schätze“ geboten haben, die nicht materiell, aber für den späteren Menschen Jesus sicher von höherem Wert gewesen sind als Gold. Da diese „Schätze“ von den Tempelpriestern in Jerusalem aber nicht als Gegenwert für ein einjähriges Schaf in Zahlung gegeben werden konnten, stimmt der Bericht durchaus mit dem bei Lukas erwähnten „Armenopfer“ überein.

Jene Menschen, die mit Jesus gelebt hatten und nach seinem Tod die Erinnerung festhalten und anderen mitteilen wollten, werden aus seiner Lebensart und seiner Lehre gewiß nicht entnommen haben, daß ihm Gold, Myrrhe und Weihrauch in die Wiege gelegt worden und ihm und seiner Familie wichtig gewesen sind. Die scheinbar unvereinbaren Berichte in den Evangelien nach Matthäus und Lukas berichten nichts Gegensätzliches, sondern sie verwendeten in der Urform wohl nur verschiedene Begriffe, um dasselbe Ereignis zu erzählen.
Nach dem Lukas-Evangelium waren in der Nacht der Geburt Hirten auf dem Felde bei ihren Herden geblieben. Ihnen erschien ein „Engel des Herrn“ und verkündete die Geburt des Kindes.
Im Alten Testament erschien der „Engel des Herrn“, der nach dem hebräischen Sprachverständnis als „Bote JHWH's“ aufzufassen ist, immer dann, wenn Menschen ihre Pflicht erkennen sollten, anderen beizustehen, deren Not zu lindern oder sie aus einer Gefahr zu erretten. Der „Engel des Herrn“ mahnt die Menschen, „Hüter des Bruders“ und „Hirte der Schwachen“ zu sein. Schafhirten, die in der Nacht bei ihren Herden bleiben, sind im Land der nomadisierenden Viehzüchter nichts Bemerkenswertes. Die „Hirten der Schwachen“, die auch in der Dunkelheit eines ungewissen oder gefährlichen Schicksals ihre „Herden“ nicht allein lassen, waren seit eh und je selten und die ewige Hoffnung der Einsamen und Verfolgten.

Der bei Lukas verwendete Begriff „Hirte“ wird im Alten Testament eben auch dort zum erstenmal erwähnt, wo beschrieben wird, daß die Menschen den Namen oder den Geist Jahweh (JHWH) erkannten.

Gen. 4.2.
...und Habel ward ein Schäfer; Kain aber
ward ein Ackermann.

Aus dieser konventionellen Übersetzung geht das nicht hervor. Der hebräische Text ist aber nach der eigentlichen Wortbedeutung anders zu übersetzen:

Gen. 4.2.
...und Habel wurde ein Hirte der kleinen
Lebewesen, Kain aber diente der Adamah
(nach „Bibel-Korrektur“)

In der Konsonantenschrift der ältesten hebräischen Texte des Alten Testamentes ist ADAMAH die weibliche Form des Wortes ADAM, das ursprünglich nicht ein männlicher Eigenname war, sondern die Gattungsbezeichnung „der Mensch“ oder „die Menschheit“. Erst in der — nach dem babylonischen Exil — entstandenen Auslegungstradition wurde ADAM als Eigenname des ersten Menschen gedeutet und ADAMAH als eine Bezeichnung für „Erde“, weil die sumerisch-babylonischen Priester in ihren Mythen lehrten, daß die Menschen vom Gott Enki aus Erde erschaffen worden sind.
In der „Bibel-Korrektur“ habe ich dargelegt, daß in der ursprünglichen Textauffassung der Alten Überlieferung ADAMAH nicht „Erde“, sondern „weiblicher Mensch“ bedeutet haben muß:

Die früheste, ihren Willen durch das Wort verkündende Autorität der Menschheit ist die Mutter, der weibliche Mensch, die ADAMAH.
Im hebräischen Text heißt es nicht: Gott erschuf den Menschen aus Erde, sondern: Jahweh Elohim ließ den Menschen (ADAM) hervorgehen aus (MIN) der Menge (APHAR) der ADAMAH.
Mit dem Begriff ADAMAH wird die Geisteswelt der menschlichen Vorfahren bezeichnet, die, noch tierhaft lebend, ihren Verstand bereits gebrauchten, um ihre Umwelt zu gestalten.
Die kultische Verehrung der Großen Mutter gehört zu den frühesten Spuren urmenschlicher Siedlungen auf allen Kontinenten.
ADAMAH ist die Bezeichnung der Lebensart und der Urkulte, der vor der Zeugungserkenntnis noch im Matriarchat lebenden Urmenschen.
(„Bibel-Korrektur“ S. 24)

Kain waren die ersten Menschen, die in der Gemeinschaft der Familie aufwuchsen. Sie waren noch in den Lebensvorstellungen der Urwelt verhaftet. Habel war das zweite Geschlecht. Diese Menschen waren

bereit, die Verantwortung für die „kleinen Lebewesen“, die Kinder, zu übernehmen und die große Herde der Schwachen zu hüten und zu beschützen.
In den Schriften des Alten Testamentes begegnen wir dem Begriff „Hirte“ immer bei den Nachkommen Enoschs und immer im Zusammenhang mit dem Namen JHWH.
Moses kannte den Namen JHWH nicht. Nach seiner Flucht nach Midian heiratet er Ziporah, die Tochter Reguels, des Priesters in Midian. Der Name Reguel ist zusammengesetzt aus den Silben „Hirte“ und „Gott“. Hier wird Mose aus dem „brennenden Busch“ vom „Engel des Herrn“ der Name Jahweh (JHWH) offenbart, dessen Prophet er werden soll.
Man darf also vermuten, daß die im Matthäus-Evangelium genannten „Weisen aus dem Morgenland“, die jetzt „Sterndeuter aus dem Osten“ heißen sollen, in Wirklichkeit „Bewahrer des Wissens der Vergangenheit“ gewesen sind, also Menschen, die im Sprachgebrauch der alten Überlieferung auch „Hirten“ hießen.
Nach den aus den Evangelientexten erkennbaren Anzeichen waren Joseph und Maria in Bethlehem weit entfernt von ihrem Heim, und nach der Beschreibung des „Armenopfers“ scheinen sie zum Zeitpunkt der Geburt Jesu auch arm gewesen zu sein. So ist es folgerichtig, daß der „Engel des Herrn“, die Botschaft aus dem Geist JHWH, die „Hirten“, die in der Umgebung waren, zusammenkommen ließ, um dem Kind Hilfe und Schutz zu bringen, vor allem aber, um es zu feiern, denn die Kinder waren der Lebenssinn der „Hirten“.
Die im Namen JHWH geforderte Nächstenliebe macht die Menschen verantwortlich für das Wohlergehen ihrer Mitmenschen. Der Mensch wird durch sie aber weder aufgefordert noch ermächtigt, der Sittenrichter seines Nächsten zu sein, denn Nächstenliebe ist nicht möglich ohne Verständnis. Wann und weshalb es strenger Brauch geworden ist, den Namen JHWH nicht mehr auszusprechen, ist — geschichtlich — nicht mehr genau zu erkennen. Wir können nur sicher sein, daß es in dem nach der babylonischen Gefangenschaft entstandenen „Judentum“ in den letzten vorchristlichen Jahrhunderten schon streng verboten war, den „Namen“ auszusprechen.
Wenn eine Gemeinschaft der „Hirten“ und der „Weisen der Vergangenheit“ an der alten Tradition Moses’ festgehalten hat, JHWH als einzigen Gottesbegriff anzuerkennen, nach seinem Geist zu leben und seinen Namen weiterhin auszusprechen, dann braucht es keine weitere Er-

klärung, weshalb diese Menschen in ständiger Gefahr waren. Durch das Aussprechen des Namens JHWH hätten sie sich in den Augen der tempelbeherrschenden Schriftgelehrten der schlimmsten Lästerung schuldig gemacht.
Wie aber hätte ein gläubiger Mensch zu dem einzigen göttlichen Geist beten können, wenn er den „Namen" nicht aussprechen durfte? Und den Namen nicht auszusprechen, mußte dem, der diesen Namen liebte, wie eine Verleumdung vorkommen.
Es ist dies eine These, gewiß. Ich möchte sie auch noch nicht als historische Tatsache darstellen. Wir können aber, dieser These folgend, in vielen scheinbar rätselhaften Beschreibungen der Evangelien einen einfachen, auch den „geistig Armen" zugänglichen Sinn erkennen. Den geschichtsunkundigen, bibelfremden, aus dem Heidentum kommenden Predigern und Schreibern der frühchristlichen Kirche waren die Begriffe und Gedanken ferner Vergangenheit fremd und unwichtig. Der Zusammenhang realgeschichtlicher Ereignisse war bedeutungslos. Die Schriften mußten dem theologischen Anspruch gerecht werden, nicht einem geschichtlichen.
Was im realen Ablauf des Geschehens keinen Sinn mehr ergab, wurde nach dem Zeitgeist geändert oder korrigiert. Die Berichte enthalten manche Ergänzung, die als Erklärung eingefügt wurde. Tausendfünfhundert Jahre gehörten diese Einfügungen als historische Ereignisse in das Geschichtsbild des Abendlandes. Seit wir wissen, daß sie nie stattgefunden haben, stehen wir ratlos vor dem Rest des Berichtes, dem wir wegen der weggefallenen Begründung die Glaubwürdigkeit absprechen. Die „Flucht nach Ägypten" ist ein Beispiel dafür.

Der Flüchtling

Matth. 2.13. (Einheitsübersetzung)
Als die Sterndeuter wieder gegangen waren, erschien dem Joseph IM TRAUM EIN ENGEL DES HERRN und sagte: Steh auf, nimm das Kind und seine Mutter und flieh nach Ägypten; dort bleibe, bis ich dir etwas anderes auftrage, denn Herodes wird das Kind suchen, um es zu töten.

Trotz eifriger Suche haben die Forscher keine Anzeichen entdeckt, die der Erzählung vom „Kindermord zu Bethlehem" Glaubwürdigkeit verleihen könnten.
Im Volk der Juden wurde in den letzten vorchristlichen Jahrhunderten wohl oft das Gerücht verbreitet, der Messias sei gekommen. Ganz sicher hat König Herodes, um seine Macht und um das Vertrauen der Römer besorgt, solche Gerüchte sehr aufmerksam verfolgt. Die Ermordung eines Säuglings hätte er nur dann angeordnet, wenn dieser der Mittelpunkt einer gewaltigen Volksbewegung gewesen wäre.
Solange aus dem Matthäus-Evangelium gedeutet wurde, daß drei reiche und mächtige Könige das Kind besucht, angebetet und mit reichen Schätzen beschenkt hätten, konnte die angebliche Aufregung des Herodes begreiflich erscheinen. Auf „Sterndeuter" trifft dies nicht mehr zu. Nach dem Text des Evangeliums müssen auch ihre astrologischen Fähigkeiten beschränkt gewesen sein. Es heißt, sie kamen nach Jerusalem und fragten vergeblich nach dem neugeborenen „König der Juden", dessen Stern sie in ihrer Heimat gesehen hätten. Mehr haben sie nicht gewußt, und Herodes mußte die jüdischen Schriftgelehrten bemühen, damit sie ihm sagten, wo der Messias geboren werden sollte. Kein jüdischer Schriftgelehrter hätte dem Herodes dabei geholfen, den Messias zu töten. Darüber hinaus läßt sich allein aus den Schriften des Flavius Josephus entnehmen, daß unentwegt Menschen auftauchten, von denen behauptet wurde, die Weissagungen der Propheten träfen auf sie zu.
Die Verflechtung der „Weisen aus dem Morgenland" mit der Sage vom blutrünstigen, kindermordenden König Herodes wird unmöglich, wenn

für Morgenland oder Osten die vorgeschlagene Bedeutung Vergangenheit oder Vorzeit angenommen wird.

Der Geist JHWH, den die „Weisen“ in der Tradition der „Hirten“ bewahrten, wäre unvereinbar gewesen mit dem Machtstreben eines Vasallenkönigs der römischen Weltmacht. Die „Weisen“ hätten dem Herodes keine Auskunft gegeben, er hätte sie nicht unbehelligt wieder ziehen lassen. Die „Hirten“ konnten weder von den Schriftgelehrten der nachexilischen Gesetzesauslegung noch von den Vertretern der weltlich-römischen Staatsmacht Rücksicht oder gar Gerechtigkeit erhoffen.

Bei Lukas steht, daß Joseph das Kind am achten Tag beschneiden ließ und es dann im Tempel „dem Herrn darstellte“, das Opfer brachte und anschließend nach Nazareth zog.

Die Geburt eines Knaben und seine Namensgebung ist in allen Religionen und Bräuchen ein großes, wichtiges Fest, das Freunde und Bekannte anzieht, Nachbarn und Gönner, aber auch Neugierige und Neider.

Wenn in der Gemeinschaft der „Hirten“ der Name Jahweh (JHWH) ausgesprochen wurde, haben Joseph und Maria in der Zeremonie der Segnung und Weihung des Kindes ganz sicher nicht darauf verzichtet. Es wird wohl nicht in der Öffentlichkeit des Tempels geschehen sein, aber sicher dann, als sie meinten, unter Gleichgesinnten zu sein. Ein unbemerkter Fremder oder betrunkener Nachbar kann absichtlich oder fahrlässig die Verfolgung der Familie ausgelöst haben. Das eben erst „geweihte“ Kind wäre in den Augen der orthodoxen, gesetzestreuen Schriftgelehrten durch die Entweihung des „Namens“ den bösen Mächten preisgegeben gewesen.

In dieser Situation haben religiöse Fanatiker vielleicht nicht anders gedacht und zu handeln versucht, als es die Fanatiker im Mittelalter getan haben, wenn ihnen bekannt geworden ist, daß ein Kind anders als auf den christlichen Namen Gottes getauft worden war.

In der Nacht, im „Traum“, erschien dem Joseph ein „Engel des Herrn“, ein „Bote JHWH's“ also, und warnte ihn vor der Gefahr.

Joseph hat auch diesmal nicht gezögert, im Geist der „Hirten“ zu handeln.

Matth. 2.14.

Und er stund auf und nahm das Kindlein und
seine Mutter zu sich bei der Nacht und ent-

wich nach Ägyptenland.

Es war eine plötzliche, unvorbereitete Flucht, die er mit Kind und Frau mitten in der Nacht antreten mußte; mit einem Kind, das nicht von ihm war, das er aber als das seine anerkannt hatte durch die Darstellung im Tempel und durch die Bereitschaft, es zu beschützen und zu bewahren.

Auf den naiven Gemälden des Mittelalters nimmt sich die Wanderung sehr beschaulich aus. Der alte, treuherzige, tumbe Joseph führt den Esel, auf dem die strahlende Jungfrau und ein vergnügtes, heiliges Kind sitzen. Keine irdische Macht kann sie gefährden, denn ein Heer von Engeln beschützt sie. Sie leiden nicht Hunger oder Durst, denn wenn sie rasten, neigen sich die Bäume, lassen ihre Früchte vor dem Kind fallen und spenden erfrischenden Schatten.
Zwischen dem Heiligen Land und den ägyptischen Städten war auch schon damals weite, unendlich scheinende Wüste.
Die idyllischen Betrachtungen entstammen nicht dem Neuen Testament. Sie wurden aus den apokryphen Kindheits-Evangelien, von denen die meisten zwischen dem dritten und fünften Jahrhundert gedichtet worden sind, in die Tradition übernommen. Das Evangelium nach Matthäus verrät nicht, wie, wo, wie lange und vor allem, wovon die Familie auf der Flucht gelebt hat. Die Verfasser haben aber auch keine Wunderdinge erdichtet, um darzutun, wie die himmlischen Mächte den Gottessohn beschützt haben. Sie berichten nicht über Engelsheere, die Gott geschickt hat, oder von Naturgewalten, die er ausgelöst hat, um seinen Sohn zu schützen. Sie berichten, ein „Engel des Herrn (JHWH) hätte Joseph im Traum" gewarnt. Gott hat es den Eltern Maria und Joseph überlassen, das Kind zu beschützen und zu versorgen. Sein Vertrauen zu den beiden muß groß gewesen sein. Denn es kann für Joseph in dieser Zeit nicht leicht gewesen sein, Frau und Kind in einem fremden Land zu ernähren, zu kleiden und ihnen vor allem die Freiheit zu bewahren.
Nicht alle Menschen hatten in der damaligen Zeit das Recht, über ihr Leben, über ihren Körper nach eigenem Entschluß zu verfügen. Die Sklaven gehörten im Altertum so zum Alltag wie die Haustiere. Nicht selten hat ein in Not geratener Mann seine Familie verkauft, wenn er anders seine Schulden nicht bezahlen konnte.
Daß die Familie im Elend der Flucht überleben konnte, ist ein Wunder, das unbeachtet geblieben ist, obwohl es eines der größten ist, von denen

die Evangelien erzählen.
Der „Name“ der alten Überlieferung, der Geist JHWH, lebt in der Nächstenliebe der Menschen. In dieser Nächstenliebe hat der göttliche Geist das Leben des Kindes beschützt, und Joseph wahrscheinlich auf seinem Fluchtweg geleitet zu den im Verborgenen lebenden „Hirten“, die bereit waren, das Viele oder Wenige ihres Besitzes mit den Flüchtlingen zu teilen und sie dann weiterzuleiten zu anderen „Hirten“.
Als Jesus drei Jahrzehnte später seine Jünger ausschickte, in den Städten und Dörfern zu lehren, gab er ihnen den Rat, sich nicht um Nahrung zu sorgen.

Luk. 10.5.
Wo ihr in ein Haus kommt, da sprecht zuerst: Friede sei in diesem Hause. (6) Und so daselbst wird ein KIND DES FRIEDENS sein, so wird euer Friede auf ihm beruhen... (7) In demselbigen Hause aber bleibet, esset und trinket, was sie haben.

„Kind des Friedens“ könnte ein anderes Wort für den Begriff „Hirte“ sein, denn auch Jesus hat sich selbst „Hirte“ genannt.
Die „Flucht nach Ägypten“ ist im Lukas-Evangelium nicht erwähnt, und es scheint zunächst, daß sie nach dem dort beschriebenen Ablauf der Ereignisse auch nicht stattgefunden haben kann.
Bei Lukas zieht die Familie nach der „Darstellung“ im Tempel nach Nazareth. Bei Matthäus muß sie flüchten.
Weder bei Matthäus noch bei Lukas wird angegeben, wieviel Zeit seit der Geburt vergangen war, als die Familie in die galiläische Stadt Nazareth kam.
Matthäus nennt für die Flucht wohl einen geschichtlich wahrscheinlich unrichtigen Grund (Kindermord), er deutet dadurch aber die Willkür der Mächtigen an, gegen die das störrische, fremde Herrschaft hassende Volk der Juden sich immer wieder durch Aufstände gewehrt hat. Bei Lukas findet sich dazu keine Andeutung. Das ist erstaunlich, denn von ihm soll auch die Apostelgeschichte verfaßt worden sein, in der von einer Volkserhebung gegen die von Kaiser Augustus angeordnete, zur Zeit des Statthalters Quirinius (Cyrenius) durchgeführte Steuerschätzung, deretwegen Joseph mit seiner schwangeren Frau nach Bethlehem wandern mußte, berichtet wird.

Apg. 5.37. (Einheitsübersetzung)
Nach ihm trat in den Tagen der Volkszählung Judas, der Galiläer, auf; er brachte viel Volk hinter sich und verleitete es zum Aufruhr. Auch er kam um, und alle seine Anhänger wurden zerstreut.

Diese Begebenheit ist als geschichtliches Ereignis in beiden Schriften des Flavius Josephus erwähnt: (Jüdische Altertümer XVIII.1.1) „Der Senator Quirinius... kam mit einigen Begleitern nach Syrien, vom Kaiser als Richter des Volkes entsandt und mit der Aufgabe der Vermögensschätzung betraut... Judas, der Gaulaniter, ein Mann aus der Stadt Gamala, reizte gemeinsam mit dem Pharisäer Saddok zum Aufstand; sie gaben aus, daß die Schätzung nichts anderes als die volle Knechtung bezweckte, und forderten das Volk auf, für die eigene Freiheit einzutreten."
Diesen Aufstand erwähnt Josephus auch in seiner Schrift „Der jüdische Krieg":
„Damals reizte ein Galiläer namens Judas seine Landsleute zum Aufstand auf und schalt sie, daß sie sich die Steuern an die Römer gefallen ließen und außer Gott noch sterbliche Herrscher annähmen."
(Eusebius KG.I.5.6.)
Origenes und auch Eusebius von Caesarea haben nicht daran gezweifelt, daß die Schätzung, von der Josephus schreibt, dieselbe ist, die im Lukas-Evangelium als Zeitbestimmung für die Geburt Jesu genannt wird. Viele Wissenschaftler lehnen das heute ab. Nach ihrer Meinung soll die bei Josephus erwähnte Volkszählung oder Schätzung erst sechs oder sieben Jahre nach der Geburt Jesu stattgefunden haben. Wer aber weiß wirklich, in welchem Jahr und in der Zeit welcher Schätzung oder Volkserhebung Jesus zur Welt gekommen ist? In den Geschichtsbüchern gibt es die Jahreszahlen 7, 4 und auch 2 jeweils vor Christi Geburt.
Es wird von vielen das Jahr 4 bevorzugt, weil sie annehmen, damals sichtbare Planetenkonstellationen seien zum „Stern von Bethlehem" umgedichtet worden. Daß die Verfasser der Berichte in späterer Zeit auffällige „Himmelszeichen" mit der Geburt des Gottessohnes verbunden haben, ist sehr wahrscheinlich, denn davon wußten die meisten Astrologen der Völker; daß sie auf diesen Gottesbeweis verzichtet hätten, weil sie nicht sicher waren, ob das „Zeichen" im Jahr vor oder nach

der Geburt über den Himmel gezogen war, ist höchst unwahrscheinlich.
Die Wunder bei Lukas und die Schriftbeweise bei Matthäus, die zur Bestätigung der Göttlichkeit des Kindes in die Texte aufgenommen worden sind, halten in unserer Zeit einer Prüfung nicht stand, und sie hindern uns leider, die Schriften als Berichte über reale geschichtliche Ereignisse so ernstzunehmen, wie es die Überlieferung verdient.
Im zweiten Jahrhundert verfaßte der Philosoph Celsus die erste — bekannt gewordene — Streitschrift gegen das Christentum: Logos Alethes — Wahres Wort. Die Schrift ist nicht erhalten. Sie kann nur teilweise aus Zitaten rekonstruiert werden, die der erste große Theologe Origenes (gest. 254) in seinen Schriften verwendet hat, um Celsus zu widerlegen. Der wollte nämlich beweisen, daß die christliche Lehre nicht auf historische Ereignisse zurückgeführt werden kann und ihre Ideen nur mißverstandene Gedanken aus der platonischen Philosophie seien. Er fragte, weshalb eine angeblich seligmachende Religion von allen Menschen unbemerkt in einem so unbedeutenden Winkel dieser Erde offenbart worden sein sollte. Diese Frage ist mit ähnlichem Wortlaut auch später oft gestellt worden. Sie ist aus der traditionellen Auffassung der Schriften des Neuen Testamentes nicht zu beantworten. Sucht man den Inhalt der Überlieferung aber im Ablauf der Ereignisse, im Verhalten der Menschen und nicht in den — weit über den Inhalt der Schriften hinausgehenden — Erklärungen der Tradition, so kann die Antwort auf Celsus nicht schwerfallen. Auch in den Berichten des Neuen Testamentes ist, wie in der alten Überlieferung, der Grundgedanke deutlich, daß der göttliche Geist sich dort offenbart, wo Menschen bereit sind, ihn aufzunehmen. Die Werke Gottes geschehen, wo die Menschen nach dem Geist leben, der im Namen des Lebendigen Wortes überliefert wird.
Die Propheten des Alten Testamentes beklagen häufig, daß die Menschen nicht bereit waren, das Wort Gottes zu hören. Die Taubheit der „Kinder Israel“ ist oft die Erklärung der Propheten für das unglückliche Schicksal des von Gott „auserwählten Volkes“. Gott, so prophezeien sie, werde das Volk so lange strafen, als die Menschen nicht bereit sind, ihm zu gehorchen und seinem Wort zu folgen. Demnach glaubten die Propheten daran, daß dem Menschen die Freiheit gegeben ist, sich dem Willen zu widersetzen, auch dort, wo sie ihn als göttlich erkannt haben.
Es gibt im Alten und im Neuen Testament keine Silbe, die als Beweis

tauglich wäre für die These, Joseph habe den Engelsmitteilungen folgen müssen.

Die Behauptung, daß es solcher Beweise nicht bedürfe, weil Gott jederzeit auch ohne Einwirkung anderer Menschen, anderer Geschöpfe oder Naturgewalten die Menschen zwingen könne, nach seinem Willen zu handeln, die war schon fragwürdig, als die ersten „Ketzer“ im Rauch der angeblich heiligen Feuer erstickten. Sie sollte nach den Massenmorden, dem Flüchtlingselend des 20. Jahrhunderts nicht mehr erwähnt werden. Die Verantwortung für diese Taten müssen wir selbst tragen. Das Beispiel Josephs hätte uns aber nicht genommen werden dürfen, denn dadurch wäre es uns schwerer gemacht worden, die Verantwortung für alles, was *nicht* geschehen ist, bei Gott zu suchen, und nicht bei uns selbst.

Matth. 2.15.
Und (Joseph) blieb allda bis nach dem Tod des Herodes, auf daß erfüllet würde, das der Herr durch den Propheten gesagt hat, der da spricht: „Aus Ägypten hab ich meinen Sohn gerufen.“ (Hosea 11.1.)

Mit ihren ständigen Hinweisen auf die alten Prophezeiungen vermitteln die gelehrten Textredakteure den Eindruck, Gott habe die „Flucht nach Ägypten“ nur veranlaßt, damit er anschließend, der Vorhersage seines Propheten entsprechend, den Sohn aus Ägypten rufen konnte. Was für ein grausames, launisches Gottesbild wird damit gezeichnet!

Es muß für Eltern die Hölle sein, mitten in der Nacht, ohne Vorbereitung, ohne geeignete Ausrüstung, mit ihrem neugeborenen Kind in die Wüste getrieben zu werden, wo die Nächte auch im Sommer bitterkalt sind, in der aber am Tage der Sand manchmal so heiß werden kann, daß man ihn mit bloßer Haut nicht berühren darf. Zwischen Bethlehem und Ägypten ist mehr Wüste, als ein Schriftgelehrter allein durchwandern könnte.

Wenn die Gelehrten gemeint haben sollten, daß das Elend dieser Flucht zum göttlichen Konzept gehörte und Gott die Leiden seinem Sohn und dessen Eltern nur mit Schmerzen auferlegt hat, so hätten sie trotzdem den Mut und die Opferbereitschaft des Menschen Joseph nicht unterschlagen dürfen. Joseph hat niemals ein sichtbares, auch für andere Menschen wahrnehmbares Zeichen des Himmels erhalten. In jeder Entscheidung war er mit seinem Gewissen allein, denn Maria konnte die Engelsbotschaften nicht wahrnehmen, die Joseph „im Traum“ empfangen hat. Auf der Wanderung durch das „Elend“ hat das Kind Jesus die ersten Schritte gelernt, die ersten Worte von den Erwachsenen übernommen. Es muß die Sorge Josephs mit kindlichen Sinnen wahrgenommen und das Vertrauen empfunden haben, das seine Mutter diesem Mann entgegengebracht hat. Als Jesus später Jünger um sich versammelte und neue Wege lehrte, sagte er zu denen, die ihn umdrängten:

Matth. 16.24.
„Will mir jemand nachfolgen, der verleugne
sich selbst und nehme sein Kreuz auf sich und
folge mir.“

Vielleicht hat er dabei auch an Joseph von Nazareth gedacht, der ihm ein Stück des Weges zumindest vorangegangen ist.

IV. LEHREN UND LEHRER

Der Geist der Zeit

Für die im Matthäus-Evangelium beschriebene Entscheidung und das Verhalten Josephs gibt es in den Schriften des Alten Testamentes kein Beispiel. In der nach verschiedenen Schriften aus mehreren Überlieferungen entstandenen Auslegungstradition wird der Mann höher bewertet als die Frau. Zu Josephs Zeit war bereits die Lehre verbreitet, daß die in der Bibel gesammelten Schriften durch „Inspiration" entstanden waren. Aus diesen heiligen Texten war ein Weltbild ersonnen worden, in dem der Mann als Gottes Ebenbild erschaffen und erst später aus einer seiner Rippen die Frau entstanden war, damit der Mann eine „Gehilfin" habe. Lebenssinn des Mannes war die Verherrlichung Gottes; seine einzige Pflicht, Gottes Gesetze gehorsam zu befolgen.
In der Textauffassung der Auslegungstradition gab es für den Mann kein höheres Ideal als die zahllose Vermehrung seines Samens. Dies ist in der Spätzeit immer nur körperlich verstanden worden, und es ergab sich deshalb der weit höhere Wert der Söhne. Die Töchter trugen zur Vermehrung des väterlichen „Samens" nicht bei, denn in dieser Zeit wurde die Frau nur mehr als ein Gefäß angesehen, das den männlichen Samen zur Reife bringt. Nur Knaben also zählten als vollwertige Nachkommen.
Der Prophet Maleachi sieht die Beziehung Gottes zu den Menschen wie die des Vaters zu den Söhnen und läßt Gott (Jahweh Zebaoth) sagen:

Mal. 1.6.
Ein Sohn soll seinen Vater ehren, und ein
Knecht seinen Herrn...

Das Gespräch Gottes mit den Menschen findet in dieser Weltsicht nur mit den dazu würdigen Ebenbildern statt, mit den Männern.
Da Joseph nach den Texten des Neuen Testamentes einer „Engelserscheinung" vertraute, die Maria als ein dem Manne gleichberechtigtes

Lebewesen darstellte, handelte er nicht nur gegen das Gesetz, sondern auch gegen den Geist der Zeit. Nach diesem Zeitgeist hätte Joseph auch unbedingt Priester über die „Traumerscheinung" entscheiden lassen müssen:

Mal. 2.7.
Denn des Priesters Lippen sollen die Lehre bewahren, daß man aus seinem Munde das Gesetz suche; denn er ist ein Engel des Herrn Zebaoth.

Die Vorstellungen von Engeln oder Boten Gottes scheinen sehr frei und weitreichend gewesen zu sein. Ihre Beschaffenheit und ihr Wesen läßt sich aus der Bezeichnung „Engel" oder „Bote" allein nicht bestimmen. Die Art der Erscheinungen annähernd richtig zu unterscheiden, kann nur dann gelingen, wenn die dazugehörigen Gottesbezeichnungen beachtet werden.
Der Prophet Maleachi nennt Priester auch „Engel des Herrn Zebaoth". Nach dem Text des Lukas-Evangeliums verkündet „des Herrn Engel" der Jungfrau Maria, daß sie vom Heiligen Geist „überschattet" werden soll. Der Gottesname „Herr Zebaoth" hat eine andere Bedeutung als der allein verwendete Begriff „Herr". Wird das anerkannt, so kann niemand böswillig aus dem zitierten Prophetenwort deuten, Maria sei von einem „Priester" heimgesucht worden. Wer dagegen behauptet, die Gottesbezeichnungen hätten keine besondere Bedeutung und die Namen: Elohim, Jahweh, Adonaj, Jahweh-Elohim, Jahweh-Zebaoth meinten immer dasselbe, der könnte bei der Deutung der Engelserscheinung im Lukas-Evangelium in Bedrängnis gebracht werden.
Neben der Messias-Erwartung war der Prophet Elia die große Hoffnung der Menschen. Er hatte zur Zeit des Königs Ahasja und der Königin Jesebel im achten Jahrhundert im Nordreich Israel gelebt und die fremden Kulte der Philister erbittert bekämpft.
Obwohl es keine von ihm verfaßte oder ihm zugeschriebene Schrift gibt und nur wenige Episoden aus seinem Leben in den Büchern der Könige und der Chronik erzählt werden, stand er im Ansehen des Volkes höher als die anderen Propheten, denn es war ihm auf einer wundersamen Reise zum Berg Horeb eine Erscheinung Gottes offenbart worden, und später soll der Prophet lebend in den Himmel aufgenommen worden sein.

2. Kön. 2.11.
... siehe, da kam ein feuriger Wagen mit feurigen Rossen... und Elia fuhr also im Wetter gen Himmel.

Seit damals warteten die Menschen auf seine Wiederkehr. Der Prophet Maleachi hatte diese Wiederkehr auch angekündigt:

Mal. 3.23.
Siehe, ich will euch senden den Propheten Elia, ehe denn da komme der große und schreckliche Tag des Herrn.

Maleachi hat vermutlich in der Zeit nach der babylonischen Gefangenschaft gelebt, aber vor Esra, dem ersten der Schriftgelehrten, der dem Volk das neue Gesetz gegeben hatte, das die Grundlage des Judentums geworden ist. Der Autor des Buches Maleachi verband mit der Hoffnung auf eine Wiederkehr des Propheten Elia noch eine andere:

Mal. 3.24.
Der soll das Herz der Väter bekehren zu den Kindern und das Herz der Kinder zu ihren Vätern...

Der Zerfall der Lebensgemeinschaft wird damit beklagt und das Erkalten der menschlichen Beziehung. Wohl steht für den Verfasser des Buches Maleachi im Vordergrund die Hoffnung, es werde durch Elia wieder die eine, von allen gleich empfundene Gottesbeziehung geben, die das Volk wieder einigen sollte, aber die Klage über den Zerfall der Gemeinschaft, über die Fremdheit zwischen Nachkommen und Vorfahren, ist die Grundlage des Gedankens.
Der Gottesbegriff ist nicht mehr die Forderung, die verpflichtet, den göttlichen Geist in der Sorge um die Mitmenschen zu verwirklichen und dadurch eine lebenszugewandte Gemeinschaft zu schaffen, sondern er ist zum eifersüchtigen Rächer und Richter geworden. Für den als sehr nahe angenommenen Tag des Gerichtes durch den Messias ist eine der wichtigsten Erwartungen die gnadenlose Bestrafung der „Gottlosen", und die Lust, die die Gerechten beim Ansehen der Strafen empfinden werden, ist eine oft beschworene Hoffnung in den Prophezeiungen. Im

Geist dieser Zeit lebt die Überzeugung, daß sich die Beziehung des Menschen zu Gott auch erfüllen kann, wenn andere Menschen nicht beachtet werden. Entsagung galt als gottgefällig. Wer sich aus dem Leben zurückzog, um Gott in Enthaltsamkeit und Askese zu dienen, wurde als nachahmenswertes Beispiel gepriesen. Nach dem Schicksal der Abhängigen, für die der „Heilige" verantwortlich gewesen ist und die er im Stich gelassen hat, wurde nicht gefragt.
In Sprüchen, Gebeten und Prophezeiungen wurden Autoritätsbegriffe aus der Welt der Menschen auf Gott übertragen. Sie nannten ihn Herrscher, Fürst, König und Richter. Die Menschen konnten ihm nur dann recht dienen, wenn sie seine Befehle bedingungslos und ohne zu fragen ausführten. Die meisten Schriften des Alten Testamentes wurden auf dieses Gottesbild ausgerichtet und Schriften aus früheren Zeiten entsprechend redigiert. In der Erzählung des Buches Genesis über den Völkervater Abraham wurde nicht mehr der von einem „Engel des Herrn" eingeleitete Widerstand gegen die Opferung seines Sohnes Isaak als Schwerpunkt und Sinn der Überlieferung gedeutet, sondern der stumpfe Gehorsam. Die Opferung wurde nun als eine „Prüfung" gedeutet. Abraham erhielt von Elohim den Befehl, seinen Sohn zu schlachten und als Brandopfer darzubringen. Er protestierte nicht, fragte nicht, er fesselte Isaak und hob das Messer, um ihm die Gurgel durchzuschneiden.
In der spätzeitlichen Deutung läßt der zufriedengestellte Gott an dieser Stelle das Experiment abbrechen. Nach den Gedanken und Empfindungen des Knaben Isaak wurde nicht gefragt.
Im Buch Hiob wurde der Mensch Objekt eines Wettstreites, den Gott (hebräisch: Elohim) mit seinem Widersacher Satan austrug. Der Satan meinte, Hiob sei nur fromm, weil ihm Gott ein gutes Leben, Kinder und Wohlstand beschert habe. Daraufhin gab Gott dem Satan freie Hand zur Prüfung des „Gerechten". Es war dem Satan erlaubt, Hiob zu demütigen und zu plagen; nur das Leben durfte er ihm nicht nehmen. Die „Hiobsboten" brachten immer schlechtere Nachrichten. Alles, was Hiob besaß, wurde zerstört und vernichtet, Häuser, Felder und Herden; und dann wurden ihm auch die Kinder genommen.

Hiob 1.19.
Und siehe, da kam ein großer Wind von der Wüste her und stieß auf die vier Ecken des Hauses und warf's auf die Knaben, daß sie

starben.

Auch nach diesem letzten bitteren Verlust blieb Hiob seinem Gott treu: „Der Herr hat's gegeben, der Herr hat's genommen, der Name des Herrn sei gelobt!"
Der Satan gab aber noch nicht auf, und Gott ließ zu, daß er Hiob mit „bösen Schwären" am ganzen Körper plagte. Trotzdem lobte Hiob, der Gerechte, Gott weiterhin, aber seine „Gehilfin" machte es ihm schwer, das Schicksal zu ertragen:

Hiob 2.9.
Und SEIN WEIB sprach zu ihm: Hältst Du noch fest an Deiner Frömmigkeit? Ja, sage Gott ab und stirb!

Das Weib ist schwach. Die Auslegungstradition hat die Frau zur Minderwertigkeit verdammt, der böse Einfluß ihrer niedrigen Welt zerstört die Eintracht der Männer mit ihrem Schöpfer.

Hiob 2.10.
Er aber sprach zu ihr: Du redest, wie die närrischen Weiber reden.

An diesem Satz wird deutlich, wie falsch es wäre, die Traumerscheinung des „Engels des Herrn", die Joseph abhielt, Maria zu verlassen, als einen unmißverständlichen Befehl Gottes zu deuten, den Joseph als solchen erkannte und dem er, ob er wollte oder nicht, auch folgen mußte.
Das Buch Hiob galt in den letzten Epochen der vorchristlichen Zeit als ein wegweisendes Werk, voll von Weisheit und göttlichem Geist. Ein Traumbild, das die Frau als Wesen darstellt, welches Gott nähersteht als der Mann, wäre nur als satanisches Trugbild gedeutet worden. Die Autoren des Buches Hiob verbreiteten die Vorstellung von einem Gott, der es zuläßt, daß sieben Söhne und drei Töchter und zahllose Tiere sterben, nur, weil er den Satan von der Gerechtigkeit und Gottestreue eines einzigen Mannes, seines gerechten Knechtes Hiob, überzeugen möchte.
Wieder fragt keiner nach den Gedanken und Empfindungen der sterbenden Kinder. Sie sind Eigentum des Vaters und Werkzeug Gottes,

das dem Satan überlassen wird. Wer will glauben, daß in einer Zeit, die von diesem Geist bestimmt war, jemand nach dem ungeborenen Kind der Jungfrau Maria gefragt hätte?
Es wäre leichter, der „Weisheitsliteratur" eine Geschichte hinzuzufügen nach dem Muster der „Prüfungen", die Abraham und Hiob auferlegt worden sind. Es könnte dies die Erzählung sein von einem Mann, den Gott prüfte, indem er dessen Frau schwanger werden ließ, um zu sehen, ob dieser Mann gerecht ist und seinen Gott und dessen heiliges Gesetz mehr liebt, als seine der Sünde verfallene Frau.
Im Buch Hiob läßt Gott (Elohim) sieben Söhne und drei Töchter sterben, um den Vater zu prüfen. Die Prüfung Josephs hätte nur das Leben einer Frau und eines ungeborenen Kindes gefordert.
Hätte Hiob den „Engel des Herrn" als einen Boten des göttlichen Geistes anerkannt?
Joseph hat sich nicht an das Gesetz gehalten. Er hat seiner Frau vertraut, dem „Geschwätz eines närrischen Weibes" geglaubt. So darf man annehmen, daß für ihn das Leben eines Kindes unersetzbar wichtig gewesen ist, auch wenn es nicht sein eigenes war. Der Geist der Zeit, in der Joseph lebte, war aber anders orientiert.
Die Verfasser des Buches Hiob beweisen die Güte und Größe Gottes dadurch, daß er Hiob nach bestandener Prüfung alles Verlorene wiedergibt.

Hiob 42.12.
Und der Herr segnete hernach Hiob mehr denn vorhin, daß er kriegte vierzehntausend Schafe und sechstausend Kamele und tausend Joch Rinder und tausend Eselinnen.

Die Reihenfolge der Aufzählung sollte nicht unbeachtet bleiben:

Hiob 42.13.
Und kriegte sieben Söhne und drei Töchter.

In dieser Lebensauffassung ist Hiob reich belohnt für seine Leidensbereitschaft. In der Prüfung, die er ihm auferlegen ließ, hat sich Gottes Größe erwiesen, in der Wiedergutmachung seine Güte und Gnade. Nur — die sieben Söhne und die drei Töchter, die Gott durch einen vom Satan entfesselten Sturm erschlagen ließ, die waren tot und sind es

geblieben, und keiner hat danach gefragt. Wenn Hiob die ersten zehn Kinder vergessen hat, weil er von Gott nun zehn andere bekam — wahrhaftig, dann war die Erwartung eines Propheten, der die Kinder mit den Vätern versöhnen sollte, verständlich.
Nicht nur Hiob hatte die vom Sturm getöteten Menschen verloren — sie hatten wohl auch Freunde gehabt, Menschen, von denen sie gebraucht wurden, Hilflose, deren Schutz, und Einsame, deren Hoffnung sie gewesen sind. Im Geist der Zeit, in der Joseph lebte, war aber das wichtigste die Beziehung des einzelnen Menschen zu Gott oder zu dem, was von den Gelehrten aus den alten Schriften als Gott oder Gottes Wille gedeutet worden ist. Es ist eine grausame Gottesvorstellung, die von den Autoren des Buches Hiob gezeichnet worden ist: ein allmächtiger, allwissender Gott, der zehn Menschenleben dem Satan übergibt, um den Gehorsam eines einzelnen Menschen zu prüfen. Man kann viel zur Entlastung dieser Autoren vorbringen, kann sagen, daß der Tod der Kinder einfach als dramaturgisches Mittel, um das Elend des gerechten Hiob zu beschreiben, notwendig gewesen ist. Man kann auch sagen, daß die Wiedergutmachung, in der Gott dem Hiob sieben neue Söhne und drei neue Töchter gibt, nur symbolisch gemeint ist. Das alles kann man sagen, und es mag auch für Literatur, die von Menschen geschrieben ist, gelten — das alles darf nicht gelten, wenn behauptet wird, daß die Schrift, in der dies alles steht, Silbe für Silbe von Gott durch den Heiligen Geist den Menschen eingegeben worden ist. Dann nämlich muß der Mensch in jeder Silbe dieser Schrift göttliche Weisheit suchen.
Aus der „Weisheit“ dieses Buches hätte Joseph die nicht durch ihn entstandene Schwangerschaft seiner Frau als eine Prüfung seiner Gottestreue erkennen müssen. Gott konnte nach dieser „Weisheit“ das ungeborene Kind jederzeit wieder ersetzen, wenn es in der „Prüfung“ durch die Steinigung der Mutter zugrundegegangen wäre. Dies war der Geist der Zeit. Es kann dagegen auch nicht vorgebracht werden, daß Joseph nie an eine Prüfung hätte denken können, da doch Gott vom Messias hatte vorhersagen lassen, er werde das Volk „selig machen von ihren Sünden“.
Ähnliches hatte Gott auch von Isaak vor dessen Geburt verkündet:

Gen. 17.21.
Aber meinen Bund will ich aufrichten mit
Isaak, den die Sarah gebären soll um diese

Zeit im andern Jahr.
In der Textauffassung der Auslegungstradition verlangt dieser Gott aber einige Jahre später plötzlich, daß Abraham eben jenen Isaak schlachten und auf dem Berg Morija zum Brandopfer darbringen solle (Gen. 22.2.). Keinem der gesetzestreuen Gelehrten hätte es schwerfallen können, dem Joseph aus dem Beispiel Abrahams zu beweisen, daß eben die Verwirrung, die aus zwei einander widersprechenden Prophezeiungen entstehen muß, den Wert der Prüfung ausmacht. Auch gegen die Vernunft — so war die Meinung — hat der Mensch den Befehlen Gottes zu gehorchen. Hat er?
Was ist ein Befehl Gottes? Wie empfängt ein normaler Mensch einen solchen Befehl? Durch die Worte der Propheten, der Engel, Priester, und der Priester, die Engel sind. Sie alle hätten für Joseph eine Fülle von Worten und Beispielen zur Verfügung gehabt, um zu beweisen, daß Gott seine Geschöpfe gegen alle Mächte beschützen könne. Der Messias würde auch — so hätte man ihm gesagt — eine Steinigung unversehrt überstehen, wenn Gott es so will.
Aus dieser Überzeugung war viele Jahrhunderte lang das „Gottesurteil" ein beliebtes Beweismittel christlicher Richter in den Prozessen gegen Hexen und Teufel gewesen.
Zur Zeit Josephs glaubte man auch noch daran, daß Gott seine auserwählten Geschöpfe mit Wundergaben ausstattete. Der Prophet Elia konnte Feuer vom Himmel regnen lassen, um einen Hauptmann und fünzig Männer zu vernichten, die ihn vor den König Ahasja bringen sollten (2. Kön. 1.10./11.). Und er tut es auch ein zweites Mal:

2. Kön. 1.12.
Elia antwortete und sprach: Bin ich ein Mann
Gottes (Isch Ha-Elohim), so falle Feuer vom
Himmel und fresse dich und deine fünfzig.
Da fiel das Feuer Gottes vom Himmel.

Joseph konnte über solche Zauberkräfte nicht verfügen. Er vertraute wohl auch nicht darauf, daß Gott sie einsetzen werde, wenn die Menschen das ungeborene Kind nicht schützten. Demnach muß zumindest an die Möglichkeit gedacht werden, daß Joseph an eine andere Gottesvorstellung geglaubt hat als die Textredakteure, denen wir den Wortlaut des Buches Hiob und des Berichtes über den Propheten Elia im Buch der Könige verdanken. Zweimal ließ Elia fünfzig Männer und

einen Hauptmann durch das „Feuer Gottes“ vernichten. Als ein dritter Hauptmann wieder mit fünfzig Mann kam, griff ein „Engel des Herrn“ ein und verhinderte, daß der Prophet auch sie vernichten ließ. (2. Kön. 1.15.)
Der Geist der Zeit zählte Menschenleben nicht, wenn ihr Tod die Größe des Gottesbildes verherrlichte, das die Menschen nach Meinung der Gelehrten anbeten und dem sie in dieser Zeit dienen sollten.
Joseph hat ganz offensichtlich anders gedacht, und dies freiwillig, denn er ist von keiner göttlichen Gewalt gezwungen worden, seiner Frau zu vertrauen. Es war dies sein eigener Entschluß.
In den Textfragmenten älterer Überlieferungen, die in den Fünf Büchern Mose zu erkennen sind, ist das Wesen Gottes als den Menschen nicht erkennbar, unbegreiflich und daher nicht darstellbar beschrieben. Der göttliche Geist, das „Lebendige Wort“, kann von den Menschen aufgenommen, in ihnen und durch sie verwirklicht werden. Dagegen steht die Gottesvorstellung der späteren Auslegungstradition, in deren Geist die Schriftensammlung des Alten Testamentes redigiert und in ihre endgültige Form gebracht worden ist. Diese Vorstellung besagt, daß Gott und Mensch einander „ebenbildlich“ sind.
Aus dem Text des Matthäus-Evangeliums ist zu schließen, daß Joseph an die Gottesvorstellung der älteren Überlieferungen geglaubt hat, an den unvorstellbaren und unbegreiflichen göttlichen Geist, in dem die Menschen dazu verpflichtet sind, ihrem Nächsten die gleichen Rechte zu geben, die sie für sich selbst beanspruchen. Aus dem Leben Josephs ist diese Lebenseinstellung bezeugt durch die aus diesem Geist getroffene Entscheidung für das Leben des nicht von ihm gezeugten Kindes.
Die Beschreibung einer Episode aus dem Leben Jesu läßt darauf schließen, daß Jesus in der Kindheit diesen Geist kennengelernt und angenommen hat.
Als die Samariter Jesus und seinen Jüngern auf dem Wege nach Jerusalem die Herberge verweigerten, wollten die Jünger Johannes und Jakobus die Samariter so bestraft sehen, wie der Prophet Elia es mit den zwei Hauptleuten und den hundert Männern getan hatte. Sie wollten, daß Feuer vom Himmel auf die Samariter fällt.

Luk. 9.55.
Jesus aber wandte sich, und bedräute sie und sprach: Wisset ihr nicht, welch Geistes Kinder ihr seid? 56. Des Menschen Sohn ist nicht

kommen, der Menschen Seelen zu verderben,
sondern zu erhalten.

Aus diesen Worten wird Übereinstimmung mit der aus seinen Handlungen erkennbaren Lebensauffassung Josephs deutlich. Unübersehbar deutlich wird daraus aber auch, daß Jesus nicht in der gedanklichen Übereinstimmung mit Johannes dem Täufer gelebt haben kann, die in der Tradition meistens angenommen wird. Johannes der Täufer lebt und lehrt ganz im Geist seiner Zeit. Er predigt das nahe Ende der Welt, fordert zu Umkehr und Entsagung auf; er ist ein Asket in der Wüste. Soweit es sich aus seinen Worten und Handlungen entnehmen läßt, ist seine Vorstellung von Gott die des rächenden, strafenden Herrn über die Menschen.
Die beiden Geisteswelten sind miteinander verbunden worden durch die Einleitung des Lukas-Evangeliums, in der zunächst der Engel Gabriel dem Priester Zacharias die Geburt des Johannes verkündet und später wieder der Engel Gabriel die Jungfrau Maria zur Verkündung des Kindes Jesus heimsucht. Zur Geburt des Johannes sagt der Engel:

Luk. 1.17.
Und er wird vor ihm (Gott) hergehen im Geist
und Kraft Elias, zu bekehren die Herzen der
Väter zu den Kindern.

Die Autoren lassen den Engel die Weissagung des Propheten Maleachi auf Johannes anwenden. Dadurch wird Johannes als Elia dargestellt und mit Jesus dem Messias verbunden, damit auch diese Weissagung erfüllt erscheint.
Es sind durch diese Konstruktion aber, wie sich aus dem oben zitierten Vers 55 aus dem 9. Kapitel des Lukas-Evangeliums ergibt, zwei weit voneinander entfernte Geisteswelten verbunden worden. Der Geist Josephs mit dem Geist der Zeit, und das scheint nicht im Sinn der ursprünglichen Überlieferung gewesen zu sein.

Die Nasirim

Übereinstimmend wird in allen vier Evangelien von einer auf dem Kreuz Jesu angebrachten Inschrift berichtet. Sie soll in hebräischer, griechischer und lateinischer Sprache die Worte enthalten haben: Jesus von Nazareth, König der Juden. Mit dieser Inschrift, so lehrt die Tradition, wollten die Juden Jesus verhöhnen. Auf den meisten Kreuzesdarstellungen steht deshalb INRI, die Abkürzung für die lateinische Übersetzung: Jesus Nazarenus Rex Judeorum.
Der richtige, dem Brauch der Zeit entsprechende Name wäre Jesus ben Joseph gewesen, Jesus, Sohn des Joseph. Denn nach dem Gesetz muß Joseph als Vater Jesu gegolten haben. Im Text der Evangelien wird wiederholt gesagt, daß Jesus ein „Sohn des Zimmermannes“ war, oder es heißt: „Er wurde gehalten für einen Sohn Josephs.“
Schon im ältesten Text, dem in seiner Urform vermutlich im vierten Jahrzehnt nach der Kreuzigung entstandenen Markus-Evangelium, ist aber die Kreuzesinschrift erwähnt, die wir auch in den drei anderen Evangelien finden: Jesus Nazarenus. Für das Nazarenus fanden die alten Übersetzer und Redakteure nur eine Erklärung: Das Wort konnte allein die Herkunft Jesu aus der Stadt Nazareth bedeuten; man nennt ihn deshalb Jesus von Nazareth, obwohl ihn außer den Texteinfügungen aus späterer Zeit, die eine Verbindung von der Kreuzesinschrift Nazarenus zur Stadt Nazareth herstellen sollen, nichts mit dieser Stadt verbindet.
Nach den Weissagungen der Propheten sollte der Messias aus dem Geschlecht und der Stadt des Königs David kommen, aus Bethlehem im Lande Judäa. Um diesen entscheidenden Messias-Beweis erbringen zu können, haben sich die Textgestalter späterer Zeit nicht gescheut, Ahnenreihen zu konstruieren. In den Evangelien nach Matthäus und Lukas finden wir lückenlose, über tausend Jahre reichende Ahnenreihen, die jeden der Vorväter von David bis zu Joseph nennen. Leider stimmen diese Ahnenreihen nicht überein. Die Namen sind zum Teil verschieden; dort, wo sie gleich sind, stimmt die Reihenfolge nicht überein. Völlig unvereinbar ist die Geschlechterfolge in der Zahl der angegebenen Generationen. Bei Matthäus sind es von David bis zu Joseph sechsundzwanzig, bei Lukas einundvierzig. Daraus ergibt sich mit absoluter Sicherheit, daß zumindest eine der Ahnenreihen gefälscht ist. Wäre auch die Kreuzesinschrift eine Dichtung aus späterer Zeit, so

würde sie in das Konzept der Messias-Beweise passen. Man hätte zu Jesus angegeben: entweder Joseph als Vater, David als Vorvater oder die Stadt Bethlehem als Geburtsort, und jede dieser Bezeichnungen hätte dem Zeitgeist und den Prophetenworten besser entsprochen. Es finden sich zwar in den Evangelientexten einige Hinweise auf eine Beziehung der Familie zur Stadt Nazareth, aber sie sind sehr wahrscheinlich erst in der Spätzeit eingefügt worden, um eben das Wort Nazarenus als Bezeichnung der Herkunft aus der Stadt Nazareth zu erklären.
Nazarenus muß eine bedeutende Bezeichnung gewesen sein, denn in der Apostelgeschichte werden manche Gemeinden der ersten Christen Nazoräer genannt. In Syrien wurde dieser Name noch sehr lange für die Christen überhaupt gebraucht. In außerbiblischen Quellen wird auch eine Sekte der Nozrim genannt. Es war eine Gemeinschaft von Judenchristen der frühesten Zeit.
Die verschiedenen Bezeichnungen — Nazarener — Nazoräer — Nozrim — sind Ableitungen aus einem hebräisch-aramäischen Wort, dessen Bedeutung zur Zeit, als die Evangelientexte redigiert wurden, den Gelehrten nicht mehr bekannt war. Seit langer Zeit glaubt kein konfessionell unbefangener Wissenschaftler mehr daran, daß die Ableitungen auf die Stadt Nazareth zurückgehen.

In der Leben-Jesu-Forschung hat Albert Schweitzer darauf hingewiesen, daß „Nazaräer" nach einem Begriff gedeutet werden sollte, der in einem Buch des Alten Testamentes vorkommt, das dem Propheten Amos zugeschrieben wird, der im achten Jahrhundert vor Christus gelebt hat.

Amos 2.11.
Und habe aus euren Kindern Propheten auferweckt und Nasiräer aus euren Jünglingen...

Im hebräischen Text steht (NSR-JM) „Nasirim". Der Prophet Amos bezeichnete damit enthaltsame junge Männer, die sich dem weltabgewandten frommen Leben geweiht hatten — Asketen also.
Im Wortgebrauch der Schriften des Alten Testamentes bezeichnet das Wort Nasirim Menschen, die sich befristet oder lebenslänglich durch ein Gelübde Gott geweiht hatten. Nach der Thora, dem „Gesetz" der Fünf Bücher Mose, ist den „Geweihten" vorgeschrieben:

Num. 6.2.
... Wenn ein Mann oder ein Weib ein sonderlich Gelübde tut dem Herrn, sich zu enthalten 3. der soll sich des Weins und starkes Getränkes enthalten ...

In den Texten der Evangelien sind keine Bemerkungen zu finden, die auf ein von Joseph oder Jesus abgelegtes Gelübde der Enthaltsamkeit hinweisen. Die Nasiräer ließen Haar und Bart wachsen. Sie predigten Abgeschiedenheit und Weltentsagung. Sie deuteten alle Katastrophen, von denen das Volk betroffen wurde, als Strafe Gottes für den Unglauben der Menschen. Nichts, was aus dem Leben Jesu bekannt geworden ist, nichts, was wir über das Leben Josephs wissen, könnte mit der Lebensauffassung der Nasirim in Übereinstimmung gebracht werden. In den Evangelien wird nur von einem bedeutenden Menschen berichtet, dessen Leben von dieser Grundhaltung bestimmt ist: Johannes der Täufer. Er trägt alle Merkmale eines Asketen von der Art der Nasirim. Er rief zur Buße auf und scheint im wesentlichen die Überzeugung verbreitet zu haben, daß sich den Menschen in diesem Leben keine andere Aufgabe stellt, als durch Entsagung sich vorzubereiten auf das nahe bevorstehende Weltengericht am Ende der Zeiten, in dem der Messias die Gerechten belohnen und die Gottlosen hart bestrafen werde. Im Text des Lukas-Evangeliums wird Johannes eindeutig als Nasiräer dargestellt.

Luk. 1.15.
... Wein und stark Getränk wird er nicht trinken...

Das war die Vorschrift für die „Geweihten".
In der Familie des Zimmermannes Joseph scheint Wein aber nicht verpönt gewesen zu sein. Im Johannes-Evangelium wird das Wunder der Hochzeit von Kana erzählt. Maria beklagte, daß die Gastgeber keinen Wein mehr hätten, und Jesus schuf durch das „Wunder" Wein herbei. Ein „Geweihter des Herrn", ein Entsagung predigender, lebensabgewandter Asket, hätte Gott gedankt, daß die Gesellschaft keinen Wein mehr zu trinken hat.
Die Kreuzesinschrift war von Römern verfaßt oder von Schriftgelehrten und Pharisäern, die als „Quislinge" sich der römischen Besatzungs-

macht zur Verfügung gestellt hatten. Sinn der Inschrift war es, Jesus und seine Anhänger zu verhöhnen. Die Juden wären nie auf den Gedanken gekommen, die Bezeichnung „Nasirim“ als eine Spottbezeichnung zuzulassen, denn damit hätten sie sich selbst verhöhnt und viele, im Volk der Juden hoch verehrte Asketen. Nach den Berichten des Flavius Josephus zählte bei den Pharisäern Enthaltsamkeit zu den höchsten Tugenden:

Die Pharisäer leben enthaltsam und kennen keine Annehmlichkeiten... Sie glauben auch, daß die Seelen unsterblich sind und daß dieselben, je nachdem der Mensch tugendhaft oder lasterhaft gewesen, unter der Erde Lohn oder Strafe erhalten, so daß die Lasterhaften in ewiger Kerkerhaft schmachten müssen, während die Tugendhaften die Macht erhalten, ins Leben zurückzukehren. (Jüdische Altertümer XVIII.1.3.)

Auch in der Bedeutung „Geweihte“ war das Wort Nasir bei den Pharisäern ein positiver Begriff. Die Nasirim befolgten die im Gesetz vorgeschriebenen Riten. Aus dem Leben von Johannes sind Einzelheiten dazu nicht überliefert, aber auch bei ihm können wir einiges aus der Lebenshaltung seines Vaters schließen. Zacharias war Priester zur Zeit des Herodes. Sein Sohn Johannes muß die strengen Glaubensvorschriften von Kindheit an genau befolgt haben, denn nur bei strenger Befolgung der Riten des Kultes in der Prägung der Spätzeit war es möglich, für eine Erscheinung des Propheten Elia gehalten zu werden.
Joseph hat das Gesetz nicht beachtet, wo es sich gegen das Leben seiner Frau und ihres Kindes ausgewirkt hätte.
Jesus hat das Wohl des Menschen höher gestellt als die Gesetzesbestimmungen, wenn dadurch Menschen geholfen werden konnte und es keinem geschadet hat. Dies widerspricht der Lebenshaltung von Asketen, deren Einstellung zum menschlich-irdischen Wohlergehen sich wohl am ehesten aus dem Buch Hiob erkennen läßt:

Hiob 5.17.
Siehe, selig ist der Mensch, den Gott strafet; darum weigere dich der Züchtigung des All-

mächtigen nicht.

In diesem Gedanken glimmen die Funken, aus denen die Feuer der Ketzer- und Hexenverbrennungen entfacht worden sind.
In der Auseinandersetzung der Büßer mit ihrem Gott ist das irdische Schicksal auch der anderen nicht mehr wichtig. Die Leiden der Menschen sind „Prüfung" und sollen deshalb auch als Gnade angesehen werden. Es geht in der Lebensauffassung der Büßer, der Nasirim, ausschließlich darum, zur Vorbereitung auf das mit der Ankunft des Messias nach dem Ende dieser Welt beginnende wahre Leben den Willen Gottes zu erfüllen. In dieser Lebensauffassung ist die Frau beständige „Versuchung" für den Mann, sich aus den Gott zugewandten Bereichen der Geistigkeit abzuwenden und den fleischlichen Gelüsten zu verfallen. Die Verachtung des Fleisches war die konsequente Folge der Lebensauffassung, nach der der Vater als Lebensspender und Lebenssinn der Familie verherrlicht wurde. Die Stellung der Frau mußte dazu entsprechend abgewertet werden. Der schlimmste Makel, der eine Frau treffen konnte, war es, wenn „der Herr ihren Leib verschlossen hatte". Die Frau war nicht mehr Lebenspartnerin des Mannes, sondern sein Eigentum, das oft genug mit mehreren oder vielen anderen im Harem verwahrt wurde.
Durch den Verlust der gleichberechtigten Partnerschaft von Mann und Frau in der Gemeinschaft der Familie wurde auch — wie aus dem Buch Hiob zu ersehen ist — das Lebensrecht der Kinder entwertet. Sie dienten nur noch der Verherrlichung des Vaters, der seinerseits seinen Lebenssinn in der Verherrlichung Gottes finden sollte. Aus seinem bei Matthäus und Lukas beschriebenen Verhalten ist zweifelsfrei zu entnehmen, daß dies nicht die Lebensauffassung war, nach der Joseph gelebt hat. In den Evangelien steht nichts über Joseph, aus dem geschlossen werden dürfte, er habe sich asketischer Enthaltsamkeit geweiht oder aus religiösen oder rituellen Gründen kasteit. Weder für ihn noch für Jesus kann die Erklärung des Begriffes Nazarenus aus der Bedeutung „einem Gelübde geweiht" oder „Asket" des hebräischen Wortes Nasir zutreffen.

Nazarenus

Zweitausend Jahre lang hat die Tradition gelehrt, Jesus von Nazareth lebte in dieser Stadt, weil ein Prophet vorhergesagt hatte: er wird Nazarenus heißen. Nach dieser Auffassung hatte Gott seit neunhundert Jahren immer wieder bestimmte Details über die Menschwerdung des Messias durch seine Propheten verkünden lassen und war deshalb nun an diese jahrhundertealten Anweisungen gebunden.
Wenn aber ein Vater seinen einzigen und geliebten Sohn in die Obhut anderer Menschen geben muß, wird er sehr sorgfältig prüfen, wem er das schutzlose Kind anvertrauen kann.
Wenn er sich dann für eine Familie entscheidet, die weder reich noch mächtig ist, wird man annehmen dürfen, daß es die menschlichen Qualitäten waren, die den Vater überzeugt haben. Er hat nicht nur Bescheidenheit gesucht, denn der Sohn sollte nach dem Willen des Vaters im Leben der Menschen einen schweren Weg gehen; der Vater wird deshalb bemüht gewesen sein, für die Betreuung seines Kindes Menschen zu finden, die ihn für diesen schweren Weg vorbereiten, ihm Mut und Kraft geben können. Auch wenn der Prophet Jesaja im achten vorchristlichen Jahrhundert verkündet hat, „Siehe, eine Jungfrau ist schwanger“, sollten auch die konservativen unter den strenggläubigen Christen der Schöpfungsmacht nicht unterstellen, es sei die geschlechtliche Unversehrtheit einer Zwölf- oder Fünfzehnjährigen einzige und wichtigste Voraussetzung für die Auswahl der Eltern gewesen, in deren Obhut sich das Wunder der Menschwerdung des göttlichen Wortes vollziehen sollte.
Die Bedeutung des Elternhauses für die Entwicklung eines Kindes ist erst an der Grenze zu unserer Zeit von Psychologen in den meisten Auswirkungen erkannt und beschrieben worden. Die Macht, von der sie erschaffen worden sind, wird die Seelen der Menschen auch ohne die Lehrbücher unserer Zeit gekannt und verstanden haben.
Die Bedeutung Josephs für das Leben des Kindes kann aus den Evangelientexten deshalb so schwer erkannt werden, weil durch Hinweise auf Prophetenworte und ihm mitgeteilte „göttliche Befehle“ von den Textredakteuren immer wieder der falsche Eindruck erweckt wurde, Joseph brauchte mit seiner Familie nur einen vorgezeichneten, bequemen und behüteten Weg zu gehen.

Matth. 2.19.
Da aber Herodes gestorben war, siehe, da erschien der Engel des Herrn dem Joseph im Traum im Ägyptenland.
(20.)
Und sprach: Stehe auf und nimm das Kindlein und seine Mutter zu dir und zieh hin in das Land Israel...

Damals existierte ein Land oder Reich Israel seit mehr als siebenhundert Jahren nicht mehr. Wenn die Erwähnung nicht nur eine Einfügung eines übereifrigen Schreibers ist, gibt es nur die andere Erklärung, daß damit auf eine Beziehung zu alten Traditionen hingewiesen werden sollte, die über die Zeit des Reiches David hinaus in der ältesten Geschichte des Volkes Israel ihre Wurzeln haben. Die Mitteilung hätte dann besagt, die Heimkehr sei nun möglich, weil dem mit den alten Traditionen Israels verbundenen Kind nun keine Gefahr mehr drohte. Für diese Annahme spricht die Tatsache, daß Joseph nicht die Absicht gehabt hat, in das Gebiet des ehemaligen Reiches Israel, sondern in den Staat Juda zurückzukehren.

Matth. 2.22. (Einheitsübersetzung)
Da er aber hörte, daß in Judäa Archelaus an Stelle seines Vaters Herodes regierte, fürchtete er sich, dorthin zu gehen...

Will man die Engelserscheinungen „im Traum" als unverkennbare Gottesnachrichten erklären, deren Befolgung sich der Mensch nicht entziehen kann, muß man eingestehen, daß der „Engel" diesmal sehr fahrlässig gewesen ist, denn in dieser Form mußte Joseph den Befehl mißverstehen. Der Engel hätte sagen müssen: die das Kind verfolgen, leben zwar noch, aber du sollst nach Nazareth in Galiläa ziehen, vermeide jedoch das Land Judäa.
Es ist besser, sich über Gott und seine Engel keine „Bilder" zu machen und dem Joseph eigenverantwortliches, bedachtes und besorgtes Handeln zuzugestehen.

Matth. 2.22.
...im Traum empfing er Befehl von Gott und

zog in die Orte des galiläischen Landes (23.)
und kam und wohnte in der Stadt, die da
heißt Nazareth...

Man ist da eben versucht zu denken — warum nicht gleich?
Mit diesem neuerlichen Gottesbefehl hatten die Textgestalter des Matthäus-Evangeliums die durch die Kreuzesinschrift klaffende Lücke in ihrer auf alte Prophetenworte gestützten Beweiskette geschlossen. Jesus Nazarenus war der von den Propheten angekündigte, aus dem Hause David stammende, in Bethlehem geborene, aus Ägypten gerufene Sohn des allmächtigen Gottes, der Messias, der in Nazareth wohnen mußte.

Matth. 2.23.
...auf daß erfüllet würde das da gesagt
ist durch die Propheten: Er soll Nazarenus
heißen.

Aber welcher Prophet soll das gesagt haben? Dieses angebliche Prophetenwort ist eines der vielen Rätsel, die uns die Bibeltexte immer noch aufgeben, denn in den kanonisierten Schriften des Alten Testamentes kommt eine solche Prophezeiung nicht vor. Alle vier Evangelien berichten aber, daß auf dem Kreuz eine Inschrift angebracht war, in der Jesus „Nazarenus" (der Nazoräer) genannt worden ist. Durch diese Kreuzesinschrift soll eine Prophezeiung erfüllt worden sein, die es im Alten Testament nicht gibt, die den Verfassern des unter dem Namen Matthäus überlieferten Evangeliums aber bekannt gewesen sein muß. Schon seit langer Zeit wird nach einer Erklärung für das Wort „Nazarenus/Nazoräer" gesucht. Viele ältere Bibelausgaben verweisen dazu auf zwei Verse im Buch des Propheten Jesaja.

Jesaja 11.1.
Und es wird eine Rute aufgehen vom Stamm
Isais, und ein Zweig aus seiner Wurzel Frucht
bringen.

Isai war Davids Vater. Weder er noch sein Sohn, noch dessen Sohn Salomo hatten irgendeine Beziehung zur Stadt Nazareth.
Auch der zweite Hinweis ergibt keine bessere Information.

Jesaja 53.2.
Denn er schoß auf vor ihm wie ein Reis und wie eine Wurzel aus dürrem Erdreich. Er hatte keine Gestalt noch schöne; wir sahen ihn, aber da war keine Gestalt, die uns gefallen hätte.

Die beiden Verse geben weder eine Erklärung für die Behauptung, es gäbe ein Prophetenwort „Er soll Nazarenus heißen", noch kann daraus eine Beziehung zur Stadt Nazareth hergeleitet werden.
Die Herausgeber der Jerusalemer Bibel (Deutsche Ausgabe 1968) versuchen eine andere Erklärung zu geben und formulieren sie so, als wäre die Richtigkeit der Erklärung zweifelsfrei erwiesen.

Fußnote zu Matthäus 2.23.
„Nazoräer" (von Matthäus, Johannes und in der Apostelgeschichte verwendete Form) und „Nazarener" (von Markus verwendete Form; Lukas hat beide Formen) sind zwei gebräuchliche, gleichbedeutende Transskriptionen für ein aramäisches Adjektiv (nasraja)...

Die Gelehrten erzählen wie selbstverständlich von aramäischen Wörtern, als wäre ihnen die hebräisch-aramäische Textfassung der ursprünglichen Überlieferung bekannt. Es gibt aber keine Berichte darüber, ob es solche Schriften gegeben, wer sie besessen hat und weshalb sie nicht erhalten geblieben sind.
Aus den überlieferten griechischen und lateinischen Textfassungen der Evangelien ist nicht mit Sicherheit zu erkennen, welches Wort in der hebräisch-aramäischen Textfassung gebraucht worden sein könnte.
In der Fußnote der Jerusalemer Bibel bleibt diese Tatsache unerwähnt; man geht davon aus, daß

... (nasraja) seinerseits vom Namen der Stadt „Nazaret" (nasrat) abgeleitet ist.

Die Herausgeber der Jerusalemer Bibel *vermuten,* daß das Wort Nazarenus/Nazoräer eine Ableitung vom Namen der Stadt Nazareth sei, stellen diese Vermutung aber als gesichertes Wissen dar und erklären daraus das Wort Nazarenus/Nazoräer:

Auf Jesus (als Herkunftsbezeichnung 26.69.), dann auf seine Anhänger angewendet (Apg. 24.5.), wurde dieser Ausdruck in der semitischen Welt als Bezeichnung der Jünger Jesu beibehalten, während sich in der griechisch-römischen Welt der Name „Christen" (Apg. 11.26.) durchsetzte.

Bis dahin können die Gelehrten für ihre Erklärung zumindest geltend machen, daß es eine bessere zur Deutung des Wortes Nazarenus/Nazoräer nicht gibt. Im nächsten Satz der Fußnote widerlegen sie aber die eigene Auffassung, denn auch sie können nicht angeben, wo das Prophetenwort: „Er wird Nazoräer/Nazarenus heißen" herkommt. Sie erklären dazu:

Auf welches Prophetenwort Matthäus hier anspielt, ist nicht klar; vielleicht ist der „nasir" von Ri 13.5.—7. gemeint.

Mit diesem Hinweis wird nun wieder versucht, die Herkunft des Wortes Nazoräer/Nazarenus aus dem hebräisch-aramäischen Konsonantenwort „nsr" (Asket — Geweihter) zu erklären.
Es kann aber von zwei Erklärungen nur eine richtig sein. Entweder ist das Wort eine Ableitung vom Namen der Stadt Nazareth, also Herkunftsbezeichnung, oder es ist die Bezeichnung der Lebensart. Es kann nur entweder bedeuten: „Er wird der aus der Stadt Nazareth heißen" oder „Er wird der Asket (der Geweihte) heißen".
Der „Nasir", auf den die Jerusalemer Bibel hinweist, ist der Asket Simson, der vor dem König David gelebt hat und dessen Geburt im Buch der Richter beschrieben wird.

Richter 13.5. (Jerusalemer Bibel)
Denn du sollst empfangen und einen Sohn gebären. Das Schermesser soll nicht auf sein Haupt kommen, denn das Kind wird ein Nasir Gottes sein vom Mutterschoß an. Und er wird anfangen, Israel aus der Hand der

Philister zu retten.

Nie ist jemand auf den unsinnigen Gedanken gekommen, aus den Evangelien zu deuten, Jesus habe sein Leben lang kein „Schermesser" auf sein Haupt kommen lassen. Der Nasir hat alles gemieden, was aus dem Weinstock gewonnen wird. Er hat weder Wein noch „starkes Getränk" getrunken. Wäre Jesus ein „Nasir" gewesen, dann hätte er im Abendmahl nicht Wein mit seinen Jüngern getrunken.
Die einzige Ähnlichkeit zwischen dem Leben Jesu nach Lukas und der Geburt des Simson ist die Tatsache, daß in beiden Fällen eine fremde Erscheinung der Frau die Geburt eines Sohnes verkündet, bevor der eigene Mann davon etwas weiß.

Richter 13.6. (Jerusalemer Bibel)
Die Frau ging zu ihrem Mann (Manoach) und sprach: „Ein Gottesmann (isch ha elohim) ist zu mir gekommen; er sah aus wie ein Engel Gottes, so furchtbar war er. Ich habe ihn nicht gefragt, woher er käme, und er hat mir seinen Namen nicht kundgetan. (7.) Aber er sprach zu mir: Du sollst empfangen und einen Sohn gebären. Darum trinke von nun an keinen Wein und nichts Berauschendes und iß nichts Unreines, denn das Kind wird ein Nasir Gottes sein vom Mutterschoß an bis zum Tage seines Todes."

Auf diese Ähnlichkeit der Ereignisse wollten die Herausgeber der Jerusalemer Bibel aber vermutlich nicht hinweisen.
Wieso das Prophetenwort: „Er soll Nazoräer genannt werden" erfüllt worden sein soll, als Joseph mit seiner Familie in die Stadt Nazareth zog, ist weder aus dem Hinweis auf den Begriff „Nasir" noch aus dem Inhalt der Verse 5—7 des 13. Kapitels im Buch der Richter zu erkennen.
In der jüngsten deutschen Ausgabe des Neuen Testamentes, der 1979 erschienenen Endfassung der Einheitsübersetzung, wird denn auch zu dem Prophetenwort in Matthäus 2.23. eine ganz andere Erklärung gegeben.

Einheitsübersetzung Fußnote zu Matthäus, 2.23.:

Das Prophetenwort steht in dieser Form nicht im Alten Testament; vielleicht liegt eine Anspielung auf Jesaja 11.1. vor, wo vom „Sproß" (hebräisch: nezer) die Rede ist.

Zwei gültige deutsche Bibelübersetzungen geben uns zu dem einen Wort „Er wird Nazoräer heißen" zwei sehr verschiedene Erklärungen. Die eine ist auf dem hebräisch-aramäischen Konsonantenwort „nsr" (Asket) aufgebaut, die andere auf „nzr" (Sproß).

Ratlos muß man erkennen, daß man nun wieder dort ist, wo die Suche nach einer Erklärung angefangen hat. Das Wort „Sproß" kann — um überhaupt zu einem möglichen Sinn zu finden — nur auf einen Nachkommen aus dem Geschlechte Davids bezogen werden, womit man aber wieder nur in Bethlehem wäre und nicht in Nazareth. Die Kreuzesinschrift der Römer hätte dann die Bedeutung gehabt: „Jesus aus dem Sproß der König der Juden".

Es bleibt auch mit dieser unsinnigen Erklärung weiterhin rätselhaft, wieso im Matthäus-Evangelium behauptet wird, durch die Übersiedlung der Familie des Zimmermannes nach Nazareth habe sich das Prophetenwort erfüllt „Er wird Nazarenus heißen".

Man wird nicht umhin können, auch hier im beweissüchtigen Eifer der Textgestalter die Ursache für die Verwirrung zu vermuten.

Es gab ein Prophetenwort: Er wird Nazarenus/Nazoräer heißen. Dazu gab es in Galiläa die Stadt Nazareth. Um die Verbindung zu schaffen, hat man sich eines Mittels bedient, das keiner nachprüfen konnte. Man ließ Joseph im Traum den „göttlichen Befehl" empfangen, nach Galiläa in die Stadt Nazareth zu ziehen. Damit war das rätselhafte Prophetenwort erklärt und auch erfüllt.

In den jüngsten Zusätzen der Überlieferung (Lukas 2.4. und Johannes 1.45.) wurde die Stadt Nazareth in die griechischen Texte eingesetzt. In der Beschreibung der Kreuzigung steht aber in vier Evangelien Nazarenus (in den lateinischen) und Nazoräer (in den griechischen Texten).

Wenn ein alter Bericht einen so rätselhaften Satz enthält wie das Wort des unbekannten Propheten „Er soll Nazoräer heißen", das in den Zusammenhang nicht eingeordnet werden kann, so gehört er sicher zum ältesten Kern der Überlieferung. Spätere Ergänzungen fügen sich in die bereits festliegende Deutung ein und bestätigen sie.

Der Begriff muß schon in der frühesten Zeit allen bekannt gewesen sein. Auch das Prophetenwort „Er soll Nazoräer heißen" verwendet die Bezeichnung als bekannten und wichtigen Begriff. Nazareth war in der jüdischen Geschichte nie wichtig. Die Stadt wird im Alten Testament überhaupt nicht erwähnt. Der Prophet, der das Wort gesagt haben soll, ist nicht bekannt, niemand weiß, wo das Wort gesprochen oder geschrieben worden, woher es in die Überlieferung der Evangelien eingeflossen ist.

Die Kreuzesinschrift und das Prophetenwort wurden vermutlich erst in einer Zeit mit dem Namen der Stadt Nazareth in Zusammenhang gebracht, als die ursprüngliche Bedeutung des Begriffes Nazarenus/Nazoräer den Gelehrten nicht mehr geläufig war, das heißt zu einer Zeit also, als man den Sinn nicht mehr aus der Bedeutung der hebräisch-aramäischen Begriffe, sondern bereits aus der griechisch-römischen Textauffassung zu erkennen suchte.

Die Textgestalter haben bei ihren Deutungen und Thesen aber das wichtigste vom Weltbild des Altertums offensichtlich vergessen oder mißachtet — die schicksalhafte Bedeutung der Namen und den Glauben der Alten, daß im Namen Lebenskraft und Wesen enthalten sind. Wer den Namen eines Menschen oder eines Gottes kennt, so glaubte man schon im alten Reich der Ägypter, der könne sein Wesen beschwören und an seiner Kraft teilhaben. Deshalb sollten die Söhne den Namen des Vaters besitzen, denn es bedeutete, daß sie an seinem Wissen, an seiner Macht und damit auch an seinem Erbe teilhaben. Im Namen ist der Geist enthalten. Wer den Namen eines Menschen oder eines Gottes oder eines Dämons kannte, der wußte, „wes Geistes Kind" der war.

Der Name des Gottes Jahweh durfte in der spätjüdischen Tradition nicht ausgesprochen werden, so heilig war er. Es war nach diesem Glaubenssatz das Wesen Gottes durch die Nennung seines Namens zu verletzen und zu entheiligen. Daraus kann man entnehmen, welche Gewalt in der biblischen Welt dem Namen zuerkannt worden ist.

Das im Matthäus-Evangelium zitierte Prophetenwort lautet: „Er wird Nazarenus/Nazoräer heißen". In anderer Formulierung könnte gesagt werden: „Sein Name wird Nazoräer sein". Das heißt dann im Gebrauch der hebräischen Wörter zugleich auch: „Er wird vom Geist der Nazoräer/Nazarener sein".

Der Sinn des Prophetenwortes kann nur im Wort Nazoräer/Nazarener verborgen sein. Mit der von der Einheitsübersetzung genannten Bedeutung des Konsonantenwortes NZR (Sproß) ist sie noch nicht zu finden.

In den Texten des Alten Testamentes hat NZR aber noch etliche andere Bedeutungen, zum Beispiel: *Erkenntnis — beobachten — bewahren.*
Das im Mittelalter auf die Stadt Nazareth bezogene Prophetenwort kann bei Beachtung der Bedeutung des Namens und mit der Verwendung des Wortes „bewahren" für NZR ganz anders übersetzt werden: „Er wird vom Geist der Bewahrer sein". Wer will, kann auch sagen: Man wird ihn den Bewahrer nennen.
Diese Deutung bestätigt die Auffassung der anderen Begriffe: die „Weisen aus dem Morgenland" können ebensogut „Bewahrer" genannt werden wie die Menschen, die in der Tradition der „Hirten" gelebt haben.
Die Bezeichnung Nazarenus ist in dieser Auffassung ein Hinweis auf eine Gemeinschaft, der Joseph zugehörte und an der Jesus später teilgenommen hat.
Es hat in den Jahrtausenden vor unserer Zeit, auch in den Traditionen der biblischen Völker, ganz sicher nicht nur die Propheten gegeben, deren Schriften alle Katastrophen überstanden und ganz oder teilweise als Fragmente in die Sammlung des Alten Testamentes aufgenommen worden sind. In der von den bestimmenden Schriftgelehrten abgelehnten Tradition der „Hirten" kann es eine Prophezeiung gegeben haben, die verkündete, die Erlösung werde nur von ihrer Gemeinschaft ausgehen können, die den von Moses gelehrten Geist, den „Namen" bewahrt.
Wahrscheinlich haben die Verfasser der ursprünglichen Überlieferung sich auf ein — in ihrer Gemeinschaft — allen bekanntes Wort berufen, das in der Tradition der „Hirten", nicht aber in den Schriften des Alten Testamentes überliefert worden ist. Dieses Prophetenwort ist ein wichtiger Hinweis auf eine Tradition, die wahrscheinlich von den etablierten, von der Besatzungsmacht abhängigen Priesterschaft in Jerusalem nicht anerkannt worden ist. Das „Nazarenus" der Kreuzesinschrift kann, solange wir keinen hebräischen oder aramäischen Text der ursprünglichen Überlieferung besitzen, sowohl nach dem hebräisch-aramäischen Konsonantenwort NSR — „Geweihte" oder „Asketen" — gedeutet werden, wie nach dem Wortstamm NZR — „Bewahrer". Neigt man dazu, in der Lebensauffassung, die Jesus lehrte, keinen Gegensatz zu sehen zu der Lebensart, die Johannes der Täufer vertrat, so wird die Deutung Nasiräer näherliegen, denn was in den Evangelien über Johannes berichtet wird, entspricht den Schilderungen, die uns von den „Geweihten" und den „Asketen" gegeben werden.

Wird aber die Auffassung angenommen, daß die im Lukas-Evangelium vom „Engel des Herrn" aufgerufenen „Hirten" die Bewahrer der alten Tradition der Gebote und der Nächstenliebe gewesen sind, so muß Joseph auf jeden Fall den „Bewahrern" zugeordnet werden, den Nazoräern.
In der Tradition der „Bewahrer" kann die Askese nicht das Lebensideal gewesen sein, denn die Pflicht des Hirten ist es, die ihm anvertraute „Herde" zur Weide und zur Tränke zu führen, das heißt, für ihr Wohl zu sorgen. Enthaltsam wird der Hirte dann sein, wenn mit dem Vorhandenen eine ausreichende Versorgung der „Herde" nicht möglich ist. Der Hirte wird verzichten, damit die anderen versorgt werden können. Im Geist der Nächstenliebe wird aber jeder verpflichtet, der Hirte des anderen zu sein.
Wenn die Annahme richtig ist, daß mit Nazarenus nicht die Herkunft aus der Stadt Nazareth angezeigt werden sollte, wird eine Episode aus dem Johannes-Evangelium verständlich, die sonst ziemlich unsinnig erscheint und nicht erkennen läßt, weshalb sie überliefert worden ist.

Joh. 1.45.
Philippus findet Nathanael und spricht zu ihm: Wir haben den gefunden, von welchem Mose im Gesetz und die Propheten geschrieben haben: JESUM, JOSEPHS SOHN VON NAZARETH.

In der herkömmlichen Deutung antwortet Nathanael mit einem dümmlich wirkenden Vorurteil:

Joh. 1.46.
Und Nathanael sprach zu ihm: Was kann von Nazareth Gutes kommen?

Es gibt aus der Geschichte des Volkes Israel, der Juden, des Heiligen Landes und aller Völker der alten Welt keinen Anlaß, aus dem sich diese Geringschätzung der Stadt Nazareth erklären ließe. Vorurteile und lokale Rivalitäten gibt es überall und gab es immer, aber sie sind nie Teil einer wichtigen Überlieferung geworden.
Auch in der neu erschienenen Einheitsübersetzung der Kirchen gibt es zu dem von Nathanael geäußerten Vorurteil keine Erklärung. In einer

Fußnote wird dazu angemerkt:

Die kleine Stadt Nazareth wird im Alten Testament und im frühen jüdischen Schrifttum nirgends erwähnt und hat vor der Zeit Jesu keine Rolle gespielt.

Wird nun aber die Bedeutung Nazoräer-Bewahrer angenommen, so erhält Nathanaels Antwort einen klaren Sinn. Er kennt die Gemeinschaft der Nazoräer, hält aber nichts davon. Und diese Auffassung seiner Antwort hilft auch einen großen Schritt weiter zur vermutlich richtigen Deutung des Wortes Nazarenus in der Kreuzesinschrift.
Nach dem Zeitgeist suchten die jungen Menschen durch Entsagung und Meditation auch damals, zu den erlösenden Erkenntnissen zu kommen. Von den asketischen Propheten ging seit Jahrhunderten intensive Faszination aus. Aus dieser Sicht ist es unwahrscheinlich, daß Nathanael über Asketen verächtlich gedacht haben sollte. Philippus hat Jesus als Sohn Josephs bezeichnet „von den Nazoräern/Nazarenern". Die Betonung liegt dabei aber auf Joseph von den Nazoräern, sonst müßte es heißen: Jesus, der Nazoräer — oder Jesus von Nazareth — Josephs Sohn. Mit der dargelegten Deutung des Begriffes Nazoräer erzählt uns die Episode, daß Jesus von Joseph die Lehre und die Bräuche der „Hirten" übernommen hat. Die „Bewahrer" waren als eine Minderheit den Menschen in Judäa offenbar bekannt. Sie wurden wahrscheinlich von den einen bekämpft und verachtet, von anderen nur belächelt. In den Augen der suchenden Jugend, die auf den kraftvollen, für Gerechtigkeit und Freiheit kämpfenden und siegenden Messias hoffte, war diese Gemeinschaft uninteressant. Für Nathanael war einer, der in Beziehung stand mit den verstreuten „Kindern des Friedens", nur komisch. Er verband mit diesen seltsamen Gesellen, die bis dahin im Verborgenen gelebt und gewirkt hatten, denen er selbst nie begegnet war, keine Hoffnung für die Zukunft. „Was kann von den Bewahrern Gutes kommen?" — Nach der Begegnung mit Jesus hat er anders gedacht.

Die Menschen, die in der Lebensauffassung der „Hirten" die Tradition Enosch pflegten und den „Namen" JHWH weiterhin ausgesprochen haben, deren weise Männer das Wissen bewahrten und weitergaben, das in der Vorzeit gesammelt worden war, diese Menschen sind die „Bewahrer", die Nazoräer oder Nazarener des Neuen Testamentes. Sie

wollten die Werte der Vergangenheit bewahren und daraus mit friedlichen Mitteln eine bessere Zukunft gestalten. Sie nannten sich auch „Kinder des Friedens“. Sie waren nicht reich, denn wer nach dem Geist der Nächstenliebe lebt, das, was er besitzt, mit den Notleidenden teilt, der kann nur schwer zu Wohlstand kommen, solange es mehr Arme als Reiche gibt. Er wird aber auch nie im Elend untergehen, solange es die „Hirten der Nächstenliebe“ gibt. Philippus nannte Jesus den Sohn Josephs von den Nazoräern. Jesus nannte sich „Menschensohn“. Er kann die Tradition der Menschen Enosch nur von denen übernommen haben, von denen sie über viele Generationen „bewahrt“ worden ist.
In der alten Tradition der Hirten war im Namen Mose das Gesetz der Zehn Worte verkündet worden. In der Einleitung wird den Menschen geboten, keine anderen Götter, Gottesvorstellungen oder „Bilder“ von Erscheinungen des Himmels oder der Erde höherzustellen, als den Namen, den „Geist JHWH“, in dem dieses Gesetz verkündet worden ist. Die Zehn Worte, die weder von Göttern noch von Menschen geändert oder außer Kraft gesetzt werden dürfen, geben jedem die Orientierung, aus der er selbst erkennen kann, ob ihn eine „Botschaft“ im Sinne des göttlichen Geistes JHWH erreicht hat, oder eine Versuchung. Was mit den Geboten des Gesetzes der Zehn Worte übereinstimmt, ist im Sinne des „Namens“, der in der Zeit Enoschs zum ersten Mal ausgesprochen worden ist.
In den Dokumenten aus dem ersten nachchristlichen Jahrhundert werden verschiedene Gemeinschaften von Judenchristen und frühen Christen „Nozrim“ genannt (Mehrzahl von NZR). Von diesen Nozrim wird berichtet, daß die Verlesung der Zehn Worte für sie der wichtigste Teil des täglichen Gottesdienstes gewesen ist.
Jesus, der im Haus des Joseph aufwächst, wird später einem Mann, der ihn fragt, was er Gutes tun solle, damit er das ewige Leben erhält, antworten:

Matth. 19.17.
... willst du aber zum Leben eingehen, so
halte die Gebote.

Zu keinem Jesuswort kann der Beweis erbracht werden, daß er es selbst in diesem Wortlaut gesagt hat. Wenn dieses Wort aus dem Matthäus-Evangelium aber authentisch sein sollte, so stützt es hier entscheidend die These, daß Jesus im Haus des Zimmermannes Joseph aus den Lehren der „Weisen der Vergangenheit“ die Lebensauffassung der „Hirten“ und somit die alte, von den Nazoräern bewahrte Tradition Enosch aufgenommen hat. In der Deutung, die sich aus den Fragmenten der alten Überlieferung in den Fünf Büchern Mose ergibt, ist das Gesetz der Zehn Worte zum Schutz der Schwachen, der Kinder und der Alten in der Familie und zum Schutz der Familie in der Gemeinschaft bestimmt. Es ist dieses Gesetz, wie Jesus später auch sagen wird, für den Menschen, und nicht der Mensch für das Gesetz gemacht. Das Verhalten, die Entscheidungen und Handlungen, die uns aus dem Leben Josephs überliefert sind, stimmen mit diesen schlichten, jedem Menschen verständlichen Jesusworten überein. Aber weder das, was Jesus gesagt hat, noch das, was Joseph getan hat, entspricht dem Geist der Zeit, in der sie lebten.

Nicht die dem Menschen zugewandte Gesetzesauffassung galt in dieser Zeit als Weg der Seligkeit, sondern gehorsame Befolgung der Gesetze, Verzicht auf Genuß, Abwendung von den Menschen, Hinwendung zu jenem Gott, von dem gelehrt wurde, daß ihm Gehorsam die wichtigste Tugend der Menschen sei.

Dem Philosophen Celsus, der im zweiten Jahrhundert gefragt hatte, warum sich eine große seligmachende Idee ausgerechnet in dieser Zeit und in einem verlorenen Winkel dieser Erde offenbart haben sollte, wäre auch zu antworten gewesen: weil sich die opferbereiten Menschen, die die großen Gedanken und den Geist der Vergangenheit bewahrt hatten, zu dieser Zeit in diesem Winkel der Erde befanden und unter ihnen ein Mensch den Mut gehabt hat, gegen das geltende Gesetz zu handeln und das Leben eines Kindes zu bewahren, das seine Frau nicht von ihm empfangen hatte.

In diesem Sinne ist das anonyme Prophetenwort in besserer Übereinstimmung mit dem Ereignisablauf, als viele andere Prophetenworte, deren Urheber bekannt sind: Er wird vom Geist der Bewahrer sein — er wird Nazoräer genannt werden.

Mit der Deutung „Jesus von Nazareth“ wäre dieser Teil der Kreuzesinschrift bedeutungslos, das Gewicht läge allein auf „König der Juden“. Wenn es aber geheißen haben sollte „Jesus von den Nazoräern“, verrät die Inschrift Hohn, vielleicht auch Verachtung, ganz sicher aber rachgierigen Haß.

Im Prophetenwort wäre die Herkunftsbezeichnung „von Nazareth“ ebenso bedeutungslos und den Bräuchen der Namensgebung in der alten Zeit wohl auch nicht entsprechend. In der Bedeutung „Er wird

vom Geist der Bewahrer sein“ war es eine Huldigung und eine trotzige Vorhersage, die gegen etablierte und bestimmende Schriftausleger gerichtet war.
Im Lukas-Evangelium wird berichtet, daß Jesus, als er zwölf Jahre alt war, mit seinen Eltern zum Pesach nach Jerusalem reisen durfte. Zumindest also hatte er zwölf Jahre in der Familie des Zimmermannes gelebt, von ihm gelernt und auch sicher einen Teil seiner Lebensauffassungen übernommen. Die Bezeichnung „Jesus Nazarenus“ als Merkmal seiner Zugehörigkeit zu einer verfolgten Gemeinschaft bindet ihn noch stärker an den Zimmermann. Er hat den Geist des Lebens ohne Zweifel nicht von einem Menschen erhalten, denn kein Mensch kann Seelen erschaffen. Den bewahrenden, menschenfreundlichen und lebenszugewandten Geist aus der Tradition der Menschen Enosch hat er aber ganz sicher nur durch den kennengelernt, der ihm durch seine Entscheidung vor der Geburt und durch die rettende Flucht danach das Leben „bewahrt“ hat.
So wird es auch in dieser Deutung des Wortes Nazarenus richtig sein, dem Zimmermann den Namen nicht zu verweigern: Joseph Nazarenus.

Der Vater

Luk. 2.41. (Einheitsübersetzung)
Die Eltern Jesu gingen jedes Jahr zum Paschafest nach Jerusalem (42.). Als er zwölf Jahre alt geworden war, zogen sie wieder hinauf, wie es dem Festbrauch entsprach.

Nach dem Fest, auf dem Heimweg, bereits eine Tagereise von Jerusalem entfernt, entdeckten die Eltern, daß Jesus nicht mitgekommen war. Sie fanden ihn erst drei Tage später in Jerusalem im Tempel bei den Lehrern.
In den vielen Jahrhunderten des Mittelalters wurde aus diesem Bericht gedeutet, daß Jesus schon als Kind in der unerschütterlichen Gewißheit gelebt hat, Gottes Sohn zu sein.

Luk. 2.49. (Einheitsübersetzung)
Da sagte er (Jesus) zu ihnen: Warum habt ihr mich gesucht? Wußtet Ihr nicht, daß ich in dem sein muß, was meinem Vater gehört?

Es wird der Eindruck erweckt, der Knabe habe alles Wissen ohne Vermittlung durch den Menschen vom Heiligen Geist erhalten und dadurch schon als Kind in einer anderen Welt gelebt, als Maria und Joseph.

Luk. 2.50. (Einheitsübersetzung)
Doch sie verstanden nicht, was er damit sagen wollte.

Solange man die Menschen glauben machen konnte, daß jede Silbe der Evangelien vom Heiligen Geist diktiert war, durften keine Fragen gestellt werden. Niemand war überrascht, daß der Geist, dem nichts verborgen sein konnte, stets wußte, was Gott und Menschen gedacht und gefühlt haben.

Seit wir glauben — und auch aussprechen dürfen —, daß die heiligen Texte von unvollkommenen, fehlerhaften Menschen überliefert, aufgeschrieben, redigiert, übersetzt und kopiert worden sind, drängt sich auch die Frage auf, wieso ein Redakteur in viel späterer Zeit den durch die Überlieferung unter Umständen nicht mehr wortgetreu erhaltenen Satz des zwölfjährigen Knaben besser verstehen konnte als Maria und Joseph. Wieso wußte der Gelehrte, daß die Eltern den Gedanken nicht begriffen hatten, dessen Sinn sich ihm — wie er glaubte — mühelos erschloß? Und es muß eine weitere Frage angefügt werden: ob nicht vielleicht es gerade umgekehrt gewesen sein könnte, daß nämlich der Verfasser oder Redakteur sich das „falsche Bild" geformt und den Satz mißverstanden hat.
Nach Meinung des Textredakteurs wollte Jesus seiner Mutter mitteilen, daß er in den Tempel gehen *mußte*, weil er als Sohn Gottes in das Haus seines Vaters gehört.
Man muß zumindest einen flüchtigen Gedanken der Frage widmen, ob es für den Gottessohn nicht auch die Möglichkeit gegeben hätte, diese Tatsache seinen irdischen Eltern mitzuteilen, *bevor* er in den Tempel ging. Damit hätte er ihnen Angst und Sorge ersparen können — drei verzweifelte Tage der Suche nach einem geliebten Kind. Es wäre diese Rücksicht im Sinne der Gebote gewesen, die sein „wahrer" Vater den Menschen gegeben hat; und es wäre auch im Sinne der Nächstenliebe gewesen, die er selbst später den Menschen wieder in Erinnerung gebracht hat.

Vielleicht gebührt der Vorwurf, gedankenlos gehandelt zu haben, nicht dem Knaben Jesus, sondern den Textgestaltern des Lukas-Evangeliums, die mit ihrer Formulierung wohl nur einen weiteren Beweis schaffen wollten dafür, daß Jesus der Sohn Gottes ist. Läßt sich dies aber wirklich damit beweisen, daß man stolz verbreitet, er habe die Sorgen seiner irdischen Eltern mißachtet?
Seine in dieser Auffassung wie eine Zurückweisung wirkende Bemerkung ist die Antwort auf einen Gedanken seiner Mutter, der mindestens ebensoviel Beachtung verdient:

Luk. 2.48.
... mein Sohn, warum hast du uns das getan?
Siehe, dein Vater und ich haben dich mit
Schmerzen gesucht.

Nach dem Wortlaut beider Evangelien hat Joseph gewußt, daß Jesus nicht sein Sohn ist. Trotzdem bezeichnet Maria ihn als „Vater". Sie durfte dies nur, weil Joseph sich nach dem Gesetz als Vater Jesu bekannt hatte, und sie tat es, weil ein Kind — ob Gottes Sohn oder nicht — sich in dieser Welt besser zurechtfindet, wenn es die ersten Schritte ins Leben von der väterlichen Hand geführt tun darf.
Nicht alle Eltern nahmen ihre Kinder mit, wenn sie zum Pesach, dem höchsten Fest der Juden, nach Jerusalem zogen. Es war damals mühsam, mit Kindern zu reisen, und es kostete sicher viel Geld. Geld aber scheint im Haus des Zimmermannes durchaus nicht ausreichend vorhanden gewesen zu sein, denn es wäre Joseph sonst nicht erlaubt worden, bei der Heiligung des Knaben nur das „Armenopfer" zu leisten.
Wenn wir also die Beschreibungen im Lukas-Evangelium ernstnehmen wollen, müssen wir davon ausgehen, daß Gott für seinen Sohn einen irdischen „Nährvater" bestimmt hat, der keineswegs wohlhabend gewesen ist, der in einem Land lebte, das von den Römern beherrscht war, und der einem Berufsstand angehörte, den sie verachteten. „Da in der Werkstatt kein Raum für erhabene Gedanken ist, verrichten alle Handwerker einen schmutzigen Beruf". Cicero, ein großer Römer, hat das geschrieben, und es gibt keine andere Schriftquelle, aus der wir schließen dürften, daß seine Ansicht nicht der allgemeinen Auffassung im Römischen Reich entsprochen hat.
Warum hat Gott wohl seinen Sohn der Obhut eines Mannes übergeben, der nicht mächtig gewesen ist, nicht reich, und der einem im Römischen Reich verachteten Berufsstand angehörte?
Nach Lukas hat Jesus zumindest die ersten entscheidenden zwölf Jahre mit seinen Eltern Maria und Joseph gelebt. Am Seder-Abend des Pesach hat Joseph ihm die Geschichte vom Auszug aus Ägypten erzählt, so, wie es Brauch ist. Mit Joseph hat Jesus die Sprache geübt, von ihm hat er wahrscheinlich auch die Schrift gelernt. Sicher aber haben sie miteinander die Psalmen gesprochen, die Gebote und Gebete, in denen die Dichter und Propheten den Gott des Volkes „Vater" nannten. Es mag auch sein, daß Joseph dem Knaben von der Güte und Gnade dieses himmlischen Vaters erzählt hat, der den Menschen aus der Angst erlösen kann, wenn er die Hoffnung schon verloren hat.
Im Lukas-Evangelium wird der Eindruck vermittelt, das Vertrauen des Knaben habe ihn vor jeder Angst bewahrt. Wenn der Ereignisablauf so gewesen ist, wie er im Evangelium beschrieben wird, trifft das ganz

sicher zu. Das Vertrauen zu Gott und zu den Menschen konnte in dem Knaben aber nur entstanden sein, weil es ihm von seinen Eltern vermittelt worden ist. Hätte er nach einigen Tagen des Wartens im Tempel erkennen müssen, daß sie ihn nicht finden, dann wäre auch in ihm die Angst erwacht, die immer dort ungehemmt wuchert, wo kindliches Vertrauen zerstört worden ist.
Wer aber sagt, Gottes Sohn hätte im Vertrauen auf seinen himmlischen Vater keine Angst gekannt, der bestätigt nur die Bedeutung, die Joseph im Leben Jesu gehabt haben muß. Nur durch Joseph konnte er die Kraft kennenlernen, die schützend für Mutter und Kind vom Vater ausgegangenen ist. Nur von den Eltern hat der Zwölfjährige die Vorstellung vom göttlichen Geist erkannt und das Vertrauen zu seiner Kraft übernommen. Im beratenden und leitenden Schutz dieser Eltern hatte der Knabe den in einer Gemeinschaft der Nächstenliebe lebendigen göttlichen Geist empfunden. Erst, als er im Leben die eigene Verantwortung übernommen hatte, war er aus dem schützenden Bereich dieser Kindheit herausgetreten und mußte lernen, daß dann er selbst dem empfangenen Geist weitergeben mußte, damit er lebendig bleibe. In der Welt der Erwachsenen wird auch der Sohn Gottes nicht von der Angst verschont bleiben, wenn ihn der Schutz des göttlichen Geistes nicht umgibt, weil jene, durch die allein er wirken kann, den Geist nicht aufnehmen, die Not des anderen nicht wahrnehmen und „schlafen".
Wer an Jesus als den Christus glaubt und meint, als Sohn Gottes habe er die Angst deshalb nicht gekannt, der soll die Erzählung von der Nacht auf dem Ölberg noch einmal, und diesmal aufmerksam lesen. Der erwachsene Mensch Jesus ahnte, was auf ihn wartet, und er hatte Angst.
Der Knabe Jesus hatte bis dahin die Welt nur aus dem Blickwinkel des behüteten Kindes kennengelernt. Er wußte noch nicht, wie die Welt beschaffen ist und welche Forderungen aus seiner Begabung an ihn gestellt werden sollten.
Der Einwand, im Tempel habe dem Kind noch keine Gefahr gedroht, sollte nicht erhoben werden, denn er würde verraten, daß jener, der dieses Argument vorbringt, an die Legenden nicht glaubt, die in den Evangelien erzählt werden. Die Geschichte vom zwölfjährigen Knaben im Tempel steht zwischen der Bedrohung, der Flucht in das Elend nach Ägypten und der späteren Kreuzigung. Wenn schon dem neugeborenen Kind Gefahr gedroht hat, dann kann sie für den zwölfjährigen Knaben nur noch größer geworden sein. Wenn der Knabe diese Gefahren nicht

gekannt oder nicht gefürchtet hat, so ist daran zu erkennen, daß er aus seiner Familie Vertrauen, Kraft und Zuversicht erhalten hat.
In der Werkstatt des Zimmermannes Joseph scheint viel Raum gewesen zu sein „für erhabene Gedanken“. Jesus konnte sich bei Joseph so viel Wissen aneignen, daß die Lehrer im Tempel zu Jerusalem verwundert waren über seine Fragen und seine Antworten. — Hätte der zwölfjährige Knabe aber gewußt, daß er der menschgewordene Sohn des allmächtigen Gottes ist, was hätte er die Lehrer fragen sollen? Ihnen war das Wesen ihres Gottes so geheimnisvoll und heilig, daß sie nicht wagten, seinen Namen auszusprechen. Er aber hätte das Wesen Gottes bereits in allen Dimensionen gekannt.
In den Legenden der Kirchentradition früherer Epochen wurde deshalb auch immer dargestellt, daß der zwölfjährige Jesus die Lehrer im Tempel „belehrt“ hat.
Im Lukas-Evangelium steht aber, die Lehrer wunderten sich über seine Fragen. Der Knabe war also nicht allwissend. Um das Wesen Gottes zu begreifen, hätte er es sein müssen. Wenn er noch nicht fähig war, das Wesen Gottes zu erkennen, konnte es ihm auch nicht möglich sein, das Wunder der Menschwerdung des göttlichen Geistes zu begreifen. Die Verwunderung der Lehrer über Fragen und Antworten des Knaben wird wahrscheinlich auch nicht deshalb entstanden sein, weil sie in dem Zwölfjährigen Allwissenheit ahnten, sondern weil er — im Geist der Tradition der Hirten erzogen — Fragen gestellt und Antworten gegeben haben muß, die von der im Geist der Zeit gebildeten „Norm“ erheblich abwichen.
Vielleicht hat der zwölfjährige Knabe Jesus sich auch nicht absichtlich von seinen Eltern getrennt, sondern sie im Trubel der überfüllten Stadt, im Wirrwarr der nach dem Fest aufbrechenden Pilger einfach aus den Augen verloren. Vielleicht hat er zunächst so eifrig nach ihnen gesucht, wie sie nach ihm. Da er sie nirgends finden konnte, ging der verlorene Knabe dann vielleicht, im Vertrauen auf seinen Gott und im Vertrauen zu den beiden Menschen, die ihm als erste von diesem Gott erzählt hatten, zum Tempel, um dort zu warten.
Das strahlende Vertrauen des Kindes darf aus seiner Antwort wohl mit der gleichen Berechtigung gedeutet werden, wie die mittelalterliche Auffassung, die darin nur die abweisende Kühle des ätherischen Gottessohnes erkennen wollte.
Seine Verwunderung, daß die Eltern seinetwegen ängstlich und besorgt gewesen waren, entspricht der Wesensart eines Kindes, das seiner Um-

welt unbefangen, ohne Mißtrauen oder Argwohn begegnen kann, weil es von Liebe behütet, durch Vernunft geleitet, das Leben ohne Angst entdecken durfte.

Es gibt wohl keine Weissagung eines Propheten, in der ein armer Handwerker als „Nährvater" des Gottessohnes vorhergesagt wird, aber es scheint mehr als nur ein Argument zu geben, mit dem die Vermutung erhärtet werden kann, daß Joseph von Nazareth im Leben Jesu mehr gewesen ist als nur die verschämte Brücke zu König David, durch die erfüllt werden sollte, was die Propheten verkündet hatten.

Der Bericht im Lukas-Evangelium lehrt uns, daß Jesus in Gefahr gewesen ist, als er mit den Lehrern im Tempel über die im Haus Joseph geltenden Ansichten diskutierte. Die Angst, die Maria und Joseph gehabt haben müssen, wird der quälenden Sorge geglichen haben, die alle Eltern in allen Minoritäten empfinden, wenn ihre arglosen Kinder dem Verdacht der „Pharisäer" ausgeliefert sind.

Die Episode lehrt uns in diesem Verständnis aber auch, daß die Schriftgelehrten sich über die Fragen und die Antworten wohl „verwunderten", aber das Kind und auch die Eltern deshalb nicht verfolgt, gequält oder angeklagt haben. Es muß also auch von manchen Lehrern im Tempel zu Jerusalem Toleranz als Tugend anerkannt und geübt worden sein.

Man muß diesen Gedanken in Erinnerung behalten für die Prüfung der Frage, ob Jesus später von den Vertretern der Religion gehaßt und verfolgt worden ist, oder ob die Vertreter der weltlichen Macht nicht wesentlich stärker an seiner Kreuzigung interessiert gewesen sein müssen.

V. DER UNBEQUEME VATER

Sie verbrannten die Bücher öffentlich

Als Jesus anfing, öffentlich zu lehren, war er, nach Lukas, ungefähr dreißig Jahre alt „und ward gehalten für einen Sohn Josephs" (3.23.). In dieser Formulierung teilt der Evangelist unmißverständlich mit, daß nach seiner Kenntnis damals niemand von einer übernatürlichen Zeugung gewußt hat; denn die Menschen hielten Joseph, in dessen Haus Jesus ganz offensichtlich wie ein normales Kind aufgewachsen war, für seinen Vater.

Ähnliche Andeutungen einer normalen Kindheit Jesu und enger Familienbeziehung im Hause des Zimmermannes sind dem Matthäus-Evangelium zu entnehmen. Als Jesus zum ersten Mal in seiner Vaterstadt am Sabbath lehrte, wunderten sich die Nachbarn über ihn.

Matth. 13.55.
Ist er nicht eines Zimmermannes Sohn? Heißt nicht seine Mutter Maria? Und seine Brüder Jakob und Joses und Simon und Judas? (56.) Und seine Schwestern, sind sie nicht alle bei uns?

Bei Markus finden wir fast den gleichen Wortlaut, allerdings auch eine sehr erhebliche Abweichung.

Mark. 6.3.
Ist er nicht der Zimmermann, Marias Sohn und der Bruder des Jakobus und Joses und Judas und Simon? Sind nicht auch seine Schwestern alle bei uns?

Nur mit dem Namen der Mutter bezeichnet wurden damals ausschließlich die unehelichen Kinder. Als vaterloses Kind wäre Jesus aber mit

den zahlreichen Geschwistern nur über seine Mutter verwandt gewesen. Man kann als sicher voraussetzen, daß die Textgestalter nicht den Eindruck erwecken wollten, Maria sei in Wirklichkeit unverheiratete Mutter von fünf Söhnen und einer ungenannten Zahl von Töchtern gewesen.
Die Formel kann eine Einfügung aus späterer Zeit sein, durch die auf eine „übernatürliche, vaterlose" Zeugung Jesu hingewiesen werden sollte, oder sie ist ein Teil der ältesten Überlieferung und bestätigt, wie ich später zeigen werde, daß Joseph auch am Ende des Lebens Jesu noch vorhanden und wichtig gewesen ist.
Im Johannes-Evangelium wird Jesus wieder uneingeschränkt als Sohn des Joseph bezeichnet. Wenn Philippus dem Nathanael sagt, sie hätten den gefunden, der von Moses und den Propheten vorhergesagt ist, nennt er Jesus: „Josephs Sohn von den Nazarenern (Nazoräern)".
Die vier Versionen der Überlieferung stimmen darin überein, daß Jesus im Haus des Zimmermannes aufgewachsen und über die Kindheit hinaus den Eltern eng verbunden geblieben ist. Daraus muß entnommen werden, daß der Zimmermann Joseph im Leben des Gekreuzigten hohe Bedeutung gehabt hat.
Im schroffen Gegensatz zu diesem Gedanken steht das farblose Bild einer blassen, unbedeutenden Begleiterscheinung, zu der Joseph der Zimmermann in der abendländischen Tradition degradiert worden ist.
In den vermutlich ältesten Schriftdokumeten der christlichen Überlieferung, den Briefen des Apostels Paulus, kommt der Name Joseph überhaupt nicht vor. Allerdings wird im Galaterbrief (1.19.) Jakobus erwähnt und als „des Herrn Bruder" bezeichnet. Andere Hinweise auf die Familie Jesu gibt es in diesen Dokumenten nicht.
Viele Gelehrte setzen den Galaterbrief sehr früh an und vermuten, daß er um das Jahr 50 (oder 48) geschrieben worden ist. Zwei Jahrzehnte danach soll das älteste von den vier kanonisierten Evangelien, die Markus-Schrift, und erst etliche Jahre später der Text nach Matthäus entstanden sein, dann Lukas. Am Ende des ersten Jahrhunderts wurde wahrscheinlich der Urtext des JohannesEvangeliums geschrieben.
Man neigt dazu, das Markus-Evangelium und die Paulus-Briefe als die ältesten, am wenigsten verfälschten Zeugnisse der geschichtlichen Ereignisse anzusehen.
Für die Paulus-Briefe kann dies nur zutreffen, soweit man die Geschichte der christlichen Religion erforschen will; was der Apostel geschrieben hat oder das, was in diesen Schriften als von ihm geschrie-

ben ausgegeben wird, zeigt, daß ausschließlich das gelten durfte, was er als richtig empfunden hat. Schon im Galaterbrief grenzt er seine Lehre sehr entschieden gegen andere Überlieferungen ab.

Gal. 1.9. (Einheitsübersetzung)
... Wer euch ein anderes Evangelium verkündigt, als ihr angenommen habt, der sei verflucht.

Die Warnung wäre nicht ausgesprochen, niedergeschrieben und mit einem Fluch bekräftigt worden, wenn nicht zu dieser Zeit auch andere Berichte und Auffassungen Verbreitung gefunden hätten. Da Paulus innerhalb der christlichen Kirche der bestimmende Geist geworden ist, wurden wohl andere Gedanken und Berichte aus alten Quellen in der Überlieferung zurückgedrängt.
Die Schriften des Neuen Testamentes enthalten keine Hinweise, wann, wo und wie der Apostel gestorben ist.
In der von der mittelalterlichen Kirche als gleichrangige Ergänzung der Schriften anerkannten Tradition wurde gelehrt, daß Paulus in Rom geköpft worden sei. Bei der Hinrichtung soll aus seinen Adern nicht Blut geflossen sein, sondern Milch.

Von solchen Phantasien überwuchert, mußte das Bild Josephs, des menschlichen Vaters Jesu, verblassen. Denn in dieser Tradition war auch die Familie nicht hoch angesehen. Sie galt als die zweite, die minderwertige Möglichkeit der Lebensgestaltung.

1. Kor. 7.38.
Demnach, welcher verheiratet, der tut wohl; welcher aber NICHT verheiratet, der tut BESSER.

Das konnte auch nicht als Aufforderung zum Konkubinat verstanden werden, denn davor lassen die Gelehrten den Apostel sagen:

1. Kor. 7.1. (Einheitsübersetzung)
Es ist gut für den Mann, keine Frau zu berühren. (7.2.) Wegen der Gefahr der Unzucht soll aber jeder seine Frau haben.

Martin Luther hat an dieser Stelle statt „Unzucht“ den volkstümlicheren Ausdruck gewählt:

Aber um der Hurerei willen habe ein jeglicher
sein eigen Weib ...

Im Text des Korintherbriefes wird allerdings eingeschränkt, daß die Gedanken zur Ehe vom Apostel allein kommen:

1. Kor. 7.25. (Einheitsübersetzung)
Was die Frage der Ehelosigkeit angeht, so
habe ich kein Gebot vom Herrn ...

An dieser Stelle war Luther direkter:

Von den Jungfrauen aber hab ich kein Gebot
des Herrn ...

Der Begriff Jungfrau umfaßte die geschlechtliche Unberührtheit bei Mann und Frau. In der Auffassung Martin Luthers stellt der Apostel nicht nur zur Ehelosigkeit, sondern zur geschlechtlichen Enthaltsamkeit und somit zum Wert der jungfräulichen Unberührtheit klar, es gäbe dazu keine Äußerung Jesu, weder aus seinem menschlichen Leben noch aus den allein dem Paulus zuteilgewordenen Offenbarungen, deren Inhalt niemand kennt.

In der Frage des gemeinschaftlichen Lebens von Mann und Frau haben wohl die meisten, die dem lebenden Jesus begegnet waren, anders gedacht als Paulus. Der Apostel selbst deutete dies in seinem ersten Brief an die Korinther an.

1. Kor. 9.5. (Einheitsübersetzung)
Haben wir nicht das Recht, eine gläubige
Frau mitzunehmen, wie die übrigen Apostel
und die Brüder des Herrn und wie Kephas
(Petrus)?

Noch einmal soll zum besseren Verständnis auch die Übersetzung Martin Luthers zitiert werden:

Haben wir nicht auch Macht, eine Schwester ZUM WEIBE mit umherzuführen, wie die anderen Apostel...

Niemand wird sagen dürfen, daß die Gelehrten es sich bei der Erarbeitung der Einheitsübersetzung leicht gemacht haben. Aber auch Martin Luther hat jede Silbe der Heiligen Schrift mit gründlichem Wissen, Gewissenhaftigkeit und Demut auf ihre Bedeutung geprüft. Im Ergebnis weichen die Übersetzungen manchmal voneinander ab. Es scheint sehr schwer zu sein, alte Texte so zu übersetzen, daß sie den Sinn wiedergeben, den sie nach dem Willen ihrer Autoren enthalten sollen. Je älter die Texte sind, je länger die alten Sprachen nicht mehr im Alltag gesprochen werden, desto schwieriger wird es sein, den ursprünglichen Sinn zu erkennen.
Von der absoluten Unfehlbarkeit der eigenen Aufassung kann wohl nur der überzeugt sein, der auch im 20. Jahrhundert noch glauben machen möchte, er sei in seiner Arbeit vom Heiligen Geist inspiriert gewesen.
Die Übersetzung der Apostelbriefe des Neuen Testamentes ist im Verhältnis noch leicht, denn die Texte wurden in griechischer und lateinischer Sprache überliefert, und es hat sich unmittelbar nach der Entstehung eine Auslegungstradition dazu entwickelt. Bei den Texten der Evangelien müssen erheblich größere Fehlerquellen mit eingerechnet werden, denn die ursprünglichen hebräisch-aramäischen Berichte der Augenzeugen und Zeitgenossen sind verloren und nicht rekonstruierbar. Die ältesten Übersetzungen sind nicht mehr erhalten.
Greifbar und prüfbar sind für uns nur noch die nach den griechischen und lateinischen Übersetzungen gestalteten Texte aus dem dritten und vierten Jahrhundert, einer Zeit also, in der die Theologie der christlichen Kirche bereits weit entwickelt war und das Christentum schon als römische Staatskirche anerkannt gewesen ist.
Es ist die Auffassung verbreitet, daß sich in den christlichen Gemeinden des ersten Jahrhunderts erst sehr spät ein Bedürfnis nach schriftlichen Berichten über das Leben, die Werke und die Worte Jesu entwickelt hat. Die Urchristen, so wird erklärt, hätten auf die Wiederkehr (die Parusie) des Auferstandenen Christus gewartet, die das große Gericht, das Ende der sündigen, fleischlichen Welt und den Anbruch des Gottesreiches bringen sollte. Erst als die Parusie ausblieb, die Wiederkehr des Auferstandenen sich für die nahe Zukunft nicht anzeigte, soll das Bedürfnis nach schriftlichen Berichten erwacht sein.

Gegen diese Auffassung spricht, daß die Kraft des Urchristentums nicht aus der Enttäuschung entstanden sein kann, sondern nur aus der Zuversicht.
Der Gedanke des Abendmahls ist die Bindung der Menschen durch eine gemeinsame, positive, lebenszugewandte Erinnerung an die Taten und Worte, an den Geist der Gemeinschaft. Es ist widersinnig zu behaupten, daß die Worte und die Erinnerung an das Wirken unwichtig waren, weil man in der Hoffnung auf die Wiederkehr gelebt hat. Wenn den Urchristen die irdische Erscheinung Jesu wichtig gewesen ist, dann war das Bedürfnis, sie festzuhalten, von Anfang an vorhanden. Nicht erst sein Tod und das Ausbleiben seiner Wiederkehr machte die Erinnerung wichtig, denn seine Gedanken wurden weitergegeben und verbreitet, noch als er lebte. Wie wäre es denn sonst zu erklären, daß sich Tausende um Jesus versammelt haben? Die Geheilten, Geretteten und Bekehrten werden seine Worte wie kostbare Juwelen bewahrt und an Freunde weitergegeben haben.
Im Leben der Juden war es Ehre und Pflicht, die heiligen Schriften zu kennen und zu lesen. In einer Glaubenstradition, die nur das Wort als Übermittler des göttlichen Geistes kennt, ist Schreiben und Lesen keine Geheimwissenschaft. Unter den Jüngern Jesu werden Menschen genug gewesen sein, die versucht haben, seine Worte, seine Handlungen schriftlich festzuhalten.
Es gibt keine Beweise dafür, daß solche Schriften vorhanden gewesen sind. Die Tatsache, daß ältere Schriften als die vier Evangelien und die Paulus-Briefe nicht gefunden wurden, kann aber umgekehrt nicht als Beweis dafür genommen werden, daß es sie nicht gegeben hat. Immerhin wird ja auch von Wissenschaftern angenommen, daß es vor den vier Evangelien schon die Logien- oder Rede-Quelle gegeben hat.
Denkt man einige Gedanken weiter über diese Logien-Quelle nach, so muß man sich natürlich fragen, wie man zu der Meinung kommen konnte, daß in dieser Quelle, das heißt in dieser Schrift, nur Aussprüche Jesu gesammelt worden waren. Man ist nicht einmal sicher, ob es diese Quelle gegeben hat, glaubt aber zu wissen, in welcher Form sie existierte.
Schon zwanzig Jahre nach der Kreuzigung soll Paulus in seinem Brief an die Galater vor anderen Evangelien, das heißt also vor anderen Botschaften oder Berichten oder Lehrern gewarnt haben.
Ein besorgter Brief, den er einige Jahre später aus Ephesus an die Gemeinde in Korinth geschrieben hat, belegt, daß auch innerhalb der

von ihm selbst missionierten Gemeinden mehrere Auffassungen verbreitet gewesen sind.

1. Kor. 1.11.
Denn es ist mir vorkommen... daß Zank unter euch sei. (12.)... daß unter euch einer spricht: ich bin paulisch; der andere: ich bin apollisch; der dritte: ich bin kephisch; der vierte: ich bin christisch. (13.) Wie? Ist Christus nun zertrennet?

Kephas ist der Name des anderen großen Apostels, des Simon, den Jesus „Fels" genannt hat, der lateinisch Petrus heißt. Zwischen Petrus und Paulus hat es Meinungsverschiedenheiten und Auffassungsunterschiede gegeben, die in den Schriften des Neuen Testamentes mehrmals erwähnt werden. Paulus berichtete davon auch in seinem Brief an die Galater.

Gal. 2.11. (Einheitsübersetzung)
Als Kephas aber nach Antiochia gekommen war, bin ich ihm offen entgegengetreten, weil er sich ins Unrecht gesetzt hatte... (13.) Ebenso unaufrichtig wie er verhielten sich auch die anderen Juden, so daß auch Barnabas durch ihre Heuchelei verführt wurde.

In der Religion wurden die Unterschiede der Auffassungen irgendwann theologisch überbaut, und wohl erst in dieser Vereinigung der großen Apostel entstand die Kirche.
Als historisches Ereignis bleiben Ursache und Verlauf der Auseinandersetzung ungewiß, denn es fehlt an vergleichbaren Äußerungen des anderen Teiles, dessen Ansicht auch gehört werden müßte. Die Schriften im Neuen Testament, die als „Petrusbriefe" bezeichnet werden, wurden wahrscheinlich nicht von Petrus geschrieben. Der große Weggefährte des Gekreuzigten hat keine schriftlichen Äußerungen hinterlassen, oder sie sind uns nicht bewahrt worden.
Konkrete Angaben finden wir zu der dritten von Paulus zitierten Denkrichtung in der Korinther Gemeinde.
Apollos war ein in Alexandria geborener Jude. In der Apostel-

geschichte wird er als wortgewaltiger, schriftkundiger Missionar geschildert, der in den Schulen der jüdischen Gemeinden gelehrt und die Bekehrten dann auch getauft hat. Apollos sei unterwiesen in „den Weg des Herrn", aber in der Lehre nicht vollkommen gewesen. Als er in Ephesus predigte, hatten ihn Aquila und Priscilla besser belehrt. Da ihm dadurch der „Weg Gottes" richtig ausgelegt worden war —

Apg. 18.28
... überwand er die Juden beständiglich und erwies öffentlich durch die Schrift, daß Jesus der Christ sei.

Gemessen an den Forderungen des Apostels Paulus war seine Lehre aber immer noch mangelhaft. Die Apostelgeschichte gibt uns die Beschreibung einer Begegnung zwischen Paulus und einigen Jüngern, die von Apollos getauft worden waren.

Apg. 19.2. (Einheitsübersetzung)
... und fragte sie: Habt ihr den Heiligen Geist empfangen, als ihr gläubig wurdet? Sie antworteten ihm: Wir haben noch nicht einmal gehört, daß es einen Heiligen Geist gibt. (3.) Da fragte er: Mit welcher Taufe seid ihr denn getauft worden? Sie antworteten: mit der Taufe des Johannes.

Die Lehre des Apollos muß sehr verschieden gewesen sein von dem, was später in den Evangelien als authentisch berichtet werden sollte. Dort steht, daß Johannes der Täufer, als er Jesus zum ersten Mal sah, gesagt haben soll: „Der ist's, der mit dem Heiligen Geist tauft" (Joh. 1.33.).

Nach dem Lukas-Evangelium verkündete der Engel Gabriel dem Priester Zacharias die Geburt seines Sohnes Johannes, der der „Täufer" werden sollte, und sagte von ihm:

Luk. 1.15.
... und er wird noch im Mutterleibe erfüllt werden mit dem Heiligen Geist ...

Wenig später verkündete dieser Engel Gabriel der Jungfrau Maria die bevorstehende „Überschattung" durch den Heiligen Geist.
Die von Apollos getauften Jünger hatten von diesem Heiligen Geist noch nichts gehört; sie haben ganz eindeutig andere Informationen erhalten als wir.
Paulus belehrte die Jünger in Ephesus, daß Johannes die Taufe der Buße gegeben und die Menschen aufgefordert habe, an den zu glauben, der nach ihm kommen werde: an Jesus.

Apg. 19.5. (Einheitsübersetzung)
Als sie das hörten, ließen sie sich auf den Namen Jesu, des Herrn, taufen.

Erst als Paulus ihnen die Hand auflegte, kam der Heilige Geist auf die zwölf Männer herab.
Da Apollos nicht von einer Zeugung durch den Heiligen Geist gelehrt haben konnte — da die Getauften ja nicht wußten, daß es diesen Heiligen Geist gibt —, muß er den Menschen eine andere Erklärung für die Menschwerdung des Wortes gegeben haben, denn er soll doch den Juden aus der Schrift nachgewiesen haben, daß Jesus der Christus, also der von den Propheten des Alten Testamentes vorhergesagte Messias ist.
Außer den vier verschiedenen Auffassungen der Lehre, die Paulus in seinem Brief erwähnte, gab es noch andere, die dem Apostel und den Schriftstellern nach ihm verhaßt gewesen sind.

Apg. 19.13. (Einheitsübersetzung)
Auch einige der umherziehenden jüdischen Beschwörer versuchten, den Namen Jesu, des Herrn, über den von bösen Geistern Besessenen anzurufen...

Die bösen Geister wollten sich von diesen Juden nicht bannen lassen. Aus einem Besessenen antwortete ihnen der böse Geist: „Jesus kenne ich, und auch Paulus ist mir bekannt. Doch wer seid ihr?" Mit diesen Worten soll sich der Besessene mit solcher Gewalt auf die Juden gestürzt haben, daß diese nur noch verletzt und nackt aus dem Haus entkommen konnten.
Im Text der Apostelgeschichte werden die Beschwörer „jüdisch"

genannt, und es heißt, sie wollten „den Namen Jesu anrufen". Die Männer waren Juden, die christliche Ideen angenommen hatten, deren Ansichten aber mit der von Paulus vertretenen Auffassung nicht übereinstimmten. In der Apostelgeschichte wird über diese von den Textgestaltern verachteten „Beschwörer" nicht mehr berichtet. Im außerbiblischen Schrifttum der ersten Jahrhunderte werden aber häufig Gemeinden erwähnt, die, aus dem Judentum kommend, sich den christlichen Ideen zugewandt hatten und deshalb „Judenchristen" genannt werden.

Origenes (gest. 254) erwähnt in seiner Schrift „Gegen Celsus" (5.61.65.) eine Gemeinschaft der „Ebioniten".

Das Wort wurde gedeutet als „die Armen". Über diese oder eine sehr ähnliche Gemeinschaft berichtet auch Eusebius (270—339) in seiner Kirchengeschichte (3.27.).

Die Ebioniten lehnten Paulus und seine Deutungen ab.

Sie wollten nicht an eine übernatürliche Zeugung Jesu glauben. Nach ihrer Meinung war er auf menschliche Weise geboren worden als Sohn des Joseph und der Maria. Gemeinden der Ebioniten gab es in der christlichen Bewegung bis zum Ende des ersten Jahrhunderts. Manche dieser Gemeinden sollen sich auch „Nozrim" genannt haben, und das macht es noch schwerer, aus den wenigen unklaren Angaben eine halbwegs wirklichkeitsnahe Vorstellung über die Ebioniten zu erarbeiten.

„Nozrim" ist eine der möglichen Ausspracheformen des hebräisch-aramäischen Konsonantenwortes NZR-JM, das in der lateinischen Form „Nazarener" und der griechischen Ableitung „Nazoräer" in den Schriften vorkommt.

In der Apostelgeschichte wird auch die christliche Urgemeinde in Jerusalem „Nazarener" genannt. Nach anderen Quellen haben sich Mitglieder der Urgemeinde auch „Ebioniten" genannt. Keiner dieser Quellen ist zu entnehmen, wie die Benennung entstanden ist. Es darf daher nicht der Fehler gemacht werden, aus den gleichen oder ähnlichen Namen, der den verschiedenen Gemeinden in verschiedenen Schriften gegeben worden ist, auf eine Gleichartigkeit ihres Glaubens und ihrer Lebensauffassung zu schließen. In der Apostelgeschichte (24.5.) wird auch Paulus vor dem römischen Landpfleger Felix — einem der Nachfolger des Pontius Pilatus — ein „Rädelsführer der Nazoräer-Sekte" genannt (in anderer Übersetzung: einer der Vornehmsten der Sekte der Nazarener).

Es war damals nicht selten, daß Menschen in Gütergemeinschaft gelebt

haben. Sie verzichteten auf persönlichen Reichtum. Sehr wahrscheinlich wurden viele von ihnen einfach deshalb „die Armen" genannt, obwohl sie mit anderen Ebioniten-Gemeinden darüber hinaus nichts gemeinsam hatten.
Die Namen Nozrim und Nazarener dürfen ebenfalls nicht als Beweis für eine Gleichartigkeit der so bezeichneten Gemeinden genommen werden. Aus den griechischen und lateinischen Texten ist nicht mehr zu entnehmen, ob der Name im hebräisch-aramäischen Original NSR oder NZR geschrieben war und „Bewahrer" geheißen hat. Für die Urgemeinden wird die Bezeichnung „Nazarener" auch jetzt noch sehr oft von der Stadt Nazareth hergeleitet.
Nach allen Einschränkungen muß nun aber auch darauf hingewiesen werden, daß Gemeinden, in deren Erinnerung der Mensch Jesus ein Sohn des Joseph und der Maria gewesen ist, auch Nozrim oder Nazoräer/Nazarener genannt wurden und die Deutung dieses Namens auch für Gemeinden *nach* dem Tod Jesu als „Bewahrer" nicht ausgeschlossen werden kann.
In einer Gemeinschaft, die sich nach ihrer Lebensauffassung „Bewahrer" nannte, werden nicht nur die alten Gedanken bewahrt worden sein, sondern auch das Bewahrenswerte aus der Gegenwart. Zu den Überlieferungen oder dem Schrifttum der Ebioniten oder Nozrim gibt es keine Berichte. Der Wortlaut der Apostelgeschichte weist aber auf einen Zusammenhang hin zwischen Schriften, die der Lehre des Apostels Paulus nicht entsprachen, von den Gläubigen aber bewahrt und erst nach der Vertreibung der „jüdischen Beschwörer" herausgegeben worden sind.
Nachdem der Besessene die „jüdischen Beschwörer", die auch den Namen Jesu anriefen, nackt aus dem Haus gejagt hatte, befiel große Furcht alle Juden und Griechen in Ephesus. Alle, die gläubig geworden waren, bekannten nun nach diesem Schrecken, „was sie getrieben hatten".

Apg. 19.19.
Viele aber, die da vorwitzige Kunst getrieben
hatten, brachten die Bücher zusammen, und
verbrannten sie öffentlich...

Es war die erste Bücherverbrennung im Geist des christlichen Abendlandes. Über den Inhalt der verbrannten Schriften sind nicht einmal

Vermutungen möglich, denn es fehlt uns jeder Anhaltspunkt. Die Bezeichnung „vorwitzige Kunst“ oder „Zauberei“ kann alle Schriften betreffen, in denen die Eiferer einen „bösen Geist“ zu erkennen glaubten. Als Zauberei, Teufelswerk oder Aberglaube pflegen engstirnige Ideologen noch heute alles zu bezeichnen, was von ihrer Denkschiene abweicht.

Die Bücherverbrennung von Ephesus beweist, daß es in frühester Zeit schon Schriften aus den Erlebens- und Erfahrungsbereichen gegeben hat, aus denen die spätere christliche Überlieferung sich entwickelt hat. Diese Schriften und Gedanken wurden von den Gestaltern der Überlieferung abgelehnt.

Der Einwand, es könnten damals auch Schriften verbrannt worden sein, in denen die heidnischen Götter verherrlicht wurden, kann für die ersten Jahrzehnte der neuen Zeitrechnung kaum gelten. Eine öffentliche Verbrennung der heidnischen Schriften über die griechischen und römischen Götter wäre in Ephesus zu dieser Zeit noch nicht möglich gewesen. Hier befand sich das berühmte Heiligtum der wohl populärsten griechischen Göttin, der Artemis. Sie galt als Zwillingsschwester des Apoll und war die Göttin der Jagd und der Fruchtbarkeit bei Mensch und Tier. Bei den Römern hieß Artemis Diana. Es ist undenkbar, daß eine kleine Minderheit in der Stadt des berühmtesten Tempels der Antike Schriften öffentlich verbrennen hätte können, in denen die Götter dieser Stadt beschrieben und verherrlicht worden sind.

Artemis/Diana war aber auch die Göttin der Jungfräulichkeit. Es wäre möglich, daß von hier aus die geistige Bewegung ihren Anfang genommen hat, die zur Behauptung der fortwährenden Jungfräulichkeit der Maria geführt hat.

Je stärker die Entwicklung des Christentums vom griechischen Denken der Spätzeit der Antike beeinflußt wurde, desto blasser geriet das Bild Josephs.

Wenn man bedenkt, daß in den Schriften des Paulus der Name Joseph nicht vorkommt, irdische Eltern des Menschen Jesus überhaupt keine Erwähnung finden, wenn man sich erinnert, daß Paulus die Ehe als ein notwendiges, aber wenn möglich zu vermeidendes Übel darstellt, dann scheint es folgerichtig, wenn im Namen dieser Idee Schriften verbrannt wurden, die von der Herkunft Jesu aus einer menschlichen, harmonischen und glücklichen Ehe erzählt haben. Wir könnten darin die Erklärung finden für die Tatsache, daß keine Schriften aus der Zeit vor den Missionsreisen des Paulus gefunden wurden.

Im Jahre 431 beschloß die Reichsversammlung der Bischöfe der christlich-römischen Staatsreligion den verpflichtenden Glaubensgrundsatz, daß die Jungfrau Maria nicht nur „Christusgebärerin" ist, sondern „Gottesgebärerin". Das Konzil fand in Ephesus statt, wo fortan die griechische Göttin Artemis nicht mehr verehrt werden durfte. Für Joseph mußte eine neue Rolle entwickelt werden, durch welche die „Reinheit" der Gottesgebärerin nicht beschmutzt werden konnte.

Die geistig Armseligen

Die Evangelisten erzählen, daß manchmal Tausende gekommen waren, um Jesus predigen zu hören. Sie kamen, weil sie Berichte gehört hatten von den wunderbaren Taten des neuen Lehrers. Zu dieser Zeit — dies wird im Lukas-Evangelium ausdrücklich betont — hielten die Menschen Jesus für einen Sohn Josephs. In allen Berichten, die in den Jahren seines Wirkens mündlich oder schriftlich über ihn verbreitet worden sind, kann Jesus also nur als ein außergewöhnlicher, weiser und mutiger Mensch, eben als „Jesus, Josephs Sohn von den Nazoräern", geschildert worden sein.
Ob sich nun, wie die Evangelien angeben, immer Tausende versammelt haben, um Jesus zu sehen und zu hören, oder nur Hunderte oder weniger, die gekommen waren, jedenfalls erzählten sie wieder anderen, und damit wurde in der ersten Zeit der Name Joseph von den Nazoräern so weit verbreitet wie der seines Sohnes Jesus.
Nur aus den Zeugnissen der Zeitgenossen, die dem heilenden und lehrenden Menschen Jesus begegnen durften, kann die Überlieferung jener judenchristlichen Gemeinden entstanden sein, die Eusebius von Caesarea in seiner zu Anfang des vierten Jahrhunderts geschriebenen Kirchengeschichte (III.27.2.) „Ebionäer" nennt.

„Diese hielten Christus für einen ganz gewöhnlichen Menschen, der nur kraft seines hervorragenden sittlichen Lebenswandels gerecht geworden, und glaubten, er wäre durch

die Gemeinschaft eines Mannes mit Maria gezeugt worden."

Diese Überlieferung nennt Eusebius die „Häresie der Ebionäer" (IV.17.), über die noch zu Ende des zweiten Jahrhunderts Schriften verfaßt worden sind.

„Noch heute sind die Schriften des Symmachus erhalten, in welchen er unter Berufung auf das Matthäus-Evangelium die erwähnte Häresie zu bekräftigen scheint."

Diese Schriften, die es zur Zeit des Eusebius noch gegeben haben soll, sind nicht erhalten geblieben. Symmachus war ein Judenchrist aus Samaria, der gegen Ende des zweiten Jahrhunderts die Texte des Alten Testamentes ins Griechische übersetzt hat. Da Origenes auch diese Übersetzung verwendet hat, ist durch ihn gesichert, daß Symmachus die hebräische Sprache kannte. Er war also fähig, sowohl griechische wie auch hebräisch-aramäische Berichte zu lesen und zu deuten.

Aus dem uns überlieferten Wortlaut ist freilich nicht mehr zu erkennen, wie Symmachus aus dem Matthäus-Evangelium bewiesen haben könnte, daß Jesus ein leiblicher Sohn Josephs sei. Entweder Symmachus verfügte über einen uns nicht mehr bekannten Wortlaut des Matthäus-Evangeliums, oder Eusebius berichtet — wie auch an anderen Stellen — ungenau über die Auffassung der Judenchristen, deren Gemeinden er unzutreffend alle als Ebionäer bezeichnet. Er versäumt auch keine Gelegenheit, seine Verachtung für diese „Ketzer" zu zeigen. In der Erklärung, die er für die Entstehung der „ketzerischen Lehre" gibt, erkennen wir das Fundament, auf dem später die gnadenlosen Gedanken der mittelalterlichen Inquisitionsgerichte festen Halt gefunden haben.

„Da der böse Dämon anderen den Glauben an den Christus Gottes nicht untergraben konnte, fand er eine andere schwache Seite an ihnen und gewann sie für sich. Die Alten nannten diese, da sie armselig und niedrig über Christus lehrten, treffend Ebionäer."

Der Glaube an den Einfluß böser Dämonen kann sicher auch sittlichen Wert haben, solange ihn die Religion nicht einem Staat als machtbewahrendes Instrument zur Verfügung stellt.
Eusebius war der Hofbischof des Kaisers Konstantin, unter dem die christliche Kirche zunächst anerkannt und unter dessen Nachfolgern sie Jahrzehnte später zur Staatskirche erhoben wurde.
Er verdammt die Ebionäer nicht wegen eines falschen Glaubens, sondern wegen einer von der „Wahrheit" seiner Kirche abweichenden Lehre.

„Eine andere Richtung unter den Ebionäern vermied zwar den erwähnten seltsamen Unsinn, sofern sie die Geburt des Herrn aus der Jungfrau und dem Heiligen Geist nicht leugnete; allein auch sie wollte nicht zugeben, daß er als Gott, Logos und Weisheit präexistierte, wodurch sie gleich jenen in Gottlosigkeit verfiel, zumal auch sie für die fleischliche Gesetzesbeobachtung eintrat. Sie meinte, man müsse die Briefe des Apostels (Paulus), von dem sie erklärte, er sei vom Gesetz abgefallen, vollständig verwerfen. *Nur das sogenannte Hebräer-Evangelium benützte sie, den übrigen Schriften aber legte sie geringen Wert bei." (III.27.3—6)*

Der Begriff Ebionäer oder Ebioniten kommt in vielen Schriften der frühchristlichen Literatur vor. Er ist aus dem hebräischen Wort „ebionim" abgeleitet, das schlicht „die Armen" heißt.
Ebionim war eine der Bezeichnungen für die Gemeinschaft der Essener. Manche Autoren bezeichnen frühchristliche Gemeinden abwechselnd als „Nazarener" oder „Eboniten". Es ist selten eindeutig zu erkennen, in welchem Sinne der Autor die Bezeichnung verwendet hat. Eusebius verwendet sie wohl in der von der christlichen Polemik zur Schmähung der judenchristlichen Gemeinden erfundenen Abwandlung, nach der nicht mehr die hebräische Wortbedeutung „die Armen" galt, sondern die polemische Deutung „die geistig Armseligen". Es bleibt unklar, ob Eusebius mit seiner Kritik der ebionitischen Lehren auch die aus der Urgemeinde der Apostel hervorgegangenen Gemeinden abwerten

wollte, denn es ist nicht zu erkennen, ob ihm bekannt oder bewußt war, daß sich die Urgemeinde in Jerusalem selbst als „ebionim“ bezeichnet hat. Der Kreis der Zwölf mit dem „Herrenbruder“ Jakobus wollte als Merkmal der Apostelwürde nur die Augenzeugenschaft, also die persönliche Begegnung mit dem Menschen Jesus, gelten lassen.
Der Apostel Paulus lehrte dagegen, es komme nicht auf den Umgang mit dem „Jesus nach dem Fleische“ an, sondern ausschließlich auf die Zeugenschaft des Auferstandenen (2. Kor. 5.16.). Selbst in den milden, harmonisierenden Formulierungen der Apostelgeschichte sind die Meinungsverschiedenheiten zwischen der Urgemeinde in Jerusalem und den Heidenmissionaren deutlich erkennbar. Sie wurden, so berichtet es die Apostelgeschichte, immer in Freundschaft ausgeräumt. Hegesippus aber soll in seinen „Erinnerungen“ berichtet haben, daß es in Jerusalem nach dem Tod des Jakobus „sieben Sekten“ im Volke gegeben habe, von denen jede einer von der anderen abweichenden Lehre gefolgt ist. Hegesippus nennt, zu den Aposteln und Jüngern, noch eine dritte Gruppe, die in den Gemeinden der frühesten Zeit wichtig gewesen sein muß:

„Nach dem Martyrium des Jakobus und der bald darauf folgenden Einnahme von Jerusalem kamen, wie berichtet wird, die damals noch lebenden Apostel und Jünger des Herrn von allen Seiten an EINEM Ort zugleich mit den leiblichen Verwandten des Herrn zusammen.“ (Eus. KG. III.11.)

Mit einem anderen Zitat aus den „Erinnerungen“ erklärt Eusebius die seltsame Bezeichnung „leibliche Verwandte des Herrn“. Es soll Klopas ein Bruder Josephs gewesen sein, und deshalb wurden seine Nachkommen als „leibliche Verwandte des Herrn“ bezeichnet. Einer von ihnen, mit dem Namen Symeon, Sohn des Klopas, wurde von allen einstimmig für würdig befunden, Nachfolger des Herrenbruders Jakobus und Bischof von Jerusalem zu werden.
Im ersten Buch der Kirchengeschichte erwähnte Eusebius schon einmal die „Herrenverwandten“, die sich „von den jüdischen Dörfern Nazareth und Kochaba aus über das übrige Land ausgebreitet“ haben sollen. In anderen Quellen wird Nazareth als Heimatort wichtiger Gemeinden nicht erwähnt, wohl aber Kochaba, wo „Nazoräer“ und Ebioniten

gewohnt haben sollen. Kochaba war vermutlich eine Stadt, ungefähr 15 km von Nazareth entfernt. Es ist unwahrscheinlich, daß sich Bewohner von Kochaba nach der Nachbarstadt genannt haben sollen. Auch hier kann die Erklärung für das Wort Nazaräer eher im hebräischen Wortstamm NZR und der Bedeutung „Bewahrer" gefunden werden.

Aus den Schriften des Epiphanius (Panarion 19.3.1.) geht hervor, daß es in vorchristlicher Zeit eine jüdische „Nasaräer"-Sekte gegeben hat. Aus welchem hebräisch-aramäischen Wortstamm (nsr oder nzr) diese Bezeichnung gebildet worden ist, wissen wir nicht. Epiphanius unterscheidet diese vorchristlichen „Nasaräer" von der nachchristlichen Bezeichnung Nazarener/Nazoräer für die Christengemeinden.

Als Philippus von „Jesus, Josephs Sohn von den Nazoräern" sprach, hatte theoretisch die christliche Zeit schon begonnen, praktisch aber nicht. Jesus hatte keine neue Sekte oder Religionsgemeinschaft ins Leben gerufen. Die Bezeichnung Nazoräer muß also in der Bedeutung der vorchristlichen Zeit als „Bewahrer" aufgefaßt werden. Die Kreuzesinschrift weist Jesus als „Nazoräer" aus, und die Gemeinden, die nach der Kreuzigung von seinen „Verwandten" geleitet wurden, haben sich weiterhin den Namen „Nazoräer" gegeben. Die Gemeinschaft der „Hirten", der Joseph angehörte, die sich um den neugeborenen Jesus versammelte, bewahrte nach der Kreuzigung nicht nur den Geist der Vergangenheit, sondern nun auch die Erinnerung an die Lehre und das Leiden Jesu.

Die „Bewahrer und Hirten" waren in der vorchristlichen Zeit eine vermutlich verfolgte und deshalb im Verborgenen oder möglichst unerkannt unter den anderen Juden lebende Minderheit.

Jesus war aus der Verborgenheit in die Öffentlichkeit getreten. Seine Jünger und Schüler bildeten eine neue Gemeinschaft. Die alte Gemeinschaft der „Bewahrer und Hirten", der sein Vater Joseph angehörte, blieb bestehen.

Nach dem Tod des Jakobus, der ein Sohn Josephs war und zumindest früher auch der Gemeinschaft der „Bewahrer" angehört haben wird, trafen sich die Männer aus der alten Gemeinschaft der „Bewahrer" mit den Jüngern und Aposteln aus der neuen Gemeinschaft, die nach der Kreuzesinschrift den Namen „Nazoräer" erhalten oder zur Erinnerung übernommen hatte.

Aus der Beschreibung, daß sich Jünger und Apostel mit den „Herrenverwandten" trafen, entstand bei manchen der Eindruck, Jesus hätte

seiner Familie und seinen Verwandten besondere Vollmachten oder Offenbarungen übergeben, die sie nach seinem Tod als Familiengut verwalten mußten. Träfe diese Annahme zu, so hätte der Vater Joseph oder die Mutter Maria vor allen anderen an dem Zusammentreffen teilnehmen müssen, zumindest aber die anderen, in den Evangelien namentlich genannten Brüder.
Die Erklärung ist nach meiner Meinung in einer Begebenheit zu finden, die in allen drei synoptischen Evangelien berichtet wird. Als Jesus in Galiläa lehrte und viele Menschen um ihn versammelt waren, wurde er darauf aufmerksam gemacht, daß seine Mutter und seine Brüder draußen nach ihm gefragt hätten.

Markus 3.33.
Und er antwortete ihnen und sprach: Wer ist meine Mutter und meine Brüder? (34) Und er sah rings um sich auf die Jünger, die um ihn im Kreise saßen, und sprach: Siehe, das ist meine Mutter und meine Brüder.
(35.) Denn wer Gottes Willen tut, der ist mein Bruder, meine Schwester und meine Mutter.

Wie Joseph, der dreißig Jahre früher aus der Erkenntnis, daß der Geist, in dem sie leben, die Menschen ebenso verbindet wie das gemeinsame Blut, ein fremdes Kind als eigenes angenommen hatte, schließt Jesus die Menschen seines Geistes in die Gemeinschaft ein, deren Bindung für ihn der familiären Bindung gleichwertig ist. Wer im Geist der Nächstenliebe Verantwortung für das Wohl der Schwachen, der Kranken und der Einsamen übernimmt, wird für sie das erfüllen, was Vater und Mutter, Brüder und Schwestern ihnen nicht mehr geben können oder nie geben wollten. Die Aufforderung, Verantwortung füreinander zu übernehmen, dem anderen Schutz und Liebe zu geben, damit er die Trauer leichter ertragen kann, klingt auch aus den Worten, die der sterbende Jesus nach dem Wortlaut des Johannes-Evangeliums noch vom Kreuz gesprochen haben soll:

Joh. 19.26.
Da nun Jesus seine Mutter sah und den Jünger dabei stehen, den er lieb hatte, spricht er zu seiner Mutter: Weib, siehe, das ist dein

Sohn. (27). Danach spricht er zu dem Jünger:
Siehe, das ist deine Mutter.

Dieses Vermächtnis des Sterbenden hat keine „leibliche Verwandtschaft" geschaffen; die menschliche Bindung, die dadurch entstehen sollte, konnte nur in den Worten Sohn und Mutter ausgedrückt werden. In der Übertragung der Überlieferung in andere Sprachen wurde, wie es scheint, die geistige Bedeutung mancher hebräisch-aramäischer Begriffe in materielle, körperliche Bereiche übertragen. Nach Matthäus hat Jesus den Menschen geboten, Gott als den himmlischen Vater aller Menschen zu begreifen, der im Geist der Nächstenliebe für die Menschen wirkt. Der Gottesbegriff Jahweh (JHWH) macht es in der ältesten biblischen Überlieferung den Menschen zur Pflicht, Verantwortung für das Wohl des anderen zu übernehmen, als wäre er sein Bruder. Eine Gemeinschaft, die nach dem Geist dieser Tradition gelebt hat, kann den Begriff Bruder nicht nur auf die leibliche Verwandtschaft beschränkt haben. So meine ich, die „leibliche Verwandtschaft" ist aus einer fehlerhaften Übersetzung der Begriffe, mit denen die Mitglieder der brüderlichen Gemeinschaft der „Bewahrer und Hirten" ursprünglich bezeichnet worden sind, zu erklären.
Die in Kochaba lebenden Gemeinden der Nazaräer und Ebioniten sollen auch ein eigenes Evangelium gehabt haben. Es gibt dazu nur Vermutungen. Die meisten neigen zur einfachsten Erklärung und sind der Meinung, dies Evangelium sei das immer wieder in alten Schriften erwähnte Hebräer-Evangelium gewesen. Eusebius behauptet auch, diesen Text gekannt zu haben, der in seiner Zeit von vielen schon zu den „unechten" Schriften gerechnet worden ist. Es soll vor allem „bei den Hebräern, welche sich zum Christentum bekehrt haben", weit verbreitet gewesen sein. Sowohl Klemens von Alexandrien wie auch Origenes haben es noch als gültige Geschichtsquelle benutzt. Hieronymus faßte alle Unklarheiten in einer Erklärung zusammen. Das Hebräer-Evangelium sei eine aramäische Bearbeitung des Matthäus-Evangeliums, die in der judenchristlichen Gemeinde von Beröa „Nazaräer-Evangelium" genannt wurde.
Es gibt keine verläßlichen Berichte über das weitere Schicksal der judenchristlichen oder ebionitischen Gemeinden. Sie wurden von Juden als Abtrünnige und Ketzer verachtet. Nicht anders wurden sie spätestens seit dem zweiten Jahrhundert von den Christen beurteilt. Als treue Bewahrer alter biblischer Traditionen muß ihnen die römische Be-

satzungsmacht verhaßt gewesen sein, und sie werden es nicht ertragen haben, mitanzusehen, wie die Römer den Tempel zu Jerusalem zerstörten. Wie die Juden und die Christen werden auch diese Gemeinden versucht haben, ihre Schriften vor der Vernichtung zu bewahren und ihre Erinnerungen niederzuschreiben.

Origenes verwendete für seine Studien eine Übersetzung der Psalmen, die nach seiner Angabe zur Zeit des Antonius, des Sohnes des Severus, in einem „Faß" bei Jericho gefunden worden ist.

Fast zweitausend Jahre später wurden nahe Jericho bei Quumran am Toten Meer in faßähnlichen Tonkrügen die Schriften der Essener-Gemeinde gefunden. Seither gesteht man dem Bericht des Origenes Glaubwürdigkeit zu.

Es ist unwahrscheinlich, aber immerhin nach dem Bericht des Origenes und den Schriftfunden vom Toten Meer nicht völlig ausgeschlossen, daß eines Tages im Heiligen Land auch Schriften der Nazoräer oder der Ebioniten gefunden werden, Dokumente der Geschichte, die noch nicht im Dienste höherer Glaubenswahrheiten bearbeitet worden sind. Der Name Joseph würde in diesen Schriften sicher öfter erwähnt sein als in den vier Evangelien des Neuen Testamentes.

Wer der Kirchentradition zustimmt und deshalb annimmt, Jesus habe alles Wissen, alle Fähigkeiten, alle Tugenden, ohne Josephs Hilfe in Anspruch zu nehmen, vom Heiligen Geist übernommen, der wird nicht umhin können, Joseph zumindest als Vater und Erzieher des Jakobus Respekt zu bezeugen, ohne dessen „bewahrende" Kraft von der Lehre Jesu vielleicht noch weniger erhalten geblieben wäre.

Der Mensch Joseph von den Nazoräern hat ganz sicher mehr zur Entstehung des Christentums beigetragen, als ihm die Tradition zugesteht, die ihn seit dem Mittelalter nur noch als Hüter der geschlechtlichen Unberührtheit einer jungfräulichen Mutter anerkennen wollte.

Der Sproß aus einem alten Wurzelstock

In den letzten Jahrzehnten vor der Zerstörung des zweiten Tempels und der Vertreibung der Juden aus Jerusalem (70 n. Chr.) wurde immer wieder von einer der vielen jüdischen Sekten das Gerücht verbreitet, man habe den Messias Gottes gefunden. Es waren darunter asketische Fanatiker, die ihren Anspruch auf Anerkennung mit geheimen Offenbarungen Gottes begründen wollten, aber auch nüchterne, freiheitsliebende und realitätsbezogene Männer, deren Anhänger in ihnen den Befreier, den Erlöser erkennen wollten. Nach dem überlieferten Wortlaut der Evangelien haben mehrere Menschen von Jesus gesagt, er sei der von den Propheten verheißene Erlöser. Diese Überzeugung gewannen sie aus der Persönlichkeit Jesu, aus seinem Verhalten, seinen Werken und seiner Lehre. Keiner begründete seine Behauptung aus dem Wortlaut alter Prophezeiungen. Jesus wurde nie befragt, ob er, wie es vorhergesagt war, aus dem Geschlecht Davids stamme. Kein zweifelnder Schriftgelehrter, kein böswilliger Pharisäer hat Beweise für diese Abstammung verlangt. Erst in viel späterer Zeit haben die Verfasser der Evangelien die Übereinstimmung mit den Prophetenworten gesucht. So sind alle „Schriftbeweise“, die sich in den Evangelien finden, nur Argumente, mit denen die nachfolgenden Generationen überzeugt werden sollten, und nicht Überlegungen oder Gedanken der Augenzeugen und Zeitgenossen.

In der Tradition der mittelalterlichen Kirche war die wichtigste, immer wieder zitierte Verheißung das Wort des Propheten Jesaja: „Siehe, eine Jungfrau ist schwanger.“

Im überlieferten Wortlaut der Evangelien ist keine Silbe zu finden, aus der zumindest die Vermutung abgeleitet werden könnte, daß Maria von nur einem ihrer Zeitgenossen als die von Jesaja angekündigte Jungfrau erkannt worden ist. Selbst wenn man bereit ist, auch das überlieferte erste Kapitel des Evangeliums nach Lukas schon als Bestandteil der Urfassung anzuerkennen, könnte dieser Text nicht als Erkenntnisquelle für die Menschen angesehen werden, die zur Zeit Jesu gelebt haben, denn auch das Lukas-Evangelium wurde frühestens einige Jahrzehnte nach der Kreuzigung verfaßt.

Die fortdauernde jungfräuliche Unberührtheit der Mutter Jesu war einer der zentralen Gedanken in der mittelalterlichen Kirche. Wenn man nun in den Schriften des Alten Testamentes nach dem Ursprung

dieses Gedankens sucht, wird man feststellen müssen, daß er dort nicht zu finden ist.
Nach dem Text der im Judentum als „Gesetz“ aufgefaßten Fünf Bücher des Propheten Mose war in der Welt des Alten Testamentes die Jungfräulichkeit der Braut eine sittliche Forderung, durch die der „Neuwert“ des vom Manne zu erwerbenden Besitzes geschützt und dem Bräutigam die Sicherheit gegeben war, daß die in seiner Ehe geborenen Kinder „aus seinem Samen sind“.
Auch in der Textgestaltung der spätzeitlichen Auslegungstradition ist in den Fünf Büchern kein Hinweis auf eine kultische Bedeutung der Jungfräulichkeit in der Geschichte des Volkes Israel zu erkennen. Es wird dieser Begriff in den Büchern der Propheten an wenigen Stellen auf das gesamte Volk Israel angewendet — in dem Sinne, daß sich das Volk von anderen Göttern unberührt und in unanfechtbarer Treue nur an den Geist des eigenen Gottes binden soll. Diese geistige „Unberührtheit“ zu einem gynäkologisch prüfbaren körperlichen Zustand umzuwerten und daraus eine Forderung auf geschlechtliche Enthaltsamkeit abzuleiten, ist nicht möglich.
Der Prophet Mose hat dem Volk den Glauben gegeben an einen unvorstellbaren, nicht darstellbaren Gott, den kein Lebender sehen wird. Diese Vorstellung läßt den Gedanken der leiblichen Vereinigung Gottes oder des göttlichen Geistes mit einer Frau nicht zu, mag sie Jungfrau sein oder nicht.

Die Prophezeiung des Jesaja von der Jungfrau, die schwanger sein und einen Sohn gebären wird (7.14.), kann deshalb nur im Zusammenhang mit den anderen — im Mittelalter gewiß selten zitierten — Weissagungen des Propheten verstanden werden.

Jes. 11.1. (Jerusalemer Bibel)
Aus Isais Stumpf aber sproßt ein Reis, und ein Schößling bricht hervor aus seinem Wurzelstock.

Dieser Wortlaut wurde als Verheißung gedeutet, daß der Messias aus dem Geschlecht David kommen werde, denn Isai war der Vater des großen Königs und Reichsgründers David, der tausend Jahre vor der Familie des Zimmermannes Joseph gelebt hat.
Im Buch Jesaja ist der Name David aber in dieser Verheißung nicht

genannt. Kein Dichter oder Prophet der alten Zeit hätte den großen Namen David zu Gunsten seines weithin unbekannten Vaters übergangen, wenn damit nicht ein wichtiger Gedanke verbunden gewesen wäre. Mit der Nennung des älteren Namens wollte der Prophet sagen, der Held der Gerechtigkeit werde aus dem Geist der Tradition kommen, die älter ist als das von David gegründete Reich, in dem unter dem Gottesbegriff Adonai (Herr) die aus den verschiedenen Gottesnamen erkennbaren unterschiedlichen Traditionen und Gottesvorstellungen vereinigt worden sind.

Jesaja 11.2. (Jerusalemer Bibel)
Auf ihm ruht der Geist Jahwehs (JHWH);
der Geist der Weisheit und des Verstandes,
der Geist des Rates und der Stärke, der Geist
der Erkenntnis und der Furcht JHWH's.

Der Geist JHWH's ist der Geist der Tradition, in der Mose den Vorvätern des Volkes das Gesetz der Zehn Worte und das Gebot der Nächstenliebe verkündet hat.

Der poetische Gedanke von einem aus einem uralten Wurzelstock sprießenden kräftigen neuen Trieb setzt die bewahrte Lebenskraft des alten Stammes voraus. Nicht die Verheißung, daß er von einer Jungfrau empfangen werden muß, nicht die leibliche Abstammung von Davids Vater Isai ist der Kern der Prophezeiung, sondern die Voraussage, daß Gerechtigkeit nur von dem wiederhergestellt werden kann, auf dem der Geist JHWH's ruht, in dessen Denken und Handeln sich der Geist verwirklichen kann, von dem die Vorfahren in ferner Vergangenheit erfüllt gewesen sind.

Die Behauptung, es sei mit dieser Prophezeiung unbedingt die reine leibliche Abstammung gemeint, wird fragwürdig, wenn man die Möglichkeit errechnet, wie viele Nachkommen Isai nach tausend Jahren gehabt haben könnte. Setzt man für jede Generation dreißig Jahre an, in denen nach jedem Elternpaar zwei weiterzeugende Kinder leben, so ergibt sich nach achthundertdreißig Jahren die Zahl von hundertdreißig Millionen zweihundertsiebzehntausend und siebenhundertachtundzwanzig Nachkommen, die sich auf eine Abstammung von Isai berufen dürfen. Wenn diese Zahl auch auf die Wirklichkeit nicht anwendbar ist, weil Krankheiten, Kriege, Katastrophen und Seuchen die Nachkommenschaft dezimierten und Zweige aussterben ließen, so bleibt doch eingedenk der vierzig legitimen Frauen, die Salomo, dem Enkel Isais, zahlreiche Nachkommenschaft geboren haben, die Wahrscheinlichkeit groß, daß es fast jedem gelungen wäre, irgendwie eine leibliche Verwandtschaft mit dem König der Vergangenheit zu errechnen.

Wir können sicher sein, daß die Jünger und Bewunderer dem Menschen Jesus wegen seiner Taten und seiner Lehre nachfolgten, und nicht wegen seiner Abstammung. Die Verheißung Jesajas (11.2.), wonach auf dem Erlöser der Geist JHWH ruhen werde, muß für die unmittelbaren Zeugen wichtiger gewesen sein als die leibliche Abstammung.

Wenn seine Zeitgenossen Jesus überhaupt nach dem Wortlaut verschiedener, aus dem Zusammenhang gelöster Prophezeiungen geprüft haben — aus den Evangelien geht dies nicht hervor —, so war die Verheißung Jesajas, daß der Geist JHWH's auf ihm ruhen werde, für sie weit wichtiger, als die Abstammung aus dem Hause David oder die Geburt durch eine dabei körperlich unversehrt gebliebene Jungfrau. Kein Zeitgenosse hat nach den später so wichtigen physischen Voraussetzungen des Vaters und dem gynäkologischen Zustand der Mutter gefragt; vom Geist, in dem Jesus lehrte, konnten die Menschen seiner Zeit — wenn wir den Berichten der Evangelisten glauben dürfen — nie genug hören. Zu seiner Abstammung scheint den Menschen seiner Zeit das Wissen genügt zu haben, daß er ein Sohn des Zimmermannes Joseph von den Nazoräern war.

Die Engel sollen Joseph zwar „Sohn Davids“ genannt haben (Matth. 1.20.), die Menschen seiner Zeit aber haben — nach dem überlieferten Wortlaut der Evangelien — nie den Namen seines Vaters genannt. Ob also auch die Nachbarn und die Obrigkeit zu seiner Zeit der Meinung waren, Joseph sei ein Nachkomme Davids, ist nicht zu erkennen.

Nach Matthäus war Joseph ein Sohn des Jakob, der ein Sohn des Matthan gewesen ist, dessen Vater Eleasar geheißen haben soll.

Im Lukas-Evangelium wird angegeben, Joseph sei ein Sohn eines Eli gewesen, ein Enkel eines gewissen Matthat und Urenkel eines Levi.

Örtlich und zeitlich wohl weit vom Ursprung der Überlieferung entfernt, haben die Textgestalter in späterer Zeit unabhängig und ohne voneinander zu wissen, den Beweis erbringen wollen, daß Jesus durch seinen „Pflegevater“ Joseph ein Nachkomme des großen Königs und Reichsgründers David und deshalb auch der Messias ist, dessen Kommen Gott durch die alten Propheten vorhersagen ließ.

Sehr oft wird die unvereinbare Verschiedenheit der beiden Ahnenreihen als Beweis für die These angeführt, die ganze Überlieferung sei reine

Dichtung ohne geschichtliche Grundlage. Ich halte das Gegenteil für zutreffend. Nur erdichtete geschichtliche Beweise sind lückenlos, in allen Details schlüssig und folgerichtig, so wie eben die beiden Ahnenreihen ohne Unsicherheit lückenlos bis zu Abraham und Adam verfolgt wurden.

Durch die erfundenen Ahnenreihen sollten zwei geschichtliche Persönlichkeiten — König David und Jesus von den Nazoräern — miteinander zu dem angestrebten Messiasbeweis verbunden werden.

Solange die Texte beider Evangelien als vom Heiligen Geist inspirierte geschichtliche Wahrheit galten, mußten auch die Ahnenreihen als Wahrheit anerkannt werden. In seiner Kirchengeschichte (I., 7.1.) stellt Eusebius von Caesarea denn auch die Meinung, daß die Ahnenreihen nicht übereinstimmten, als einen Irrtum der Unwissenden dar.

Da Matthäus und Lukas uns auf verschiedene Weise in ihren Evangelien das Geschlechtsregister Christi überliefert haben und da die meisten glauben, daß sich dieselben widersprechen, und alle Gläubigen sich in Unkenntnis der Wahrheit abmühen, eine Erklärung der Stellen ausfindig zu machen, darum teilen wir einen hierüber auf uns gekommenen Bericht mit, welchen der etwas weiter oben von uns erwähnte Africanus bezüglich der Übereinstimmung der evangelischen Geschlechtsregister in einem Brief an Aristides gegeben hat und worin er die Anschauungen der anderen als gezwungen und unrichtig dartut.

In der Endfassung der Einheitsübersetzung des Neuen Testamentes von 1979 lesen wir dagegen in einer Anmerkung zu Lukas 3.23.—28.:

Für die Unterschiede in den Namensangaben der beiden Evangelisten gibt es keine befriedigende Erklärung.

Freilich bleibt allen Anhängern der mittelalterlichen Auffassungen ein rettendes Argument. Wenn zwei Texte nicht übereinstimmen, kann

daraus nur bewiesen werden, daß einer falsch ist.
Mag es gelten. Die Unvereinbarkeit der Ahnenreihen beweist, daß der „Inspiration“ der Textgestalter nicht bedingungslos vertraut werden kann und auch niemand, der im Geist der Wahrheit lehren will, kritikloses Vertrauen in den Wortlaut der überlieferten Texte fordern darf.
Je stärker in der entstehenden theologischen Tradition die übernatürliche Zeugung Jesu betont wurde, desto unbehaglicher mußten sich die Vertreter dieser Denkrichtung in der Diskussion über den Nachweis der Abstammung Jesu aus dem Geschlecht Davids fühlen.
Auch wenn Josephs Herkunft aus diesem Geschlecht nicht bezweifelt wurde, so konnte von einer durch ihn beweisbaren Abstammung Jesu nur dann die Rede sein, wenn Joseph, wie es seine Nachbarn glaubten, der leibliche Vater war.
In den zu Ende des zweiten Jahrhunderts entstandenen Schriften von Irenäus und Tertullian sind schon die Grundzüge der katholischen Lehre von der Tradition zu erkennen, die gleichen Rang erhielt wie die in den Heiligen Schriften des Neuen Testamentes überlieferte Lehre.
Aus Apokryphen des zweiten und dritten Jahrhunderts wurden Erklärungen in die Tradition übernommen, durch die Joseph auch in der Frage der Abstammung Jesu nur noch untergeordnete Bedeutung gegeben werden mußte. Es gibt im Alten Testament eine Vorschrift aus der Zeit der Landnahme, in der Töchter verpflichtet werden, zur Erhaltung des Stammesbesitzes aus ihrem väterlichen Erbe immer nur Männer des eigenen Stammes zu heiraten. Man ging davon aus, daß auch Maria als fromme Israelitin sich streng an diese Vorschrift gehalten hat. Da sie Joseph aus dem Stamme Davids heiratete, war erwiesen, daß auch sie „aus dem Samen“ des großen Königs kam und also Jesus auch ohne Joseph von David abstammte.
Die Prophezeiung, daß der Messias ein Sproß aus dem Wurzelstock Isai sein werde, war also auch bei der übernatürlichen Empfängnis durch Maria erfüllt. Von nun an durften die Empfängnis aus dem Heiligen Geist und die jungfräuliche Geburt als Glaubenswahrheit verkündet werden, denn es bestand nicht mehr die Gefahr, daß ein nachdenklicher Philosoph diese Lehre mit Zitaten aus dem Neuen Testament in Frage stellen könnte.
Mit zunehmender Verbreitung der neuen Religion in die Gebiete des griechisch-römischen Heidentums verloren die Bezüge zu den Prophezeiungen des Alten Testamentes an Bedeutung.
Den Griechen, Römern und Ägyptern waren die Heiligen Schriften des

Volkes Israel nicht bekannt und auch nicht heilig. Alle diese Völker kannten aber Götter, deren Dienst von jungfräulichen Priesterinnen versehen wurde. In Kleinasien und Griechenland waren es vor allem die Priesterinnen der Artemis, die jungfräulich bleiben mußten. Die Römer forderten diese Reinheit von den Vestalinnen, deren Tempel unter dem Capitol seit Jahrhunderten einer der heiligsten gewesen ist. Vergehen gegen die Enthaltsamkeit wurden streng bestraft. Vestalinnen, die ihre Jungfräulichkeit nicht bewahrten, sollen lebend eingemauert worden sein. In den Mythen und Kulten der heidnischen Völker kam die Vereinigung von Göttern mit Menschen immer wieder vor. In Babylon hatte man von den Sumerern den Brauch übernommen, zu Neujahr die „Heilige Hochzeit" zu feiern. Im obersten Tempelraum des Stufenturmes E-Temen-Enki vereinigte sich der Sonnengott mit einer von seinen Priestern ausgewählten Jungfrau. Von manchen wurde auch behauptet, daß sich der Sonnengott vom obersten Priester seines Tempels vertreten ließ.

Den Ägyptern war erzählt worden, ihre große Königin Hatschepsut sei eine leibliche Tochter des obersten Gottes, der sich der königlichen Mutter in der Gestalt ihres Gatten genähert hatte. Durch den göttlichen Geruch, so hieß es, habe die Königin aber die Anwesenheit des Gottes erkannt.

Die Ähnlichkeit mit der griechischen Amphytrion-Sage ist unübersehbar. In der Gestalt ihres Mannes Amphytrion hatte sich der Göttervater Zeus der Alkmene genähert und mit ihr den Halbgott Herkules gezeugt.

Den Glauben an einen Gott, der nur Geist ist, hätten die Völker der Alten Welt nicht übernommen; der Gedanke, daß sich der göttliche Geist in einem Menschen natürlicher Herkunft verwirklichen kann, hätte die Menschen nicht überzeugt. Ihren Vorstellungen entsprach es, an die Vereinigung eines unsichtbaren allmächtigen Gottes mit einer auserwählten Jungfrau zu glauben, aus der ein Sohn hervorging, der dem Vater wesensgleich und dadurch mächtig war, mit seiner Zauberkraft die Gläubigen vor bösen Mächten, Dämonen und rachgierigen alten Göttern zu beschützen. Ein dem allmächtigen Gott wesensgleicher Sohn mußte von der ersten Sekunde seines Menschendaseins gleich dem Vater wissend, mächtig und den Menschen göttlich überlegen sein.

Aus einer seit dem fünften Jahrhundert bekannten, vermutlich früher entstandenen Schrift wurde das „Arabische Kindheits-Evangelium" entwickelt. Es erzählt, daß sich heftige Erdbeben ereigneten, als die

Heilige Familie auf der Flucht nach Ägypten in die Nähe der „Götzentempel" gekommen war. Eines der Götzenbilder gab seinen angstschlotternden Priestern diese Erklärung:

„Ein verborgener Geist ist hier gegenwärtig; er ist der echte Gott, und es gibt keinen anderen, dem ihr dienen sollt, denn er ist wahrhaftig der Sohn Gottes. Auf die Kunde hin, daß er herannahte, hat sich die Erde geregt; als er hier einkehrte, erbebte sie und wurde erschüttert. Wir fürchten uns sehr vor dem Ungestüm seines Angriffs."

In diesem Augenblick soll das Götzenbild zerbrochen und zu Boden gestürzt sein. Die Völker aus Ägypten und den anderen Ländern waren dann herbeigekommen, um den von der göttlichen Kraft des Jesuskindes vernichteten Götzen zu sehen.

Im Leben dieses machtvollen Gotteskindes war ein schützender, lehrender und denkender menschlicher Vater nicht mehr notwendig. Ob aus dem Geschlechte Davids oder nicht, Joseph von den Nazoräern war in die Legenden so eingefügt worden, daß sein Andenken nicht mehr störend war, aber dadurch war er gänzlich unwichtig geworden.

An der geschlechtlichen Unberührtheit der auch nach der Geburt Jungfrau gebliebenen Gottesgebärerin entzündete sich die Phantasie der abendländischen Menschen während der ersten eineinhalb Jahrtausende christlicher Zeitrechnung immer neu.

Im frühen Mittelalter wurde auch bildlich dargestellt, wie der Engel — ein schöner Mensch mit großen Flügeln — der heiligen Jungfrau den göttlichen Samen mit einem langen Rohr unter den bodenlangen Rock bläst. Die Naivität ist rührend, der Gedanke grausig, und es blieb über alle Jahrhunderte die Frage, ob der Heilige Geist Schaden nehmen kann, wenn Menschen meinen, Joseph von den Nazoräern sei der Vater Jesu, und ob der Geist nicht viel tiefer verletzt worden ist durch die Mißachtung des Opfers, das Joseph diesem Geist durch seine Entscheidung, sich zu dem Kind zu bekennen, gebracht hat.

Der fromme alte Joseph

So redeunlustig und schreibfaul nach geltender Lehre die Männer und Frauen angeblich gewesen sein sollen, die dem Menschen Jesus begegnen und Zeugen seines Wirkens werden durften, so eifrig, erfindungsreich und fleißig waren dafür seit dem zweiten Jahrhundert allerlei Dichter und Märchenerzähler, die aus eigenem Erleben nichts wußten von der Kraft seiner Persönlichkeit, der Weisheit seiner Lehre und dem Zauber seines Wesens. Es wurden Schriften verfaßt und als Offenbarungen verbreitet, als authentische Berichte oder als Handschriften der Apostel und Jünger. In den „Augenzeugenberichten" wurde nicht mehr das Wunder der Menschwerdung des göttlichen Geistes berichtet und gefeiert. Die Schriftsteller erschufen Beweise, daß Jesus nicht Mensch, sondern Gott gewesen ist.
In der Sammlung der Apokryphen ist eine Schrift aus dem zweiten Jahrhundert enthalten, die „Johannesakte" genannt wird, weil die unbekannten Verfasser behaupteten, sie sei vom Apostel und Evangelisten Johannes geschrieben worden. Im Johannes-Evangelium steht das Wort „Gott ist Geist"; dementsprechend deuten die Autoren das Wesen Jesu und lassen den Apostel über ihn sagen:

„Bald, wenn ich ihn anfassen wollte, traf ich auf einen materiellen, dichten Körper, bald wiederum, wenn ich ein andermal ihn berührte, war die Substanz immateriell und unkörperlich, überhaupt wie nichts... Oft wollte ich, wenn ich zu ihm ging, zusehen, ob seine Fußspur auf der Erde sich zeigte (denn ich sah ihn von der Erde sich erheben), und erblickte sie nie..."

Aus Jesus, dem Sohn Josephs von den Nazoräern, dem Mensch gewordenen Wort Gottes, wurde die mystische Erscheinung eines Geistwesens gemacht.
Bei Origenes erwähnt und vermutlich in der ersten Hälfte des zweiten Jahrhunderts entstanden, ist eine andere Schrift, in der die Schreiber behaupten (V.60), sie sei vom heiligen Apostel Petrus verfaßt worden. Noch stärker als in den vier kanonischen wird in diesem „Petrus-Evan-

gelium“ den Juden die Schuld am Tod Jesu zugeschrieben. Der römische Statthalter Pilatus wird dagegen von jeder Schuld freigesprochen. Joseph von Arimathia, jener rätselhafte Mann, von dem gesagt wird, er habe Jesus vom Kreuz nehmen und in sein Grab legen lassen, soll nach diesem Text zugleich mit Jesus und auch mit Pontius Pilatus befreundet gewesen sein.
Nach textkritischen Untersuchungen sind Forscher zu der Meinung gekommen, daß die Verfasser des Petrus-Evangeliums den Inhalt der vier — später kanonisierten — Evangelien weitgehend übernommen und nur an verschiedenen Stellen ausgeschmückt und ergänzt haben. Eine dieser Ergänzungen betrifft Joseph, und es wird daran auch klar, weshalb sich die unbekannten Verfasser auf den Apostel Petrus berufen haben. Er war neben Paulus die höchste Autorität der Urkirche. Er war Jesus am nächsten gewesen, und folglich durfte niemand an der Wahrhaftigkeit eines Berichtes zweifeln, auch wenn ähnliche Erklärungen in den anderen bis dahin verbreiteten Evangelien nicht enthalten waren. Im Text nach Matthäus ist Jesus Sohn des Zimmermannes, einer von mehreren Söhnen.

Matthäus 13.55.
... Heißt nicht seine Mutter Maria? Und seine Brüder Jakob und Joses und Simon und Judas? (56) Und seine Schwestern, sind sie nicht alle bei uns?

Durch das „Petrus-Evangelium“ wurden etwa hundert Jahre nach der Kreuzigung die Familienverhältnisse des Zimmermannes im Namen des Apostels so erklärt, daß auch der um seine sexuelle Reinheit ringende Origenes zufrieden war. Er schrieb:

„Die Brüder Jesu sollen nach einigen, die sich damit auf eine Überlieferung des sogenannten Evangeliums nach Petrus oder des Buches des Jakobus stützen, Söhne Josephs von seiner ERSTEN FRAU sein, die vor Maria mit ihm zusammenlebte.“ (Mt. 10.17)

Das Buch des Jakobus, das seit dem 16. Jahrhundert „Proto-Evangelium des Jakobus“ genannt wird, soll in seinem ältesten Teil wie das

Petrus-Evangelium in der Mitte des zweiten Jahrhunderts entstanden sein. Auch für diesen Text haben die Verfasser sich einen Urheber ausgedacht, dessen Autorität ebenso unbestritten war wie die der Apostel Petrus und Paulus, denn Jakobus wird von Paulus in seinem Brief an die Galater (1.19.) „Bruder des Herrn" genannt. Wer sollte bessere Kenntnis über die Familie gehabt haben als dieser Jakobus? Im Namen des „Herrenbruders" erzählen die Verfasser eine Geschichte, die alle aus den vier Evangelien nicht beantwortbaren Fragen klärt.
Maria war nach diesem Text zwölf Jahre alt, als sie von den Priestern in die Obhut Josephs übergeben wurde. Der wollte diese Aufgabe nicht übernehmen: „Ich bin alt und habe schon Söhne, während sie jung ist; ich möchte den Kindern Israels nicht zum Gespött werden."
Das Alter, das die Erfinder dieses Märchens dem armen Zimmermann aufgebürdet haben, läßt seinen Einwand verständlich erscheinen. Er soll neunzig Jahre alt gewesen sein, als man ihm die zwölfjährige Maria übergeben wollte.

Die Priester ließen keinen Widerspruch zu, denn Gott hatte Joseph vor aller Augen durch ein wunderbares Zeichen für die Aufgabe erwählt. In dieser Version waren geschlechtliche Unberührtheit und Naivität die wichtigsten Eigenschaften der Frau, die Gott zur Mutter seines Sohnes bestimmt hatte. Als der Engel Gabriel erschien und ihr die wunderbare Geburt des Gottessohnes verkündete, „erwiderte Maria voller Zagen:

Da ich vom lebendigen Gott empfangen soll,
muß ich denn also gebären, wie jedes Weib
gebiert?"

Sie wird daraufhin vom Engel mit der Nachricht beruhigt, daß sie nur vom Heiligen Geist überschattet werden wird. Der Sohn, den sie gebären soll, wird — der Engel sagt es hier ausdrücklich — „Sohn des Allerhöchsten" genannt werden.

Und Maria antwortete: „Siehe, ich bin des
Herrn Magd; mir geschehe, wie du gesagt
hast."

Als Maria später zu Elisabeth kam, erkannte diese sofort, daß Maria gesegnet war, und fragte demütig, womit sie es verdient habe, daß sie von der Mutter ihres Herrn besucht wird. Und dann liest man staunend den Satz:

Maria hatte indessen die ihr vom Erzengel Gabriel geoffenbarten Geheimnisse vergessen.

Nach dem Willen der Verfasser soll sie sich an die Engelsbegegnung auch nicht erinnert haben, als Joseph entsetzt ihre Schwangerschaft erkannte. Und Maria sprach: „So wahr der Herr, mein Gott, lebt, weiß ich nicht, wie mir das widerfahren ist."

In den folgenden Jahrhunderten entstanden nach diesem Muster die sogenannten „Kindheits-Evangelien". Jesus ist darin der wunderwirkende, zaubermächtige Gottessohn, Maria die kaum erwachsene, geschlechtlich unberührte Jungfrau und Joseph das stille, anspruchslose Werkzeug Gottes. Es heißt von ihm nur, er sei auch wenig geschickt gewesen.

Das Bild eines tolpatschigen Alten wurde dann im fünften Jahrhundert breit ausgemalt in einer vermutlich in Ägypten entstandenen griechischen Schrift, der man den Titel „Die Geschichte Josephs, des Zimmermanns" gegeben hat. Die Verfasser gaben vor, daß Jesus selbst die Geschichte seines Pflegevaters den auf dem Ölberg versammelten Jüngern erzählt hat.

Joseph soll bereits Witwer und Vater von sechs Kindern gewesen sein, als er die erst zwölfjährige Maria heiratete. Jesus nennt in dieser Erzählung seine Mutter „die Jungfrau" oder „die keusche Maria" und verschweigt auch seine wunderbare Zeugung nicht:

„... in ihrem fünfzehnten Lebensjahr gebar sie durch ein Geheimnis, das keines aller Geschöpfe zu erfassen vermag: nur ich und mein Vater und der Heilige Geist, der in Einheit mit mir besteht."

Im Alter von hundertelf Jahren soll Joseph dann gestorben sein. Jesus hat das angeblich so erzählt:

Meine Mutter, die reine Jungfrau, erhob sich, trat an mich heran und sprach zu mir: „Mein lieber Sohn, so muß er also sterben, der fromme alte Joseph!"

Unwillkürlich muß man daran denken, daß diese rührende Geschichte vom alten ungeschickten Zimmermann ungefähr zu jener Zeit entstanden ist, in der auf dem Konzil zu Ephesus von Menschen über die schwerwiegende Frage entschieden wurde, ob Maria nur den Messias zur Welt gebracht oder ob sie einen Gott geboren hat.
Je intensiver und detaillierter das Wesen Jesu und die Frage seiner Zeugung und Geburt diskutiert worden ist, desto weiter wurde Joseph von Nazareth in den Hintergrund gedrängt. Man hat ihn zu manchen Zeiten in manchen Ländern auch verehrt, man nennt ihn in der Tradition den „Heiligen", aber aus dem naiven Legendenschatz läßt sich ein Grund dafür nicht erkennen. Er ist in der Kirchentradition wie auf den Weihnachtsbildern wohl vorhanden, aber keiner kann mehr sagen, wozu.
Die mittelalterlichen Bilder und Legenden vermitteln den Eindruck, Gott habe den einfältigen, ungeschickten Zimmermann erwählt, weil er die Eigenschaften besaß, die im menschlichen Leben als wichtigste gelten sollten: Genügsamkeit in den Lebensansprüchen, Enthaltsamkeit in der Ehe, Gehorsam in der Befolgung aller von den Berufenen überbrachten göttlichen Befehle. Diese Eigenschaften, durch die für die Tradition wichtigste, das hohe Greisenalter, ergänzt, ergaben einen Rahmen, in dem, gegen alle niedrigen Zweifel geschützt, die geschlechtliche Unberührtheit der jungfräulichen Mutter erstrahlen konnte.

Wäre dies nur ein Bild des Glaubens gewesen, das den Menschen Trost und Erbauung brachte, so sollte es wie alle Bilder aller Religionen nicht an der geschichtlichen Realität geprüft und mit der Schärfe der Logik zerstört werden. Im Mittelalter galten die von der Kirchentradition verbreiteten Bilder aber nicht als Symbole einer stillen Religion, an die zu glauben den Menschen freigestellt war, sondern als unantastbare geschichtliche Wirklichkeit, in der sich die einzige und allumfassende göttliche Wahrheit offenbart. Es wurden die biblischen Schriften des Alten Testamentes in der Textauffassung der Auslegungstradition und die Bücher des Neuen Testamentes nur in der griechisch-lateinischen Überlieferung als einzige gültige Berichte über die Geschichte der Menschheit anerkannt. Aber auch diese Schriften galten nicht als allen zugängliche und allen verständliche Quellen der Wahrheit. Erst in der Ergänzung der Schriften durch die in der Kirchentradition weitergege-

benen Offenbarungen der Vergangenheit konnte der Mensch die Wahrheit erfahren und erkennen.
In der Deutung, die der Überlieferung unter dem zunehmenden Einfluß der griechisch-römischen Geisteswelt in den ersten Jahrhunderten gegeben wurde, war nicht mehr die geistige Verwirklichung Gottes im „Menschensohn" Mittelpunkt der Lehre, sondern die Forderung, an den Sohn Gottes zu glauben, dessen leibliche Abstammung von dem Geist, der Himmel und Erde erschaffen hat, durch Schriften erklärt und bewiesen wurde.
Einen solchen unwiderlegbaren Beweis erbrachte Eusebius von Caesarea in seiner Kirchengeschichte (I.13.1.f.):

Da die Gottheit unseres Herrn und Heilandes Jesus Christus infolge ihrer wunderbaren Machtentfaltung bei allen Menschen bekannt wurde, gewann sie auch von denen, welche im Ausland, weit weg von Judäa, wohnten, viele Tausende für sich...

Einer dieser ferner Bewunderer war laut Eusebius der König Abgar von Edessa, der ruhmreich über die Völker jenseits des Euphrat geherrscht haben soll. Sein Schnelläufer Ananias soll einen Brief nach Jerusalem gebracht haben, in dem der König Jesus darum bittet, ihn von seiner schweren Krankheit zu heilen. Abgar wußte nach diesem Brief schon, als Jesus noch in seiner irdischen Existenz als Mensch lebte, mehr über sein Wesen als alle anderen Zeitgenossen:

„Entweder bist du Gott und wirkst diese Wunder, weil du vom Himmel herabgestiegen bist, oder du bist, weil du dieses wirkst, der Sohn Gottes."

Es klingt in diesem Brief die Frage an, die wenige Jahre später auf dem Konzil von Nizäa (325) diskutiert wurde: ob Jesus mit Gottvater wesensgleich oder ihm nur wesensähnlich sei.
Eusebius legte auch die Abschrift der Antwort vor, die Jesus an König Abgar geschrieben haben soll:

„Selig bist du, weil du an mich glaubst, ohne

mich gesehen zu haben. Es ist nämlich über mich geschrieben, daß die, welche mich gesehen haben, nicht an mich glauben, und daß die, welche mich nicht gesehen haben, glauben und leben sollen."

Im Jahre 494 ließ Papst Gelasius verkünden, daß die beiden von Eusebius vorgelegten Briefe nicht echt seien. Das war fast zwei Jahrhunderte nach der Veröffentlichung. In der entscheidenden Zeit der Anerkennung des Christentums, in der Bestimmung der Glaubensgrundsätze der späteren römischen Staatskirche, konnte immer wieder auf die von vielen behauptete Echtheit der Briefe verwiesen werden, in denen Jesus selbst angeblich den lehrenden Theologen den Vorzug gegeben hat gegenüber seinen Zeitgenossen und den Zeugen seines menschlichen Wirkens.
Wir finden einen sehr ähnlichen Gedanken in einer Schrift des Neuen Testamentes, die unter der Bezeichnung 2. Korintherbrief dem Apostel Paulus zugeschrieben wird.

2. Kor. 5.16. (nach Luther)
Darum von nun an kennen wir niemand nach dem Fleische; und ob wir auch Christus gekannt haben nach dem Fleische, so kennen wir ihn doch jetzt nicht mehr.

(Einheitsübersetzung)
Also schätzen wir von jetzt an niemand mehr nur nach menschlichen Maßstäben ein, auch wenn wir früher Christus nach menschlichen Maßstäben eingeschätzt haben; jetzt schätzen wir ihn nicht mehr so ein.

Mit dieser Anweisung wird die Theologie über die Geschichte, die geheime Offenbarung über das allen zugängliche Wissen gestellt. Dieser Satz gibt uns aber gerade deshalb die Bestätigung, daß im Anfang der Überlieferung die Berichte in der Absicht gestaltet worden sind, die Erfahrungen der geschichtlichen Wirklichkeit zu bewahren und an die kommenden Generationen den erlebten Geist der Opferbereitschaft und Nächstenliebe aus der Erinnerung an vielfach bezeugte Beispiele

menschlichen Leidens, Duldens und Vertrauens weiterzugeben.
Außer einigen rührenden Motiven für die Weihnachtsbilder hat die christliche Tradition aus dem ersten Kapitel des Lukas-Evangeliums und aus den von den apokryphen Berichten übernommenen märchenhaften Gedanken nichts gewonnen; aber dadurch verdeckt und bis zur Unkenntlichkeit entstellt, wurde durch den mittelalterlichen Zuckerguß das bewunderswerte Beispiel, das Joseph der Nazoräer uns gegeben hat. Viele werden bei dem Gedanken erschrecken, ihn vielleicht sogar hassen, daß Gott es der Entscheidung des Zimmermannes anvertraut haben sollte, ob Jesus in dieser Zeit geboren wurde oder nicht.

In der deutschen Ausgabe der Jerusalemer Bibel von 1968 steht zu dem Vers Matthäus 1.19., der beschreibt, daß Joseph gerecht war und Maria deshalb heimlich verlassen wollte, eine Fußnote:

Die Gerechtigkeit Josephs besteht wohl darin, daß er nicht ein Kind mit seinem Namen decken wollte, dessen Vater er nicht kannte, aber auch darin, daß er, von Marias Tugend überzeugt, es ablehnte, jenes ihm verborgene Geheimnis dem strengen Verfahren des Gesetzes Dt.22.20.f. auszusetzen.

Das sogenannte „strenge Verfahren“ ist die bekannte, unmißverständliche Bestimmung.

Deuteronomium (5. Mose) 22.20.
Ist's aber die Wahrheit, daß die Dirne nicht ist Jungfrau gefunden (21.), so soll man sie heraus vor die Tür ihres Vaters Hauses führen, und die Leute der Stadt sollen sie zu Tode steinigen.

Keine Frau war aber in dieser Hinsicht der Willkür ihres Mannes ausgeliefert. Die Beschuldigung hätte widerlegt werden können.

Deut. 22.15.
So sollen der Vater und Mutter der Dirne sie nehmen und vor die Ältesten der Stadt in dem

Tor hervorbringen der Dirne Jungfrauschaft...

...(17.)...hie ist die Jungfrauschaft meiner Tochter. Und sollen das Kleid vor den Ältesten der Stadt ausbreiten.

Dieser Unschuldsbeweis wäre nicht möglich gewesen. Die Priester hätten, um beiden gerecht zu werden, nach einer anderen Gesetzesbestimmung die Wahrheit erforschen müssen. Sie war bestimmt für den Fall, daß ein Mann eifersüchtig seine Frau beschuldigt, ihm untreu geworden zu sein, sie dies aber leugnet. Die Beschuldigte mußte vor den Priestern zum Gottesurteil „bitteres, verfluchtes" Wasser trinken.

Numeri (4. Mose) 5.27.
Und wenn sie das Wasser getrunken hat: ist sie unrein und hat sich an ihrem Mann versündigt, so wird das verfluchte Wasser in sie gehen und ihr bitter sein, daß ihr der Bauch schwellen und die Hüfte schwinden wird, und wird das Weib ein Fluch sein unter ihrem Volk.

Ein Satz aus dem Matthäus-Evangelium beweist, daß Joseph zu entscheiden hatte, ob er Maria der ausweglosen Härte des Gesetzes ausliefert oder ob er in der Liebe die Kraft suchen wird, das fremde Kind als sein eigenes aufzunehmen.
Mag man jede Silbe der Fußnote in der Jerusalemer Bibel auf eine verborgene Weisheit untersuchen, man wird zu keiner anderen Lösung finden.
Zu behaupten, Maria hätte gewußt, daß dieses Kind vom Heiligen Geist gezeugt war, es Joseph auch erzählt hat, aber Joseph wollte „ein Kind nicht mit seinem Namen decken, dessen Vater er nicht kannte", wäre vermessen. Joseph hat vom göttlichen Geist mindestens soviel gewußt wie viele Schriftgelehrte, in deren komplizierte theologische Konstruktionen der Zimmermann nur mit Gewalt eingefügt werden konnte.
An der Mühe, die Joseph den Theologen späterer Jahrhunderte bereitet hat, ist zu erkennen, daß die Berichte über ihn der ältesten historischen Schicht der Überlieferung angehören.

VI. ZWEI WELTEN

Zimmermann und Zeltmacher

Im zwölften Jahr der Regierungszeit des römischen Kaisers Tiberius wurde Pilatus zum neuen Stadthalter in Judäa ernannt.
Flavius Josephus berichtet, es sei eine seiner ersten Amtshandlungen gewesen, die Kaiserbilder, die sogenannten „Legionsadler“, in der Nacht verhüllt nach Jerusalem bringen zu lassen, um sie dort aufzustellen (Der jüdische Krieg II.9.2).

... wer an den Zeichen vorüberkam, war durch den Anblick aufs schwerste erschüttert, bedeutet es doch nichts anderes, als daß das Gesetz der Juden verhöhnt wurde, wo dieses doch ausdrücklich die Aufstellung eines Bildnisses in der Stadt verbietet.

Aus der Stadt und Teilen des Landes sollen Juden daraufhin nach Caesarea zur Residenz des Stadthalters gezogen sein, um Pilatus zu bitten, die Bilder aus Jerusalem wieder zu entfernen. Sie gaben auch nicht auf, als sie von römischen Soldaten umzingelt und von deren bloßen Schwertern bedroht wurden.

Die Juden fielen allesamt zu Boden, als hätten sie es so vereinbart, und sie boten den Nacken und riefen laut, sie wollten lieber sterben als gegen das Gesetz der Väter verstoßen.

Pilatus ließ die Bildnisse wieder aus Jerusalem entfernen.

Es dauerte nicht lange, da gab er erneut Anlaß zur Beunruhigung, weil er den Tempel-

schatz, den sogenannten Korban, für den Bau der Wasserleitung verwendete.

Als Pilatus nach dieser Verfügung, die von den Juden als Tempelraub empfunden wurde, nach Jerusalem kam, soll er vom tobenden und lärmenden Volk umringt worden sein. Flavius Josephus erzählt, daß Pilatus das aber vorausgesehen und sich entsprechend vorbereitet hatte. In Zivilkleidern wurden bewaffnete römische Soldaten unter das Volks gemischt; sie warteten auf ein Zeichen, um dann mit Prügeln auf die erregten Juden einzuschlagen.

Da wurden die Juden nun geschlagen und viele fielen den Schlägen zum Opfer, andere wurden in der Panik von ihren eigenen Leuten niedergetrampelt. Das Schicksal der Opfer aber versetzte das Volk in Schrecken und ließ es verstummen.

Pilatus kannte die Methoden, mit denen Besatzungsmächte ein störrisches, widerspenstiges Volk demütigen und ruhig halten können. Das scheint auch zu seiner Ernennung geführt zu haben, denn in Rom ließ Tiberius zu dieser Zeit die meisten Entscheidungen von Seianus treffen, der — wenn man den Schriften seiner Zeitgenossen glaubt — das Volk der Juden verachtet und gehaßt hat.
Bald nach Pilatus — die Vermutungen schwanken zwischen zwei und vier Jahren — kam ein anderer römischer Bürger nach Jerusalem, um bei dem berühmten Schriftgelehrten Gamaliel (Apg. 22.30.) das jüdische Gesetz und die pharisäische Theologie zu studieren. Er soll nicht nur in Tarsus geborener römischer Bürger gewesen sein, sondern auch als frommer Jude der „Sekte" der Pharisäer angehört haben. Sein Name war Saul.
In der Tradition gibt es keine Gemeinsamkeit zwischen diesem Saul, der später durch eine Offenbarung zum christlichen Glauben bekehrt und Paulus genannt werden sollte, und dem Zimmermann Joseph. Paulus gilt als der große Gelehrte, Joseph als der schlichte Handwerker.
Die „Schlichtheit" des Handwerkers Joseph ergibt sich aus dem Text des Neuen Testamentes nicht. Er kannte die Schrift und das Gesetz, er war fromm und übte ein Handwerk aus.
Paulus war als Saul nach Jerusalem gekommen, um das Gesetz und die

Schrift zu studieren. Er war fromm, hatte ein Handwerk erlernt und übte es auch zumindest zeitweise aus (Apg. 18.3.).
Es heißt in den Geschichtswerken, Paulus wurde, wie die meisten Schriftgelehrten seiner Zeit, in einem Handwerk ausgebildet. Ihm wird das als edle freiwillige Zuchtübung ehrend angerechnet. Bei Joseph wird das — damals höher angesehene — Zimmermannshandwerk als Ausweis geringeren sozialen Wertes gedeutet. Warum aber soll nicht auch für Joseph gelten dürfen, was für Saul/Paulus gilt?
Die aus dem Neuen Testament erkennbaren Unterschiede sind gering: Joseph war Zimmermann, Saul war Teppich- oder Zeltmacher. Saul war Pharisäer, Joseph war von den Nazoräern.
Joseph zog alljährlich nach Jerusalem zum Pesach — dem „jüdischen Ostern", wie es das Lukas-Evangelium nennt.
Saul, der fromme Pharisäer, hat dieses höchste Fest seines Glaubens ganz sicher auch im Tempel zu Jerusalem gefeiert.
So wäre es durchaus möglich, daß „in den Tagen der ungesäuerten Brote" der Zimmermann Joseph von den Nazoräern und seine Frau Maria vor dem Eingang zum Tempel einen jungen Pharisäer gesehen haben, den sie nicht kannten und der nichts von ihnen wußte, dessen Name aber sie und ihre Freunde in naher Zukunft mit Angst und Schrecken erfüllen sollte; denn Saul, so steht es in der Apostelgeschichte (9.1.), „schnaubte mit Drohen und Morden gegen die Jünger des Herrn".
Die Behauptung, eine solche Begegnung hätte es nicht geben können, kann aus dem kanonisierten Quellenmaterial nicht gestützt werden. Es heißt, Saul/Paulus sei im Jahre 10 nach der christlichen Zeitrechnung in Tarsus geboren worden und achtzehn oder zwanzig Jahre alt gewesen, als er nach Jerusalem kam. Danach war Saul in Jerusalem, als Jesus noch lehrte. Es gibt keinen glaubwürdigen Hinweis, daß Joseph zu dieser Zeit nicht mehr gelebt hat.
Wenn wir uns nicht an die mittelalterlichen Märchen halten, sondern die Schriften des Neuen Testametes als Geschichtsquellen, die der Wirklichkeit am nächsten sind, annehmen, wird es uns nicht möglich sein, auch nur annähernd zu sagen, wann Joseph geboren wurde, wann er gestorben ist.
Die Augenzeugen, von denen die Evangelien erzählen, bezeichnen Jesus als Sohn Josephs so, als wäre der Vater eine ihnen aus ihrem Alltag gut bekannte, vertraute Erscheinung. Nach Johannes sollen die Juden verwundert gesagt haben: „Ist dieser nicht Jesus, Josephs Sohn, des Vater

und Mutter wir kennen?“ (6.42.) Sie sagen „kennen“ und nicht „gekannt haben“. Nach diesem Wortlaut muß man annehmen, Joseph sei noch am Leben gewesen. Die vier Evangelien enthalten keinen Satz, aus dem geschlossen werden könnte, der Zimmermann sei bereits tot gewesen, als Jesus öffentlich zu lehren begann. Joseph wird zwar nie in der Schar derer genannt, die Jesus auf seinen Wanderungen begleiteten, aber kein Lehrer kann mit der großen Schar seiner Anhänger heilend und predigend durch das Land ziehen, wenn er selbst für sein Leben und die Ernährung seiner Anhänger und Begleiter aufkommen muß. Die Mutter Maria wird gelegentlich in der Begleitung Jesu genannt, das heißt, auch sie mußte sich nicht um Nahrung und Kleidung sorgen.
Lukas erwähnt geheilte und bekehrte Frauen, Maria Magdalena, Johanna und Susanna, „die ihm Handreichungen taten von ihrer Habe“ (Luk. 8.3.). So reich, daß von ihren „Handreichungen“ Jesus, seine Mutter und alle seine Jünger hätten ernährt werden können, werden sie wohl nicht gewesen sein. Als Jesus schon in allen Ländern „berühmt“ war, haben sich vielleicht Spender in großer Zahl eingefunden, im Anfang aber war er allein, angewiesen auf Freunde und Familie. Bei Markus wird er der Zimmermann genannt, bei den anderen Sohn des Zimmermannes. Nun können freilich fromme Menschen behaupten, daß eben Gott für seine und seiner Jünger Nahrung und Kleidung gesorgt hat. Ich stimme dem zu, nur geschah es nicht durch Zauberkraft. So, wie der göttliche Geist in Jesus nur Mensch werden konnte, weil Joseph bereit war, nach diesem Geist zu handeln, so wird Gott auch für ihren Lebensunterhalt durch den in der Fürsorge *anderer Menschen* lebenden göttlichen Geist der Nächstenliebe gesorgt haben. Die Glaubwürdigkeit aller Gegenbehauptungen bestreite ich, solange die Kirchen selbst ihre materielle Existenz nicht allein Gott anvertrauen, sondern sich im Zweifelsfall lieber der weltlichen Macht der Gerichtsvollzieher bedienen.
Will man nicht behaupten, in der Menschwerdung des Wortes, im Leiden und Sterben Jesu sei nicht mehr Ernst enthalten gewesen als in den Passionsspielen des Abendlandes, weil er, als Rollendarsteller mit göttlicher Zauberkraft von Engeln beschützt und vom allmächtigen Schöpfer des Universums in jeder seiner Handlungen geleitet, den Bedingungen des irdisch-menschlichen Lebens nicht unterworfen war, so darf man der Frage nicht ausweichen, von wem Jesus erzogen worden ist, von wem er das Wissen und den Geist übernommen und wer ihn gepflegt und ernährt hat.

In der Gemeinschaft der Nazoräer und der Hirten kann er den Geist der Nächstenliebe kennengelernt haben. Aber er konnte später seine Zuhörer auf das Beispiel dieser Menschen nur deshalb hinweisen und sie lehren, dem Gott der Nächstenliebe zu vertrauen, weil Joseph an seine Kraft und seine Mission geglaubt und es ihm von Anfang an ermöglicht hat, sich darauf vorzubereiten.
Im Wortlaut der Evangelien finden sich einige Gedanken, die zu der Vermutung Anlaß geben, Joseph sei noch am Leben gewesen, als Jesus gekreuzigt wurde; aber es gibt keinen Hinweis, der als Gegenargument zu dieser These tauglich wäre. In bezug auf Maria können die Texte nicht mißverstanden werden. Sie war in der Stadt, als Jesus zum „Fest der süßen Brote" nach Jerusalem kam.
Zu Saul gibt es in den Evangelien keinen Bericht. Aus der Apostelgeschichte des Neuen Testamentes wurde in jahrhundertelangen Analysen und Vergleichen errechnet, er sei zwischen den Jahren 28 und 30 nach Jerusalem gekommen und im Jahre 33 bei der Steinigung des ersten Märtyrers Stephanus dort ein zufriedener Beobachter gewesen: „Saulus aber hatte Wohlgefallen an seinem Tode" (Apg. 8.1.)
Es ist den heiligen Schriften nicht zu entnehmen, wo Saul/Paulus sich aufgehalten hat, wenn Jesus in Jerusalem war. Sein Lehrer Gamaliel war ein berühmter Schriftgelehrter. Haben sich diese Gelehrten und die Pharisäer tatsächlich so über Jesus erregt, daß sie ihm „nach dem Tode trachteten", so werden die Schüler der berühmtesten Schriftgelehrten von der Existenz des neuen Predigers und seiner Lehre gewußt haben. Dem Neuen Testament ist nicht zu entnehmen, ob Saul/Paulus dem Menschen Jesus zufällig begegnet ist oder aber aus Neugier oder pharisäischem Glaubenseifer eine seiner Predigten gehört hat. Theoretisch wäre es auch möglich, daß er einer der vielen Pharisäer war, die Jesus mit ihren Fragen in eine Falle locken wollten: theoretisch! — ich meine nicht, daß es so war.
Jesus wurde am Vortag des höchsten jüdischen Festes gekreuzigt. Sollte Saul/Paulus in diesen Tagen nicht in Jerusalem gewesen sein, so gäbe es für die Abwesenheit des glaubenseifrigen Pharisäers nur eine Erklärung, daß er auf einer weiten Reise schwer erkrankt war. Es gibt keine Berichte darüber.
In den heiligen Schriften der vier Evangelien ist die hohe Bedeutung, die Joseph im Leben Jesu gehabt hat, noch zu erkennen. Von Saul/Paulus gibt es in diesen Texten keine Spuren. Das Leben Jesu, seine Lehre und sein Leiden haben den Pharisäer unbeeindruckt gelassen,

oder er hat nichts davon gewußt.
Flavius Josephus beschreibt die Pharisäer als fromme Männer, die ein keusches, anspruchsloses und weltabgewandtes Leben erstrebten. Sie sollen an die Auferstehung der Toten geglaubt haben, an Belohnung der Guten und Bestrafung der Bösen im anderen Leben. Sie suchten durch Fasten und Askese, durch unbedingte, gehorsame Unterwerfung unter Gottes Gesetz, den materiellen Versuchungen dieser Welt zu entkommen und Verdienste für das nachfolgende Leben zu sammeln. Nach ihrer Schriftauslegung hatte Gott zuerst den Mann erschaffen und aus ihm die Frau. Die Vorherrschaft des Mannes über die Frau war deshalb Gottes Wille.
Joseph von den Nazoräern hat die Frau als eigenwertiges und gleichberechtigtes Lebewesen geachtet. Jesus scheint diese Lebensart übernommen zu haben. Keine seiner Handlungen, kein ihm zugeschriebener Ausspruch kann als Aufruf zur Erhebung des Mannes über die Frau, als Aufforderung zum Ausschluß der Frauen aus der Gemeinschaft gedeutet werden.
Auf die strengen Pharisäer muß die Lebensart der Nazoräer, die Gemeinschaft von Frauen und Männern in der Gefolgschaft des wandernden Lehrers Jesus, abstoßend gewirkt haben. Sofern sie nicht prüfen wollten, ob er nach dem Gesetz als „Gotteslästerer“ zu verfolgen sei, werden sie die Nähe der Gemeinschaft Jesu gemieden haben.
Im ersten Buch seines Berichtes „Der jüdische Krieg“ erzählt Flavius Josephus, daß zu der Zeit, da Cestius Gallus römischer Stadthalter in Syrien war, drei Millionen Menschen zum „Fest der ungesäuerten Brote“ in Jerusalem gewesen sein sollen. Wenn diese Zahlenangabe wahrscheinlich auch weit übertrieben ist, so können wir daraus doch entnehmen, daß sich zum Pesach-Fest eine unübersehbare Menschenmenge in Jerusalem versammelt haben muß. Es ist möglich, daß im lärmenden Gedränge der Einheimischen und Pilger, der Kaufleute und Besatzungssoldaten, ein asketisch in sich gekehrter Pharisäer den lehrenden Jesus und seine Jünger nicht bemerkt, vielleicht auch die Kreuzigung nicht wahrgenommen hat, denn diese Art der Hinrichtung war im Heiligen Land bei den Römern beliebt und alltäglich.
Es müßte also nicht als besonders beachtenswerte Tatsache hervorgehoben werden, daß Saul weder die Lehre des lebenden Menschen Jesus zur Kenntnis genommen, noch dessen Leiden und Sterben bemerkt hat. Nach den Angaben der Apostelgeschichte soll aber der später bekehrte Saul identisch sein mit Paulus, dem großen Heidenapostel (Apg. 13.9.),

und obwohl Saul nach der Bekehrung zumindest betroffen gewesen sein müßte, daß er Jesus begegnet sein könnte, ohne ihn beachtet zu haben, spielt der Mensch Jesus in den Überlegungen und Lehren des Apostel Paulus — zumindest in dem Wortlaut, der uns überliefert worden ist — keine Rolle.
Die mit dem Namen Paulus verbundenen Schriften des Neuen Testamentes enthalten keine Gedanken zum Sinn der „Menschwerdung des Wortes", keine Erinnerung an den Menschen Jesus. Die Namen Maria und Joseph kommen darin überhaupt nicht vor.

Nazoräer

Die Lebensauffassung des Zimmermannes Joseph war bestimmt vom Geist der „Hirten", vom Bewußtsein der Verantwortung für das Wohl der anderen, von der Achtung des gleichberechtigten Lebensanspruches der Frauen und Kinder.
Diese Lebensart scheint auch nach der Kreuzigung Jesu von der Apostelgemeinde beibehalten worden zu sein.

Apg. 1.14.
Diese alle waren stets beieinander einmütig mit Beten und Flehen samt den Weibern und Maria, der Mutter Jesu und seinen Brüdern.

Die Betonung einer Gemeinschaft mit den Frauen, auch im „Beten und Flehen", also in der dem Manne vorbehaltenen Sphäre des Geistes, war in dieser Zeit ungewöhnlich.
In seiner großen Rede (Apg. 2.14.) spricht Petrus nach dem Text der Vulgata von „Jesus Nazarenus". Diese offensichtlich der älteren Überlieferung zugehörende Bezeichnung ist erst in den später entstandenen Texten zu der von der Tradition gegebenen Deutung „von Nazareth" (Joh. 1.45.) umgeformt worden. In der im Auftrage des Hohenpriesters vor dem römischen Statthalter Felix gehaltenen Anklagerede

(Apg. 24.5.) spricht Tertullus von der Sekte der Nazarener (sectae Nazarenorum).
Zu dem Begriff Nazarener/Nazoräer finden wir in der Literatur auch im Zusammenhang mit dieser Nennung in der Apostelgeschichte immer wieder Vermutungen, daß diese Bezeichnung auch auf eine Selbstbenennung einer vorchristlichen Täufersekte zurückgehen könnte und die Bezeichnung „Nazoräer" für Jesus als ein in der christlichen Überlieferung fast verwischter Hinweis auf eine ursprüngliche Zugehörigkeit zu dieser Sekte aufzufassen ist (H. H. Schaeder).
Der Begriff wird auch als „Observanten" gedeutet (F. F. Bruce) oder „Observanten geheimer Traditionen", aber auch als Sekte „nonkonformistischer Juden", anderseits aber auch wieder als Judengemeinschaften, die orthodoxer als die Ebioniten waren.
Interessant und wichtig ist die Deutung des Wortes, die ihm in der heiligen Schrift des Islam, dem Koran, gegeben wird. Dort wird davon die Bezeichnung für Christen abgeleitet, „Nasrani", und die Bedeutung dieses Wortes auf den Wortstamm „Helfer" zurückgeführt. Es ist zwischen Helfer und „Hirten" nur ein winziger Unterschied.
Die Beziehung zwischen der Gemeinschaft des Zimmermannes Joseph und der Nazoräer-Gemeinde der Apostel wird besonders deutlich an einer „Engel des Herrn" bezeichneten Erscheinung, die auch in der dem Lukas zugeschriebenen Textgestaltung der Apostelgeschichte so dargestellt wird, wie der „Engel des Herrn" im Matthäus-Evangelium.
Da der Begriff in dieser Auffasung nur an der einen Stelle der Apostelgeschichte und im Matthäus-Evangelium vorkommt, ist die Vermutung zulässig, daß beide Berichte aus einer gemeinsamen älteren Überlieferung in die Schrifttradition des Neuen Testamentes übernommen worden sind.
In der Apostelgeschichte wird berichtet, daß die Apostel um Petrus nach der Kreuzigung im Tempel gelehrt haben.

Apg. 5.14.
Es wurden aber immer mehr hinzugetan, die da glaubten an den Herrn, eine Menge Männer und Weiber.

Wichtig ist die Betonung der Anteilnahme der Frauen, denn in der Ordnung der Zeit hatten die Frauen keine Entscheidungsvollmacht. Die Väter bestimmten über die Töchter, die Ehemänner über die Familie.

Noch wichtiger aber ist die Tatsache, daß die Apostel *im Tempel* gelehrt haben. Dies widerspricht der Behauptung, daß die Juden die treibende Kraft zur Hinrichtung Jesu gewesen seien. Als Jesus verhört, gefoltert und gekreuzigt wurde, waren keine Jünger anwesend. Nur Johannes erwähnt, daß ein „Namenloser", der Jünger, „den Jesus lieb hatte", bei Maria stand.
Wären die Jünger nur von Juden und den im Tempel bestimmenden Priestern bedroht gewesen, sie hätten nicht unmittelbar nach der Kreuzigung im Tempel erscheinen und lehren können. Die sinnlose Provokation einer Lebensgefahr hätte nicht dem Beispiel entsprochen, das Jesus gegeben hat. Die Jünger scheinen von den Juden im Tempel nicht gefährdet worden zu sein, denn, wie uns die Apostelgeschichte berichtet, konnten sie dort durch ihre Lehre zahlreiche Männer und „Weiber" für die Gedanken des Nazoräers Jesus gewinnen.
Der Tempel zu Jerusalem war der heiligste Ort des Judentums. Was in diesem Tempel, wenn auch vielleicht widerwillig, geduldet wurde, das konnte außerhalb des Tempels nicht zu rachgierigem Haß der jüdischen Priester und Gelehrten geführt haben. Wir müssen diese Tatsache als weiteren Hinweis darauf festhalten, daß die Rolle der Römer im Prozeß gegen Jesus genau untersucht werden muß.

Apg. 5.17. (Einheitsübersetzung)
Da erhoben sich voll Eifersucht der Hohepriester und alle, die auf seiner Seite standen, nämlich die Gruppe der Sadduzäer (18.). Sie ließen die Apostel verhaften und in das öffentliche Gefängnis werfen.

Der Hohepriester wurde von den Römern ernannt und nicht selten, wenn sein Verhalten der römischen Obrigkeit mißfiel, auch wieder abgesetzt. Das heilige Kleid, daß der Hohepriester an höchsten Festtagen tragen mußte, hatten die Römer unter Verschluß. Sie gaben es nur dann heraus, wenn der Hohepriester sich diese Gunst durch sein Verhalten „verdient" hatte.
Was über Schriftgelehrte und Pharisäer berichtet wird, sollte wohl auch nicht verallgemeinernd auf alle Juden bezogen werden, was aber vom Hohenpriester gesagt wird, gilt für die Interessen der Römer viel mehr, als für die der Juden.
Die Provinz Judäa war in dieser Zeit direkt der römischen Staatsmacht

unterstellt. Das öffentliche Gefängnis war daher ein Gefängnis, über dessen Insassen allein die Römer zu bestimmen und zu urteilen hatten.

Apg. 5.19. (Einheitsübersetzung)
Ein Engel des Herrn aber öffnete nachts die Gefängnistore, führte sie heraus und sagte: (20.) Geht, tretet im Tempel auf und verkündet dem Volk alle Worte dieses Lebens.

Setzt man hier für „Engel“ die sowohl nach dem Griechischen wie auch nach dem Hebräischen für das Wort gültige Bedeutung „Botschaft“ oder „Bote“ ein, so kann der Begriff eben auch wieder als „Botschaft des Lebenden Wortes“, als Bote JHWH's aufgefaßt werden.
Beliebte Lehrer einer von den Römern argwöhnisch beobachteten Sekte, deren Führer hingerichtet worden ist, werden im Tempel von den Handlangern des von der Besatzungsmacht eingesetzten Hohenpriesters festgenommen und in das Gefängnis der Besatzungsmacht eingeliefert.
Ob man es nun die Solidarität der Unterdrückten nennen will oder den Geist der Nächstenliebe oder die Überzeugung, daß jeder der Hüter seines Bruders sein muß, oder den Geist der „Hirten“, es ist die „Botschaft des Lebenden Wortes“, die im Gewissen von den Menschen aufgenommen und in die Tat umgesetzt wird.
Es wird ein klägliches Marionettenspiel, wenn man sich vorstellt, daß ein beflügelter Mensch vom Himmel flattert, die Gefängnistore öffnet — unbemerkt von der Weltöffentlichkeit, versteht sich — und den Verfolgten, von der Todesstrafe Bedrohten, den närrischen Auftrag gibt, sich ins Hauptquartier der Feinde zu begeben, damit sie sofort wieder verhaftet werden.
In der traditionellen Auffassung, daß der „Engel des Herrn“ ein zaubermächtiger, unverwundbarer, menschenähnlicher Himmelsbewohner sei, hat die mittelalterliche Kirche der Überlieferung den wichtigsten Teil der Botschaft genommen, nämlich den Gedanken, daß der Mensch bereit sein muß, die „Botschaft des Lebenden Wortes“ aufzunehmen, weil der Geist nur durch den Menschen wirken kann; wer also in seiner Not die Hilfe des göttlichen Geistes erwartet, muß auch bereit sein, durch selbstlosen Beistand diesen Geist zu verwirklichen, wenn andere in Not geraten sind.
Das Wissen, daß der Mensch verantwortlich für das Wohlergehen sei-

nes Nächsten ist, daß einer für den anderen einstehen, jeder für das Leben seines Nächsten „Bürge“ sein muß, damit der lebendige göttliche Geist unter den Menschen lebt, hat die unbeschreibliche Kraft der Gemeinschaft des Urchristentums ausgelöst.

Wäre ein menschengleicher Engel vom Himmel geflattert, um die Kerkertore zu öffnen, die römischen und griechischen Chroniken hätten diese Sensation mit Sicherheit der Nachwelt überliefert. Es wäre nämlich ein tödlicher Streit entbrannt darüber, welcher der vielen zwischen Himmel und Erde verkehrenden Götter das gewesen sein könnte. Alle Mythologien der Völker erzählen von menschengleichen Göttern, fliegenden, in das menschliche Leben eingreifenden Boten der Unsterblichen. Es gab in den Mythen eine Vielzahl von wundertätigen, zauberkundigen Göttersöhnen. Nur hatte niemals ein Mensch einen solchen Gott, Gottessohn oder Götterboten gesehen. Wenn also der Engel vom Himmel gekommen wäre, so stünde in den Chroniken, daß Merkur als Götterbote gekommen war, oder Nebo, der Babylonier, oder Athene, die Göttin der Weisheit. Es hätte viele Deutungen dieses wunderbaren Ereignisses gegeben, nur — übergangen, ignoriert hätte man es nicht; denn Götter kannten sie alle. Was die Völker nicht kannten, war der dem Menschen unbegreifliche, aber ihm ohne Opferforderung zugewandte Geist, der in der Nächstenliebe unter den Menschen lebt und ihr zerquältes Dasein erträglich machen kann.

Zur Demütigung des Volkes wurde Jesus von den Römern hingerichtet. Unter seinen Jüngern waren die Galiläer in der Mehrheit, aber sie blieben in Jerusalem, dort, wo der „Name“, der göttliche Geist verehrt wurde, den Jesus ihnen offenbart hatte.

Warum hätte der Engelsmensch der mittelalterlichen Kirche denn das Tageslicht scheuen sollen? In der grauenhaften Not der Menschen wäre ein bei Tag für alle Welt zu sehendes Zeichen Gottes ein erlösendes Licht der Hoffnung gewesen.

Die Apostelgeschichte beschreibt aber, der befreiende „Engel des Herrn“ öffnete die Kerkertore „in der Nacht“. Ungesehen, ungehört brachten mutige Menschen die verhafteten Apostel in die Freiheit. Vielleicht waren es Söldner der Besatzungsmacht, Widerstandskämpfer, die sich nicht zu erkennen gaben, die nur forderten, daß die Apostel nicht aufgeben, vom Geist der Freiheit und der Nächstenliebe zu predigen. In dieser Auffassung ist es nicht unsinnig, daß die Apostel nach der Befreiung wieder in den Tempel gingen. Es war ein Zeichen der Kraft des Volkes. Am Vortag waren die Menschen im Tempel Zeugen der

Verhaftung, am nächsten Morgen aber waren die Verhafteten wieder frei und lehrten im Tempel. Das war für viele ein Zeichen der Hoffnung.

In der Schreckenszeit des Zweiten Weltkrieges waren keine geflügelten Himmelswesen aus den Wolken herniedergeschwebt, um die Tore der Vernichtungslager und der Gefängnisse zu öffnen. Es guckten keine lockigen Engel durch die Fenster, um die Bedrohten zu warnen. Es wurden aber Menschen gerettet, auch aus den Lagern, auch aus den Gefängnissen. Es wurden Bedrohte über viele Jahre versteckt gehalten, und viele wurden, manchmal sogar auch noch zur rechten Zeit, gewarnt. Viele, die den „Engel des Herrn" wahrgenommen, die Botschaft ihres Gewissens begriffen und versucht hatten, den Geist zu verwirklichen, wurden deshalb selbst zu Opfern.

Verglichen mit der Zahl, die nötig gewesen wäre, um den Geist der „Hirten" rettend für viele oder für alle herbeizurufen, waren es wenige, die den „Engel des Herrn" verstanden. Wahrscheinlich aber lag es auch daran, daß allzu viele — auch von den Hütern der biblischen Auslegungstraditionen — vor der Gefahr zurückgeschreckt waren und lieber auf Wunderengel und das Eingreifen eines menschengleichen Himmelskönigs gewartet hatten.

Der „Engel des Herrn", der Abraham aufrief, seinen Sohn Isaac nicht zu ermorden, der Mose zum rettenden Propheten des Volkes werden ließ, der Joseph von den Nazoräern davon abhielt, seine schwangere Frau dem Gesetz zu übergeben, der „Engel", der die „Hirten" zu dem Kind der Maria rief und später den Joseph vor drohender Gefahr warnte, dieser „Engel des Herrn" befreite die Apostel aus dem öffentlichen Gefängnis.

Die Macht der Nächstenliebe hat der apostolischen Bewegung die Kraft gegeben, über Reichsgrenzen und Sprachunterschiede hinweg die Welt zu erfüllen und in den Menschen die Überzeugung wachzurufen, daß dieser Geist unüberwindlich sein kann.

Die „Engel des Herrn" verachteten dieses Leben nicht, sie liebten es; sie waren aber bereit — wie ihr Vorbild Jesus —, das eigene Leben hinzugeben, um das Leben anderer zu bewahren. Sie handelten wie Joseph gegen das Gesetz und für die Menschen. Sie gaben den Geist weiter, der in dem Jesuswort lebt, das die Menschen auffordert, nur das Gesetz gelten zu lassen, das für den Menschen gemacht ist, und keine Auslegung zuzulassen, nach der behauptet wird, der Mensch sei nur geschaffen, um irgendwelche ihm unbegreiflichen und im irdischen Leben

sinnlosen, dem Wohl des Notleidenden abträglichen Gesetze zu erfüllen.
Keine absolutistische, tyrannische oder diktatorische Staatsmacht wird diese Lehre dulden. Die römische Besatzungsmacht — die mittelalterlichen Begründer des Antisemitismus mögen mir verzeihen — hatte gewichtige Gründe, die Lehre des Jesus, Sohn des Joseph von den Nazoräern, zu bekämpfen und seine Anhänger zu verfolgen.
Die befreiten Apostel gingen wieder in den Tempel und lehrten. Die Apostelgeschichte sagt, der Tempelhauptmann und die Hohenpriester waren ratlos, als sie das hörten.

Apg. 5.26. (Einheitsübersetzung)
Da ging der Tempelhauptmann mit seinen Leuten hin und holte sie, ALLERDINGS NICHT MIT GEWALT; denn sie fürchteten, vom Volk gesteinigt zu werden.

Der Tempel zu Jerusalem war das höchste Heiligtum der Juden. Die Menschen in diesem Tempel waren bereit, die Verkünder der neuen Lehre gegen die von der römischen Besatzungsmacht eingesetzten Vertreter der Obrigkeit zu schützen.
Gewalt wurde nicht angewendet, das heißt, die Apostel haben sich nicht gewehrt, dem Tempelhauptmann vor den Rat der Juden zu folgen und dem Hohenpriester gegenüberzutreten.

Apg. 5.28. (Einheitsübersetzung)
Wir haben euch streng verboten, in diesem Namen zu lehren; ihr aber habt Jerusalem mit eurer Lehre erfüllt; ihr wollt das Blut dieses Menschen über uns bringen.

Wie hätten die Apostel „das Blut dieses Menschen" über die Priester und Tempelwächter bringen können? Nur, indem sie eine von den Römern verbotene Lehre im Tempel verbreiteten. Das Blut über die Menschen zu bringen, heißt, den Römern Anlaß zu geben, in den Tempel einzubrechen.
Es hat mehrmals römische Eingriffe in die Tempelhoheit der Juden gegeben. Sie endeten immer in grausamen, erbitterten, blutigen Schlachten. Die Juden haben ihr Heiligtum gegen die Entweihung „bis

aufs Blut“ verteidigt. Im Mittelalter wurde der Mahnung des Hohenpriesters eine andere Deutung gegeben. Die textgestaltenden Diener der römischen Macht haben jede Möglichkeit genutzt, um in der Darstellung des Gerichtes und der Kreuzigung Jesu die Römer von Schuld freizusprechen und die Juden zu belasten. So haben sie auch dem Pilatus erlaubt, seine Hände in Unschuld zu waschen.

Matthäus, 27.24.
...und wusch die Hände vor dem Volk und sprach: Ich bin unschuldig an dem Blut dieses Gerechten; sehet ihr zu! (25.) Da antwortete das ganze Volk und sprach: Sein Blut komme über uns und unsre Kinder!

Welch schöner Anlaß, zum Vorteil des byzantinischen Hofdespotismus die Reinheit der römischen Staatsmacht darzustellen und die Verfolgung aller, die sich dem Glaubensdiktat ungetaufter und scheingetaufter byzantinischer Kaiser nicht unterwerfen wollten, als „gottgefällig“ zu begründen.
Wer die Wurzeln des Antisemitismus sucht, soll auch an der byzantinischen Machtpolitik nicht vorübergehen. Man darf dort auch nicht allzu sehr auf das Fehlen von Dokumenten hinweisen oder den Inhalt erhaltener Schriften zitieren. Es läge in diesen Argumenten soviel Beweiskraft wie in der Behauptung, es habe die Judenvernichtung im Zweiten Weltkrieg nicht gegeben, weil sich keine Zeugnisse der Ermordeten gefunden haben und die Morde in den von Nationalsozialisten geschriebenen Geschichtsbüchern nicht vermerkt sind.
Die Textgestalter der überlieferten Evangelien behaupteten, die Juden hätten sogar sich selbst und auch ihre Nachkommen verflucht, nur um zu erreichen, daß Jesus gekreuzigt wurde; wenig später aber haben die Vertreter der Obrigkeit Angst, vom Volk gesteinigt zu werden, wenn sie die Begleiter und Anhänger des Gekreuzigten im Tempel dieser Juden verhaften.
In dieser Sinnentstellung geschichtlicher Ereignisse kann auch nichts von einer „symbolischen Glaubenswahrheit“ gefunden werden. Sie ist schlicht und einfach bedauerlich und für viele Unschuldige verhängnisvoll gewesen; denn leider haben die am Buchstaben und nicht am Geist ihrer Überlieferung hängenden Diener der mittelalterlichen und neuzeitlichen Obrigkeiten zu manchen Zeiten weder das Wort des Hirten

Jesus befolgt, der da lehrte „Liebet eure Feinde", noch haben sie die moralische Kraft des Juden Gamaliel gehabt, der als Pharisäer im Rat für die Apostel eintrat, obwohl ihre Lehre mit seinem Glauben nicht übereinstimmte.

Apg. 5.34. (Einheitsübersetzung)
Da erhob sich im Hohen Rat ein Pharisäer namens Gamaliel, ein beim ganzen Volk angesehener Gesetzeslehrer; er ließ die Apostel für kurze Zeit hinausführen.

Es war eben jener Gamaliel, in dessen Schule auch Saulus die Auslegung des Gesetzes studiert haben soll. Er erinnerte den Rat der Juden an zwei Volkserhebungen aus unmittelbarer Vergangenheit (Thaddäus und Judas aus Galiläa), die nach kurzer Zeit zerfallen waren und von denen keiner mehr sprach.
Bemerkenswert ist, daß beide Volkserhebungen nicht religiöse Bewegungen, sondern jüdisch-patriotische Erhebungen gegen die Römer gewesen sind.
Da Gamaliel das Beispiel zweier weltlicher Erhebungen gegen die Römer als Beispiel anführte, kann die Anklage gegen die Apostel schwerlich von bösartigen, hassenden Juden ausgegangen sein, um die Anhänger des Nazoräers Jesus zu vernichten. Gamaliel empfahl dem Hohen Rat:

Apg. 5.38. (Einheitsübersetzung)
Darum rate ich euch jetzt: Laßt von diesen Männern ab und gebt sie frei; denn wenn dieses Vorhaben oder dieses Werk von Menschen stammt, wird es zerstört werden. (39.) Stammt es aber von Gott, so könnt ihr sie nicht vernichten; sonst werdet ihr noch als Kämpfer gegen Gott dastehen. SIE STIMMTEN IHM ZU.

Kann man sich vorstellen, daß ähnliches geschehen wäre, wenn Juden im Mittelalter versucht hätten, in einem christlichen Dom zu predigen, um die Menschen zu ihrem Glauben zu bekehren?
Es wäre eine Lehre gegen den Gott der Bibel auch im Tempel zu Jerusa-

lem nicht möglich gewesen. Gamaliel hat nicht für Menschen gesprochen, die als „Gotteslästerer“ im Tempel gestellt worden waren, sondern er hat Juden aufgerufen, Männer aus dem eigenen Volk nicht mehr an die Römer auszuliefern.
Die Apostel wurden ausgepeitscht und dann freigelassen. Vielleicht war die Auspeitschung nur zum Schein vorgenommen worden, wahrscheinlich aber war es der einzige Ausweg, die Kollaborateure der Römer ruhig zu halten, denn Freispruch ohne Strafe hätten sie nicht geduldet.

Apg. 5.40.
... dann verboten sie ihnen, im Namen Jesu zu predigen, und ließen sie frei.

Hätten die Apostel im Tempel den Namen Jesus als Gottesnamen dem Namen JHWH gleichwertig oder überlegen genannt, sie wären gesteinigt worden, und auch Gamaliel hätte für das Todesurteil gestimmt.
Sie können nur von Jesus berichtet haben als einem, der im Geist des heiligen Namens in der von Mose verkündeten Nächstenliebe gelehrt, gelebt und gelitten hat und für diese Weisheit gestorben ist.
Sein Name galt nicht bei den Juden als der eines Gotteslästerers, sondern bei den Römern als der eines von ihnen hingerichteten Volksverführers, dessen Anhänger ihnen unliebsam oder gefährlich waren.
Der Hohepriester und der Rat der Juden hat die Apostel auch nicht vom Besuch des Tempels ausgeschlossen. Sie wurden nur ermahnt, im Namen des gekreuzigten Jesus von den Nazoräern nicht zu lehren und Anhänger zu sammeln.
Der „Engel des Herrn“ hatte die Apostel befreit und aufgefordert, weiter zu lehren. Diese Flucht aus dem Gefängnis hat sie in der Verhandlung vor dem Rat der Juden nicht belastet. Sie blieben frei, auch im Tempel zu lehren, lebten in Jerusalem unter den Juden, wurden nicht gesteinigt und nicht zertrampelt, sondern die Gemeinschaft der Nazoräer wuchs und wuchs.

Apg. 6.7. (Einheitsübersetzung)
Und das Wort Gottes breitete sich aus, und die Zahl der Jünger in Jerusalem wurde immer größer; auch eine große Anzahl von den Priestern nahm gehorsam den Glauben an.

Pharisäer

Aus den Texten des Neuen Testamentes und den wenigen außerbiblischen Dokumenten über die Ereignisse in Judäa in den ersten Jahrzehnten der christlichen Zeitrechnung haben die Gelehrten errechnet, daß etwa drei Jahre nach der Kreuzigung Jesu der erste Märtyrer der neuen Lehre, Stephanus, gesteinigt worden ist.
In der Apostelgeschichte heißt es, Stephanus war von einigen Männern aus der Synagoge der Libertiner vor dem Rat verleumdet worden.

Apg. 6.13. (Einheitsübersetzung)
Und sie brachten falsche Zeugen bei, die sagten: Dieser Mensch hört nicht auf, gegen diesen heiligen Ort und das Gesetz zu reden. (14.) Wir haben ihn nämlich sagen hören: Dieser Jesus, der Nazoräer, wird diesen Ort zerstören und die Bräuche ändern, die uns Mose überliefert hat.

Libertiner nannte man Juden, die als Sklaven in Rom gewesen, dort freigelassen worden und nach Jerusalem zurückgekehrt waren. Sie hatten in der heiligen Stadt eine eigene Synagoge. Als freigelassene Sklaven hatten sie Grund, ihren ehemaligen Herren und Wohltätern dankbar zu sein. Sie standen also sicher nicht ganz auf der Seite der Mehrheit des jüdischen Volkes, die in den Römern nur heidnische Vertreter einer verhaßten fremden Besatzungsmacht sah.
In der Beschreibung der Steinigung des Stephanus wird dann zum erstenmal der Name Saulus genannt.

Apg. 7.57.
Und die Zeugen legten ab ihre Kleider zu den Füßen eines Jünglings, der hieß Saulus. (58.) Und steinigten Stephanus...

Nach den Worten der Chronisten hatte Saulus Gefallen am Tod des Märtyrers. Weder hier noch an anderer Stelle des Neuen Testamentes wird erklärt, in welcher Funktion Saulus an der Steinigung teilgenom-

men hat. Da die falschen Zeugen sich vor ihm beugten und die Kleider ablegten, war er Respektperson für sie und stand in Beziehung mit ihnen. Die Autoren ließen Paulus später sagen, er habe „zu den Füßen Gamaliels" in Jerusalem studiert. Soviel ist aber sicher: als Saulus verhielt er sich nicht nach dem Geist und Rat seines angeblichen Lehrers, der die vor dem Rat beschuldigten Nazoräer freigelassen hatte.
Ob Saulus dem Zimmermann Joseph von den Nazoräern oder dem lehrenden Jesus begegnet war, bleibt unsicher; ob er von der Kreuzigung gewußt hat, ist nicht zu erkennen. Spätestens nach der Steinigung hat er aber von der Lebensart der Nazoräer, vom Geist, den sie lehrten, gewußt. Diese Erfahrung hat ihn nicht beeindruckt.

Apg. 8.3.
Saulus aber verstörte die Gemeinde, ging hin und her in die Häuser und zog hervor Männer und Weiber und überantwortete sie ins Gefängnis.

Es bleibt weiterhin unklar, in wessen Auftrag er die Gemeinde verfolgte und wegen welcher Vergehen oder Verbrechen die Frauen und Männer ins Gefängnis geworfen wurden.
Ein Jahr nach dem Tod des Stephanus „wütete Saulus immer noch mit Drohung und Mord gegen die Jünger des Herrn". Die Gelehrten sind der Meinung, Saulus sei ein Jude gewesen mit römischem Bürgerrecht, der zwei Namen hatte: einen hebräischen: Saul, und einen griechisch-römischen: Paulus.

Das römische Bürgerrecht war in dieser Zeit ein hoher Wert. In den Provinzen waren die Bürger Roms vor allen anderen bevorzugt. Als Jude Saulus kann er die Gemeinde nur auf Befehl, jeweils mit besonderer Vollmacht, verfolgt haben. Dagegen wäre es möglich, daß er als römischer Bürger von der Staatsmacht zur Verfolgung autorisiert war.

Apg. 9.1. (Einheitsübersetzung)
...Er ging zum Hohepriester (2.) und erbat sich von ihm Briefe an die Synagogen in Damaskus, um die Anhänger des (neuen) Weges, Männer und Frauen, die er dort finde, zu fesseln und nach Jerusalem zu bringen.

Damaskus gehörte auch damals zu Syrien, das eine wichtige römische Provinz war. Es ist unerklärlich, wieso der Hohepriester in Jerusalem und die Leiter der Synagogen Vollmacht gehabt haben sollten, ihnen mißliebige Personen festzunehmen und untereinander auszutauschen, ohne daß sich die Römer darum kümmerten.
Die Heilige Schrift gibt uns zur Rechtslage im Heiligen Land sehr unterschiedliche Schilderungen. Einmal muß der mächtige römische Pilatus einen Menschen, den er für unschuldig hält, kreuzigen, weil die Juden es so wollen. Das andere Mal wollen die bösartigen Juden den Apostel Paulus im Tempel töten, aber ein gerechter Hauptmann der gerechten Römer eilt mit seinen Kriegsknechten herbei und rettet den Apostel (Apg. 21.31.). Ein gewöhnlicher Hauptmann sollte auf einmal *im Tempel* mehr Macht über die Juden gehabt haben als der mächtige Statthalter Pilatus in seinem Amtssitz.
Dieser Hauptmann hatte auch das Recht, das Pilatus nicht gehabt zu haben scheint, den Gefangenen dem Hohen Rat der Juden zu entziehen und ihn nach Caesarea zum Statthalter bringen zu lassen.
Dem überlieferten Wortlaut des 9. Kapitels der Apostelgeschichte entsprechend müßte der Hohepriester in Jerusalem weltliche Machtbefugnisse besessen haben, die über die Grenzen der Provinzen hinausreichten. Das war wohl nicht der Fall. Der römische Bürger Saul nützte also vermutlich die Abhängigkeit des Hohenpriesters von den Römern als ein Druckmittel, um eine schriftliche Ermächtigung zu erzwingen, mit der er im Namen des jüdischen Hohenpriesters vor den zuständigen *weltlichen* Gerichten der römischen Verwaltung gegen mißliebige Personen Anklage wegen Gotteslästerung erheben konnte, wenn andere Beweise zu einer Verurteilung der Beschuldigten nicht ausgereicht hätten.

Apg. 9.3.
Und da er auf dem Wege war und nahe bei Damaskus kam, umleuchtete ihn plötzlich ein Licht vom Himmel; (4.) Und er fiel auf die Erde und hörte eine Stimme, die sprach zu ihm: Saul, Saul, was verfolgst du mich? (5.) Er aber sprach: Herr, wer bist du? Der Herr sprach: Ich bin Jesus, den du verfolgst. Es wird dir schwer werden, wider den Stachel zu löcken. (6.) Und er sprach mit Zittern und Zagen: Herr, was willst du, daß ich tun soll?

Der Herr sprach zu ihm: Stehe auf und gehe in die Stadt, da wird man dir sagen, was du tun sollst.

Vom strahlenden Licht geblendet, konnte Saulus drei Tage lang nichts sehen. Er aß nicht und trank nicht in dieser Zeit.

Apg. 9.10.
Es war aber ein Jünger zu Damaskus mit Namen Ananias; zu dem sprach der Herr im Gesichte: Ananias!... (11.) Stehe auf und gehe hin in die Gasse, die da heißet die Gerade, und frage in dem Hause des Judas nach einem, Namens Saul von Tarsus; denn siehe, er betet...

Ananias kannte den Namen Saul, wußte, daß er nach Damaskus gekommen war, um die Gemeinde zu verfolgen. Aber seine Einwände galten nicht.

Apg. 9.15.
Der Herr sprach zu ihm: Gehe hin; denn dieser ist mir ein auserwählt Rüstzeug, daß er meinen Namen trage vor den Heiden und vor den Königen und vor den Kindern von Israel.

Durch Ananias wurde Saulus wieder sehend. Er wurde getauft und war lange Zeit bei den Jüngern in Damaskus.
Ananias kommt in den Evangelien nicht vor. Es ist nirgends vermerkt, von wem er die Lehre übernommen hat. Für die Tatsache der Bekehrung und für die Botschaft, die dieser Erzählung zu entnehmen wäre, ist die Frage, woher Ananias die Lehre übernommen hat, ohne Bedeutung. Wenn die Geschichte des Saulus hier zu Ende wäre, könnten wir daraus erkennen, daß der engstirnige Pharisäer aus der Weisheit seines Lehrers, aus dem Opfertod des Stephanus und der Bereitschaft der Nazoräer, für das Wohlergehen anderer alle Leiden auf sich zu nehmen, die Demut gelernt hat, durch die er bereit wurde, den offenbarten Geist aufzunehmen. Sieht man Ananias nicht wieder als eine Marionette Gottes, sondern als einen Menschen, der dem Wort „Liebet eure

Feinde“ Leben gab, indem er den blutrünstigen und gefährlichen Feind Saulus trotzdem von seiner Blindheit heilte, dann ist man, so meine ich, dem nahe, was die Kraft des „Weges“ ausgemacht hat. In dieser Auffassung ist es unwichtig, ob der, von dem die Lehre übernommen wird, ein Gelehrter oder ein Schüler gewesen ist.
Jesus soll gesagt haben, daß auch denen das Himmelreich offensteht, die „geistig arm“ sind. Nicht die Gelehrten und die Gebildeten, die komplizierte pharisäische Theologien und Gesetze begreifen und entschlüsseln können, nicht nur die Privilegierten, die Geld genug haben, zu den großen Lehrern zu reisen, sind fähig, den Geist zu erfassen und zu verwirklichen, sondern alle, die bereit sind, die Wahrheit aufzunehmen — und der Wahrheit am nächsten sind die einfachen Gedanken, die einfach zu sagen und von allen zu verstehen sind.
Saulus, so heißt es, blieb lange in Damaskus und lehrte dort selbst. Dann kehrte er nach Jerusalem zurück. Die Gemeinde scheute sich aber, ihn aufzunehmen; nur Barnabas nahm ihn an. Er glaubte ihm, vertraute ihm und brachte ihn zu den Aposteln (Apg. 9.27.).
In Damaskus war Saulus von den Juden bedroht und von den „Brüdern“ gerettet worden. In Jerusalem stellten ihm die Griechen nach, um ihn zu töten.
Es ist wieder nicht ersichtlich, weshalb nun plötzlich die Griechen gegen Saulus aufgetreten sein sollen. Auch wenn man sich darauf beruft, damit wären zum Unterschied von den in Judäa ansässigen, aramäisch sprechenden, die im Westen oder in Ägypten lebenden, nur noch griechisch sprechenden Juden gemeint, ergibt es keinen Sinn, daß hier plötzlich das Wort „griechisch“ betont wird. Sehr viel Sinn wäre in dem Gedanken zu erkennen, wenn der bekehrte römische Bürger Saulus nicht von den Griechen oder Juden bedroht worden wäre, sondern von den Römern, deren Beauftragter er auf der Reise nach Damaskus gewesen sein könnte.

Apg. 9.30.
Da das die Brüder erfuhren, geleiteten sie ihn
gen Caesarea und schickten ihn gen Tarsus.

Bis hierhin wurden Ereignisse beschrieben, die so oder so ähnlich geschehen sein könnten. Der in den Evangelien erkennbare geschichtliche Kern wird in diesem Teil der Apostelgeschichte fortgesetzt.
Die „Menschwerdung des Wortes“ wurde Wirklichkeit, als Joseph von

den Nazoräern seinen Schmerz und seinen Stolz überwinden konnte und die Kraft fand, seiner Frau Maria zu vertrauen und zu vergeben. Dieser Geist lebt in dem Wort, das Jesus gesagt haben soll:

Luk. 6.29. (Einheitsübersetzung)
Dem, der dich auf die eine Wange schlägt,
halt auch die andre hin...

Die Nächstenliebe ist ohne Vertrauen nicht möglich. Vertrauen ist ein Geschenk, kein einklagbarer Vertrag. Es wird daher Vertrauen immer wieder auch enttäuscht werden. Im Geist der Nächstenliebe sind die Menschen aufgerufen, auch dem, der das Vertrauen einmal enttäuscht hat, erneut zu vertrauen; es ist besser, einmal mehr enttäuscht zu werden, als einmal zu wenig vertraut zu haben.
Barnabas handelt wie Joseph. Er nimmt Saul auf, vertraut ihm, vergibt ihm und gewinnt ihn.
Die wunderbare Geschichte des Pharisäers Saulus wäre hier zu Ende, wenn es in der Apostelgeschichte nicht einen Satz gäbe:

Apg. 13.9.
Saulus aber, der auch Paulus heißet...

Durch diesen einzigen Satz ist die Geschichte der Bekehrung des Saul verbunden mit der Geschichte des großen Heidenmissionars Paulus; und mit diesem Satz endet die Welt der geschichtlichen Wirklichkeit, die Welt Josephs von den Nazoräern, die Welt der opferbereiten Mutter Maria und auch die Welt des Menschen Jesus, Josephs Sohn von den Nazoräern. Es beginnt die Welt der „Glaubenswahrheiten", die Welt der Theologie.
Mit dem Namen Paulus sind wichtige theologische Grundgedanken der christlichen Kirche verbunden. Sie haben ihren Ursprung nicht im Leben des Menschen Jesus. Paulus hat sie nicht von den Aposteln übernommen, die als Jünger Begleiter und Weggenossen des „Menschensohns" gewesen sind; vielmehr trat der Apostel Paulus zweimal gegen den Apostel Petrus auf und trennte sich später im Streit auch von Barnabas (Apg. 15.39.).
Alle Anzeichen sprechen dafür, daß die zwölf Apostel und auch Jakobus, der „Herrenbruder", die Augenzeugenschaft, das heißt die Begegnung mit dem lebendigen Menschensohn, als die ausschließliche

Bestätigung der Apostelwürde angesehen haben.
Paulus setzte dem den Grundsatz entgegen, daß es nicht auf den persönlichen Umgang mit Jesus „nach dem Fleische“ ankommt, sondern ausschließlich auf die Offenbarungen des „Auferstandenen“. (2. Kor. 5.16.)
Im Galaterbrief (1.12.) wird den Gegnern dieser Auffassung erwidert, daß die Vollmacht des Apostels Paulus von Menschen unabhängig ihm von Gott verliehen sei.

Gal. 1.11.
Ich tue euch aber kund, liebe Brüder, daß das Evangelium, das von mir gepredigt ist, nicht menschlich ist. (12) Denn ich habe es von keinem Menschen empfangen noch gelernt, sondern durch die Offenbarung Jesu Christi.

Das „Damaskus-Erlebnis“ wird in der Apostelgeschichte dreimal erzählt (9., 22., 26.). Die Autoren berufen sich darauf, daß der Auferstandene sich in „hebräischer“ Sprache dem Saulus/Paulus mit den Worten zu erkennen gegeben hat: „Ich bin Jesus, den du verfolgst“ (Apg. 26.14.f.).
Im anderen Bericht, im 22. Kapitel der Apostelgeschichte, erzählt Paulus/Saulus den Juden von seiner Bekehrung und sagt, der Auferstandene habe sich mit den Worten: „Ich bin Jesus, der Nazoräer, den du verfolgst“ zu erkennen gegeben.
Den Autoren war es ein wichtiger Wahrheitsbeweis, Jesus in der Damaskus-Version als hebräisch (aramäisch) sprechenden Nazoräer darzustellen. Daraus muß geschlossen werden, daß die ursprüngliche Überlieferung hebräisch-aramäisch verbreitet worden ist. Die Betonung der „hebräischen“ Sprache in der Damaskus-Offenbarung wäre überflüssig, hätte es nicht zur Zeit der Niederschrift des überlieferten Wortlautes Zweifel gegeben am göttlichen Auftrag des Apostels oder derer, die in seinem Namen die Glaubensgrundsätze bestimmten.
Die drei Damaskus-Berichte der Apostelgeschichte enthalten keine Angaben, *was* dem Saulus/Paulus offenbart worden ist. In einer Version wird ihm geboten, in die Stadt zu gehen: „Dort wird man dir sagen, was du tun sollst.“ Danach wäre Ananias die wichtigste Gestalt der christlichen Religionen. Im Namen des Apostels wird aber in den Lehrbriefen betont, daß er seine Lehre nicht von Menschen erhalten habe.

So scheidet Ananias aus.
Da die Offenbarungen im Inhalt, aber nirgends im Wortlaut des Auferstandenen überliefert sind, war es keinem Menschen möglich, sie zu prüfen und als weltlich-geschichtliches Ereignis aufzuzeichnen. Erhalten sind deshalb nur die theologischen Schlußfolgerungen aus der Offenbarung.
Die auf dem Zeugnis der von Saulus/Paulus empfangenen Offenbarung aufbauende Überlieferung ist daher im weltlichen Sinne nicht Geschichte. Sie ist weder durch Zeugen noch durch Dokumente im weltlich-wissenschaftlichen Sinne belegt. Diese Überlieferung verlangt den Glauben an die geheime, nur dem Apostel zuteilgewordene Offenbarung. Die Welt dieser Überlieferung ist die Theologie.
Es mag von tiefer Weisheit gewesen sein, was dem Saulus/Paulus offenbart worden ist und was er davon an die Auserwählten seiner Kirche weitergegeben hat; es kann dennoch nicht der Sinn der „Menschwerdung des Wortes“ gewesen sein, daß die im Leben, in der Lehre, im Opfer, in den Leiden und durch den Tod des Menschensohnes übermittelte Botschaft wenige Jahre später durch eine einem bekehrten Pharisäer zuteilgewordene Offenbarung zu einer Chiffre erklärt wird, die erst durch die Deutung der Auserwählten entschlüsselt werden kann. Millionen Juden, die in zweitausend Jahren als „Christusmörder“ verfolgt, gequält, gedemütigt und ermordet worden sind, hätten ein Recht, vor Gott hinzutreten und ihn zu fragen, ob der Spaß mit der Kreuzigung nicht auch hätte unterbleiben können.
Der hohe Rang der Damaskus-Offenbarung soll nicht bestritten werden; fragwürdig sind nur manche Teile der daraus geformten Überlieferung. Keine Offenbarung, die ein einzelner erlebt, kann so bedeutend sein, daß sie das irdisch-menschliche Leben und Leiden der Familie des Zimmermannes Joseph von den Nazoräern, des Menschen Jesus, die Opfer der Jünger und Apostel als unwichtig aus dem Gedächtnis der Menschen löschen darf. In den ersten Jahrhunderten wurden die Christen von den Römern verachtet, gehaßt und immer wieder grausam verfolgt. Die Zahl der Märtyrer und Opfer zeugt für die Kraft der Lehre und von der Macht des Geistes, die vom ermutigenden und dadurch verpflichtenden lebendigen Beispiel ausgeht.
Die schreckliche römische Staatsmacht hat sich nicht innerhalb der wenigen Jahre, in denen das Christentum anerkannt und dann zur Staatsreligion erhoben wurde, zu einer milden, gütigen, die Meinungsfreiheit schützenden Gesellschaftsordnung verwandelt. Im Gegenteil,

der Byzantinismus ist erst entstanden, als das Christentum zur Staatsreligion geworden war.
Der Staatsapparat, der die Christen verfolgen ließ, so lange sie den Herrschenden unbequem oder gefährlich waren, wird danach mit der gleichen Härte jene verfolgt haben, die den von den Kaisern zu bestätigenden Konzilsergebnissen nicht zustimmen wollten. Der Staatsapparat war auch nicht ohne Einfluß darauf, welche Dokumente, wie die Bücher von Ephesus, verbrannt werden und welcher Wortlaut der Überlieferung als erhaltenswert angesehen werden mußte.
Der Mut und die Kraft der frühen Christenheit war nicht aus theologischen Lehrsätzen, auch nicht aus der „Pflicht zum Gehorsam gegen die Obrigkeit" entstanden. Das lebende Beispiel, der darin vermittelte Glaube an einen Sinn der Leiden, war das Licht, das sich in der Dunkelheit des von menschenverachtender Gewalt beherrschten römisch-byzantinischen Despotismus ausbreitete.
Der Pharisäer Saul wurde durch sein „Damaskus-Erlebnis" bekehrt. In der dreihundertsiebzig Jahre später geschriebenen Kirchengeschichte des Eusebius von Caesarea funkelt aber immer noch der pharisäische Haß der Verfolger, die in der Bekehrung nicht bekehrt, aber getauft worden sind und somit nur die Front, aber nicht den Geist gewechselt hatten.

...da brach zuletzt das Strafgericht Gottes über die Juden wegen der vielen Freveltaten, die sie an Christus und den Aposteln begangen hatten, herein und vertilgte gänzlich dieses Geschlecht der Gottlosen aus der Menschheitsgeschichte.

Darin lebt mehr vom Geist des noch nicht bekehrten Saul, als von der Lehre des gekreuzigten Menschensohnes, der gesagt haben soll: „Liebet eure Feinde".
Der Gedanke des Eusebius von Caesarea und vieler seiner Mitstreiter im Mittelalter ließ eine Darstellung geschichtlicher Wahrhaftigkcit kaum zu und beeinflußte die Dokumente der Geschichte im Sinne der Deutung, die sie für „gottgefällig" hielten.
Der uns überlieferte Kanon der Schriften des Neuen Testamentes enthält als Geschichtsbücher die vier Evangelien und die Apostelgeschichte, als Lehrbücher die Apostelbriefe, von denen die wichtigsten

mit dem Namen Paulus verbunden werden.
Solange man daran glauben mußte, daß alle Schriften wörtlich vom Heiligen Geist diktiert worden sind, ergab das eine überzeugende Einheit. Über dem Fundament der Geschichtsbücher erhob sich der kunstvolle, nur dem Auserwählten erkennbare, begreifbare Bau der Theologie. Die Schriften aber — so lehren es in unserer Zeit auch die Kirchen — wurden nur von „inspirierten" Menschen geschrieben, und nicht alle zur selben Zeit.
Die ältesten uns überlieferten Evangelien (Markus und Matthäus) sollen im siebenten Jahrzehnt der christlichen Zeit, also drei bis vier Jahrzehnte nach der Kreuzigung entstanden sein. Für das Lukas-Evangelium und die Apostelgeschichte wird als Entstehungszeit das achte Jahrzehnt angenommen. Das Johannes-Evangelium soll in der Urfassung erst am Ende des ersten Jahrhunderts niedergeschrieben worden sein.
Die *ältesten* Schriften im Neuen Testament sind die Lehrbriefe des Apostels Paulus. Er soll sie ungefähr vom Jahr 50 (48) an bis zum Ende seines Lebens (vermutlich etwa 65 n. Chr.) verfaßt haben.
Davor, so wird gelehrt, hätte es keine schriftliche Überlieferung der Gemeinden gegeben; lediglich die „Redequelle", eine nur aus theoretischen Erwägungen vermutete Sammlung von Worten Jesu, soll es gegeben haben. Aber diese Quelle kennt niemand, sie ist nirgends beschrieben, und niemand weiß, wer die Sprüche wann und wo, in welcher Sprache niedergeschrieben haben soll.
Als die uns überlieferten Geschichtsbücher des Neuen Testamentes in der Urfassung entstanden, hat es die theologischen Lehrschriften der Apostelbriefe bereits seit Jahrzehnten gegeben. Niemand kann daran zweifeln, daß die theologischen Grundsätze die Gestaltung dieser Überlieferung bestimmt haben.
Es wird kein Zufall sein, daß in der Apostelgeschichte von denen berichtet wird, die ihre Schriften öffentlich verbrannten. Diese Schriften als „Zauberbücher" zu bezeichnen, war die einzige Möglichkeit, der Nachwelt Kunde zu geben, daß sie existiert haben.
Die Menschen der griechisch-römischen Welt, an menschengleiche, launische, liebende und hassende olympische Götter gewöhnt, werden nicht mit der abstrakten Theologie der Apostelbriefe zu einem neuen Glauben bekehrt worden sein. Die „Frohe Botschaft", das Evangelium, muß ihnen vor der Theologie zugekommen sein, denn im siebenten Jahr der neuen Zeit ließ Kaiser Nero in Rom bereits Christen als lebende Fackeln durch Rom laufen. In dieser Zeit sollen die „inspirier-

ten“ Schreiber erst daran gedacht haben, die Kunde vom Leben Jesu niederzuschreiben?
Im siebenten Jahrzehnt wurde Jakobus, der „Herrenbruder“, getötet. Die Urgemeinde zerfiel und flüchtete aus Judäa. Die Römer eroberten im Jahre siebzig Jerusalem und zerstörten den Tempel. Was sie nicht für den Triumphzug nach Rom schleppten, wurde vernichtet. Die Juden wurden aus Jerusalem vertrieben. Juden nannte man Menschen, die an das Kommen des Messias glaubten. Das hebräische Wort Messias heißt im Griechischen Christos. Für Römer und Griechen, die an Glaubensfragen anderer Religionen nicht interessiert waren, konnte es nur ein unwichtiger Unterschied sein, daß die einen an einen Christos glaubten, der noch kommen, und die anderen an einen, der schon dagewesen sein sollte. Die Verfolgten werden auch nicht die Menschen verfolgt, ihren Besitz, ihre Schriften aber verschont haben. Sie werden die Schriften wie die Menschen auf einen Haufen gebracht, die Schriften angezündet und die Menschen ins nächste Amphitheater geschleppt haben. Es könnte sein, daß das Holzkreuz im Colosseum zu Rom nicht nur Christen ehrt, sondern auch Juden und Judenchristen, denen die Erinnerung an die „Hirten“, an die Menschen Joseph, Maria und Jesus von den Nazoräern ermutigendes Beispiel und hoffnungspendender Trost gewesen ist.

Wort und Geist

Wenn wir die Schriften des Neuen Testamentes als Dokumente der Geschichte prüfen und vergleichen, zeigt sich, daß die Sammlung zwei voneinander sehr verschiedene Auffassungen überliefert, die durch Textbrücken einander angeglichen und miteinander verbunden worden sind. Unübersehbar ist die Verschiedenheit der beiden Welten in den Beschreibungen über die Erscheinungen Jesu nach der Kreuzigung. Der unter dem Namen Paulus eingereihte erste Brief an die Korinther gibt die Reihenfolge so an:

1. Kor. 15.5.

Und daß er (Jesus Christus) gesehen worden ist von Kephas (Petrus) darnach von den Zwölfen;
(6) darnach ist er gesehen worden von mehr denn fünfhundert Brüdern auf einmal, deren viele noch leben, etliche aber sind entschlafen;
(7) darnach ist er gesehen worden von Jakobus (Herrenbruder), darnach von allen Aposteln.
(8) Am letzten nach allen ist er auch von mir, als einer unzeitigen Geburt, gesehen worden.

Die Textgestalter bestimmten mit der Reihenfolge auch die Rangordnung. Petrus war der erste, weil er dem Menschen Jesus am nächsten gewesen ist und von ihm als „Stellvertreter" benannt worden sein soll. Paulus aber, dem der Auferstandene als letztem erschienen ist, kam dadurch auch in den Besitz der letzten, durch keine Aussage der Augenzeugen, durch kein Wort des Menschen Jesus zu widerlegender Weisheit. Das bedeutet, er allein verfügt über die endgültige, alle vorherigen korrigierende Offenbarung des Geistes.
In dieser Theologie ist das irdische Leben, die menschliche Existenz unwichtig. Sie kann nur in der Vergeistigung durch den „gottebenbildlichen" Mann, durch die unversehrte Jungfräulichkeit der Frau aus dem sündhaften Schmutz der Leibhaftigkeit befreit werden.
Völlig andere Gedanken entnehmen wir der in den Evangelien erkennbaren realen Geschichte. In der Welt des Zimmermannes leben die Frauen mit dem gleichen Lebensrecht neben dem Mann, und die Menschen wurden aus der Suche nach weltabgewandter Entsagung in das Leben zurückgeführt.
Es gibt keine Frau, die der Mensch Jesus wegen ihrer Wesensart oder ihrer naturgegebenen Körperlichkeit abweist, zurückstößt oder zur Entsagung aufruft. Nach der Kreuzigung und der Grablegung erschien Jesus zuerst den Frauen, seiner Mutter Maria und der Maria Magdalena — nach Matthäus (28.1.f.); der Maria Magdalena allein — nach Markus (16.9.) und Johannes (20.11.). Die Zuwendung Jesu zu den Frauen und den Kindern ist das „Geheimnis" der Lebenskraft seiner Lehre. Nur aus der mütterlichen Betreuung der Kinder kann der Geist der „Hirten" unter den Menschen lebendig bleiben.

In den „Paulus-Briefen" wird den Frauen nur so geringe Bedeutung gegeben, wie in der Theologie der Pharisäer und im Buch Hiob.

1. Kor. 14.34.
Wie in allen Gemeinden der Heiligen lasset
die Weiber schweigen unter der Gemeinde.

Den Einwand, daß die Lehrbriefe nur Ergänzung der Evangelien sein sollen, würde ich dankbar annehmen. Wer so argumentiert, bestätigt, daß es andere Evangelien schon vor der nach Paulus benannten Theologie gegeben haben muß. Die vier überlieferten Evangelien des Neuen Testamentes wurden nach der geltenden Lehre geschrieben, als der Apostel Paulus nicht mehr am Leben war.
Nach der Theologie des ersten Timotheus-Briefes hätte Jesus der Maria Magdalena nicht erscheinen dürfen, denn sie kam dadurch in den Besitz einer Wahrheit, die sie anderen Menschen lehrend vermitteln mußte; und das darf so nicht sein:

1. Timotheus 2.12.
Einem Weibe aber gestatte ich nicht, daß sie
lehre, auch nicht, daß sie des Mannes Herr
sei, sondern stille sei.

Dieser Forderung entspricht der überlieferte Text des Lukas-Evangeliums. Darin wird über die erste Erscheinung Jesu nach der Kreuzigung ein seltsam verschwommener Bericht gegeben.

Luk. 24.13.
Und siehe, zween aus ihnen gingen an dem-
selbigen Tage in einen Flecken, der war von
Jerusalem sechzig Feld Weges weit und hieß
Emmaus.

Zuvor wird erzählt, Petrus und einige Männer, Maria und einige Frauen seien zu dem leeren Grab gekommen. Zwei von ihnen gingen dann nach Emmaus. Wer sagt, daß es zwei Männer waren? Im Evangelium nach Lukas wird nur ein Name genannt: Kleopas (24.18). Woraus die textdeutenden Gelehrten erkannt haben wollen, daß beide Männer waren, bleibt unergründlich.

Die Emmaus-Jünger haben, nach Lukas, den Auferstandenen lange Zeit nicht erkannt.

Luk. 24.30.
Und es geschah, da er mit ihnen zu Tische saß, nahm er das Brot, dankte und brach's und gab's ihnen. (31.) Da wurden ihre Augen geöffnet und erkannten ihn. Und er verschwand vor ihnen.

Die Emmaus-„Jünger" eilten nach Jerusalem zu den anderen, um ihnen die wunderbare Nachricht zu überbringen. Die Jünger wußten aber bereits, daß Jesus noch unter den Menschen war, denn auch Petrus hatte inzwischen die Erscheinung des Gekreuzigten erleben dürfen.
In dieser Beschreibung ist die Reihenfolge der Erscheinungen nicht zu erkennen. Es ist somit auch nicht „falsch", wenn im ersten Korintherbrief zu lesen ist, daß Jesus zuerst dem Petrus erschienen war. Die Verfasser dieses Apostelbriefes erhoben das Lukas-Evangelium zur höchsten Evangelienautorität. Es erlaubte ihnen, die Tatsache zu übergehen, daß nach den drei anderen Texten Jesus auch den Frauen erschienen war. Die Frauen werden aber in der Aufzählung des Apostelbriefes überhaupt nicht erwähnt.
Durch die Erzählung von den Emmaus-Jüngern ist für den, der sich nur an den Lukas-Text hält, der „Fehler" behoben, den Jesus begangen hat, als er zuerst an die Frauen dachte.
Durch das erste Kapitel der überlieferten Fassung des Lukas-Evangeliums wurden also mit der Erzählung vom Engel Gabriel alle Zweifel an einer übernatürlichen Zeugung und der jungfräulichen Geburt ausgeräumt. Durch den Bericht über die Emmaus-Jünger ist auch der andere Angriff auf das mann-zentrische Weltsystem der pharisäischen Theologie abgewehrt worden.
In seiner Kirchengeschichte (III.4.7.) schrieb Eusebius von Caesarea:

Wenn Paulus, als schriebe er über sein eigenes Evangelium, den Ausdruck gebrauchte „Nach meinem Evangelium", dann soll er nach seiner Gewohnheit auf das Evangelium nach Lukas verwiesen haben.

Nach dem gegenwärtigen Wissensstand der Textforscher soll auch die Urfassung des Lukas-Evangeliums erst nach dem Tod des Apostels Paulus entstanden sein.
Wenn wir mit dem Wissen und der Erfahrung des 20. Jahrhunderts in den Glaubensdokumenten des Neuen Testamentes nach den realen Ereignissen der Geschichte forschen, finden wir zu anderen Gedanken als die Autoritäten des Mittelalters, die ihr Geschichtsbild nach den theologischen Grundsätzen der Apostelbriefe geformt haben. Diese älteren Gedanken der ursprünglichen Überlieferung neu zu beleben, kann Glaubende, so meine ich, nur reicher machen, und Zweifelnde vielleicht mutiger.
Es kann für die Notleidenden und Gequälten unserer Zeit nur hilfreich sein, wenn wir nicht mehr auf die machtvolle Himmelserscheinung der Engel warten, sondern den „Engel des Herrn“ so begreifen, wie ihn die ursprüngliche Überlieferung dargestellt hat.

Es war vermutlich im Jahre 49 der christlichen Zeit, als der römische Kaiser Claudius die Juden aus Rom ausweisen ließ (Apg. 18.2.). Ungefähr um diese Zeit ließ Herodes Agrippa I. in Jerusalem die Apostelgemeinde verfolgen. Petrus wurde gefangengenommen und ins Gefängnis gebracht, „es waren aber eben die Tage der süßen Brote“ (Apg. 12.3.).
In den Tagen vor diesem höchsten Fest der Juden, zu dem viele Tausende aus dem störrischen, auf Befreiung von der Fremdherrschaft hoffenden Volk alljährlich nach Jerusalem drängten, war Jesus, der Sohn des Joseph von den Nazoräern, gekreuzigt worden.
Vor dem Fest wurde nun auch Petrus ins Gefängnis gebracht.

Apg. 12.6. (Einheitsübersetzung)
In der Nacht, ehe Herodes ihn vorführen lassen wollte, schlief Petrus mit zwei Ketten gefesselt zwischen zwei Soldaten; vor der Tür aber bewachten Posten den Kerker.
(7.) Plötzlich trat ein Engel des Herrn ein, und ein helles Licht strahlte in den Raum. Er stieß Petrus in die Seite, weckte ihn und sagte: Schnell, steh auf! Da fielen die Ketten von seinen Händen.
(9.) Dann ging er hinaus und Petrus folgte

ihm, ohne zu wissen, daß es Wirklichkeit war, was durch den Engel geschah; es kam ihm vor, als habe er eine Vision.

Martin Luther hat diese Sätze schlichter übertragen:

Apg. 12.9.
Und er ging hinaus und folgte ihm und wußte nicht, daß ihm wahrhaftig solches geschähe durch den Engel, sondern es deuchte ihn, er sähe ein Gesicht.

Gefangene, denen im Zweiten Weltkrieg mutige, aus der Anonymität nicht hervortretende Menschen die Tore unvermutet geöffnet haben, erzählten später, sie hätten nicht geglaubt, daß das Wirklichkeit sein könne. Sie meinten zu träumen, zu halluzinieren — und manche haben ihre Erstarrung nicht in derselben Sekunde überwinden können und die Lebenschance vergeben.

Apg. 12.10.
...und (sie) kamen zu der eisernen Tür, welche zur Stadt führet; die tat sich ihnen von selber auf; und traten hinaus und gingen hin eine Gasse lang; und alsbald schied der Engel von ihm.

Es war wieder Nacht, als der Engel kam. Er wurde nicht gesehen, als er kam, nicht, als er ging. — Hätte man ihn gesehen, als er die Apostel das erstemal befreite — es wäre ihm diese zweite rettende Tat wahrscheinlich nicht mehr möglich gewesen.
Jeder Mensch ist frei zu entscheiden, an welche Art Engel er glauben möchte. Wir sollten nur dann, wenn unsere Nachbarn in Not geraten, uns nicht darauf berufen, daß Gott, wenn er nur helfen will, schon den Gabriel schicken wird.
Die Theologie der mittelalterlichen Verfasser der Apostelbriefe hat die schriftlich nicht vorhandene Offenbarung höher gestellt, als die aus vier Evangelien erkennbare Lehre Jesu, die aus seinen Handlungen, seinem Verhalten mindestens so deutlich zu erkennen ist, wie aus vielen Gedanken, die als Worte Jesu überliefert worden sind. Der Sinn der „Mensch-

werdung des Wortes“ ist das lebendige Beispiel menschlichen Verhaltens, das nicht nur den reichen und belesenen Theoretikern verständlich ist, sondern jedem, der es miterlebt, jedem, dem es glaubhaft berichtet wird.
Das Wort allein ist eine schwankende Brücke, beständig den Wandlungen der Bedeutung und immer der Gefahr mißverständlicher oder falscher Übermittlung ausgesetzt.
Es können tausend Lehrsätze erdacht werden, jeder wird gedeutet und mißdeutet werden können. Das Beispiel, das uns aber durch die Entscheidung des Zimmermannes Joseph gegeben wurde, konnte nicht falsch gedeutet, es mußte von den Pharisäern übergangen werden.
Die Offenbarungen, die Saulus/Paulus empfangen haben mag, hingen ausschließlich am deutbaren Wort. Wie flüchtig es ist, wie leicht Fehler in einer nur auf Worten beruhenden Überlieferung entstellend entstehen können, lehrt uns das Neue Testament gerade in der Beschreibung der Bekehrung des Saul vor Damaskus.
Dieses Erlebnis wird in der Apostelgeschichte dreimal erzählt, aber zu einem wichtigen Punkt in zwei verschiedenen Versionen. Im 9. Kapitel berichtet der Erzähler:

Apg. 9.7.
Die Männer aber, die seine Gefährten waren, stunden, und waren erstarrt; denn SIE HÖRTEN DIE STIMME, und sahen niemand.

Im 22. Kapitel erzählt Saulus/Paulus das Erlebnis selbst:

Apg. 22.9.
Die aber mit mir waren, sahen das Licht und erschraken; DIE STIMME ABER des, der mit mir redete, HÖRTEN SIE NICHT.

Welche Version die richtige ist, kann niemand sagen. Die Unstimmigkeit sollte aber gerade deshalb wichtig genommen werden, denn es könnte sein, daß weise und mutige Menschen in der Vergangenheit damit auf die Unsicherheit wörtlicher Überlieferung hinweisen wollten.
Es sind in der realen Geschichte aus dem Leben Jesu Handlungen und Worte überliefert. Aber niemand weiß wirklich, welche Gedanken in welchem Wortlaut von ihm gesprochen worden sind. Orientierung

kann nur der Geist geben, der sich aus seinen Handlungen erkennen läßt.

Der Geist des Saulus/Paulus kann nach den Schriften des Neuen Testamentes nur aus vielen, vielen, zuweilen auch gegeneinander stehenden Worten konstruiert werden. Er ergibt sich nur aus der Summe der theologischen Grundsätze und der Aufschlüsselung der Symbole, aus denen Laien oft nur die weltentsagende Strenge der Pharisäer erkennen.

Saulus hat zu der Zeit, als der Zimmermann Joseph über das Leben des von ihm nicht gezeugten Kindes zu entscheiden hatte, noch nicht gelebt. Hätte er gelebt und wäre Joseph ratsuchend zu ihm gekommen, Saulus müßte die Anwendung der vollen Härte des Gesetzes gefordert haben. Noch als Paulus hätte er dem Joseph geraten, der Engelserscheinung zu mißtrauen, „denn auch der Satan tarnt sich als Engel des Lichts“.

Die Offenbarung des Saulus/Paulus ist Religion. Das Leben Jesu ist für alle Menschen sichtbare, prüfbare Geschichte; und wer daran glauben will, daß Jesus der Sohn Gottes ist, der wird dem göttlichen Geist zugestehen, daß er den Zimmermann Joseph von den Nazoräern nicht unbedacht zum menschlichen Vater seines einzigen Sohnes bestimmt hat.

VII. DIE LÄSTIGE FAMILIE

Das verstockte Herz

Über den Zimmermann Joseph gibt es kaum außerkirchliche Literatur und überhaupt keine profan-geschichtliche Untersuchung. Den Nachschlagewerken ist zu seinem Leben nur zu entnehmen, daß er nach dem öffentlichen Auftreten Jesu nicht mehr erwähnt wird und „deshalb vorher gestorben zu sein scheint".

Es ist bisher unbeachtet geblieben, daß über die Zeit der Kreuzigung hinaus der Geist des Nazoräers Joseph die Entwicklung der Urgemeinde mitbestimmt hat.

Im fünften „Geschichtsbuch" des Neuen Testamentes, der Apostelgeschichte, werden einige wichtige Episoden aus dem Schicksal der Apostelgemeinde in Jerusalem, die Bekehrung des Saulus und vor allem die Missionstätigkeit des Apostels Paulus beschrieben. In dieser Schrift und auch in den „Lehrbüchern" des Neuen Testamentes, den sogenannten Apostelbriefen, kommt der Name des Zimmermannes Joseph nicht mehr vor; in der Apostelgeschichte aber nur deshalb nicht, weil die Gestalter des überlieferten Textes es auch dort unterlassen haben, den Namen zu schreiben, wo er für die Orientierung des Lesers und die Verständlichkeit der beschriebenen Geschehnisse unerläßlich gewesen wäre.

Aus römischen Geschichtsquellen wissen wir, daß es in den Jahren 41 bis 44 der christlichen Zeitrechnung noch einmal einen jüdischen König gegeben hat. Der römische Kaiser Claudius hatte seinen Jugendfreund Herodes Agrippa, einen in Rom aufgewachsenen Enkel des im Jahre 4 v. Chr. gestorbenen Großen Herodes, zum König krönen lassen und ihm mit beschränkter Vollmacht die Herrschaft über das ganze Gebiet des ehemaligen Reiches seines Großvaters übertragen.

Nach den Beschreibungen der Historiker, die sich an den Berichten seiner römischen Zeitgenossen orientierten, wurde König Herodes Agrippa I. von der Mehrheit des jüdischen Volkes ebenso abgelehnt wie sein Großvater Herodes der Große.

In Geschichtsbüchern, deren Autoren die Apostelgeschichte des Neuen Testamentes als Quelle benutzt haben, wird Herodes Agrippa I. dagegen als „pharisäerfreundlich“ dargestellt und berichtet, er habe „aus Nachgiebigkeit gegen die Juden“ im Jahre 44 den Apostel Jakobus, den Sohn des Zebedäus und Bruder des Johannes, „mit dem Schwert“ hinrichten lassen.

Apg. 12.3. (Einheitsübersetzung)
Als er sah, daß es den Juden gefiel, ließ er auch Petrus festnehmen. Das geschah in den Tagen der ungesäuerten Brote.

Aus dieser Haft wurde Petrus in der Nacht von einem „Engel des Herrn“ befreit, der dann „eine Gasse weit“ vom Gefängnis entfernt verschwunden war.
Das weitere Verhalten des Apostels vermittelt nicht den Eindruck, er habe damals das Gefühl gehabt, von überirdischen Mächten beschützt, in ungefährdeter Sicherheit zu sein. Zuerst ging er zum Haus der Maria, der Mutter des Johannes mit dem Beinamen Markus. Die dort versammelten Jünger konnten es nicht glauben, daß Petrus lebend und frei vor ihnen stand.

Apg. 12.17.
Er aber winkte ihnen mit der Hand zu schweigen und erzählte ihnen, wie ihn der Herr hatte aus dem Gefängnis geführet, und sprach: Verkündiget dies Jakobus und den Brüdern. Und ging hinaus und zog an einen anderen Ort.

Petrus muß damit gerechnet haben, daß man ihn vor allem bei den als Mitglieder der Apostelgemeinschaft bekannten oder verdächtigten Jüngern suchen würde. Wohl deshalb blieb er nicht im Haus der Maria und nahm auch von sich aus nicht Kontakt mit „Jakobus und den Brüdern“ auf.
Es ist aus dem Text nicht zu erkennen, weshalb es für Petrus so wichtig war, gerade Jakobus „und die Brüder“ über seine geglückte Flucht zu informieren. Unter den von Jesus zu Aposteln auserwählten zwölf Jüngern gab es zwei mit dem Namen Jakobus; den vor der Verhaftung des

Apostels Petrus „durch das Schwert" hingerichteten Jakobus, den Sohn des Zebedäus, und den Jakobus, Sohn des Alphäus.
Wer die Namen der Apostel kennt, muß annehmen, Petrus habe den Jakobus, Sohn des Alphäus, gemeint. Diese Annahme ist falsch. Die Textgestalter der Apostelgeschichte haben dem irrenden Leser aber keine Möglichkeit gegeben, den Fehler zu erkennen.
Dieser Jakobus ohne Beinamen wird auch in einem der wichtigsten Berichte der Apostelgeschichte genannt. Im 14. Kapitel erzählen die Apostel Barnabas und Paulus den Gemeinden in Antiochien über ihre erfolgreiche Mission bei den Heiden, die das jüdische Gesetz nicht gekannt haben.

Apg. 15.1. (Einheitsübersetzung)
Es kamen einige Leute von Judäa herab und lehrten die Brüder: Wenn ihr euch nicht nach dem Brauch des Mose beschneiden laßt, könnt ihr nicht gerettet werden. (2) Nach großer Aufregung und heftigen Auseinandersetzungen zwischen ihnen und Paulus und Barnabas beschloß man, Paulus und Barnabas und einige andere von ihnen sollten wegen dieser Streitfrage zu den Aposteln und Ältesten nach Jerusalem hinaufgehen.

Die darauffolgende Zusammenkunft in Jerusalem wird das „Apostelkonzil" genannt. Es soll in den Jahren 48 oder 49 stattgefunden haben, vielleicht aber auch erst 51.
Nach der Apostelgeschichte forderten in dieser Versammlung einige nicht näher gekennzeichnete gläubig gewordene Pharisäer die strikte Einhaltung des nach Mose benannten „Gesetzes", also auch die Beschneidung aller, die den Glauben annehmen wollten. Der Streit wurde erst durch das Wort des Jakobus (Apg. 15.13.f.) entschieden:

Apg. 15.19.
Darum urteile ich, daß man denen, so aus den Heiden zu Gott sich bekehren, nicht Unruhe mache. (20) Sondern schreibe ihnen, daß sie sich nur enthalten von Unsauberkeit der Abgötter und von Hurerei und vom Erstickten

und vom Blut.

Die Autorität des Jakobus wird durch einige Sätze in den nach dem Apostel Paulus benannten Lehrbriefen bestätigt. Im ersten Brief an die Korinther (15.7.) wird gesagt, der am dritten Tage von den Toten auferstandene Jesus Christus sei nach Petrus und den Fünfhundert dem Jakobus erschienen und erst danach allen Aposteln.
Im Galaterbrief wird das Apostelkonzil aus der Sicht des Apostels Paulus erzählt. Auch in dieser Schilderung wird Jakobus als bestimmendes Mitglied der Urgemeinde genannt.

Gal. 2.9.
Und da sie erkannten die Gnade, die mir gegeben war, Jakobus und Kephas (Petrus) und Johannes, die für Säulen angesehen waren, gaben sie mir und Barnabas die rechte Hand und wurden mit uns eins, daß wir unter die Heiden, sie aber unter die Beschneidung gingen.

Im ersten Kapitel dieses Briefes wird im Namen des Apostels Paulus von dessen Bekehrung erzählt. Paulus gesteht zunächst, er habe früher die Gemeinde Gottes „über die Maßen verfolgt und verstört" und um das väterliche Gesetz der Juden geeifert. Es wird keine Ursache für die Bekehrung angegeben, ein „Damaskuserlebnis" ist nicht erwähnt. Die Autoren beschreiben nach der Lebensauffassung der Pharisäer das Verhalten des Verfolgers, der zum Missionar bekehrt wird, als ein von Anfang an von Gott so gewolltes vorbestimmtes Schicksal.

Gal. 1.15.
Da es aber Gott wohlgefiel, der mich von meiner Mutter Leibe an hat ausgesondert und berufen durch seine Gnade (16.), daß er seinen Sohn offenbarte in mir, daß ich ihn durchs Evangelium verkündigen sollte unter den Heiden. Alsobald fuhr ich zu und besprach mich nicht darüber mit Fleisch und Blut.

Nach dieser Schilderung hat Paulus seine Offenbarung allein empfangen und mit keinem Menschen über das Evangelium, über die Lehre und das Leben des Menschen Jesus gesprochen. Es wird betont, daß er nach der Bekehrung auch nicht den Rat derer gesucht hat, die vor ihm Apostel geworden waren.

Gal. 1.18.
Darnach über drei Jahre kam ich gen Jerusalem, Petrus zu schauen, und blieb fünfzehn Tage bei ihm.
(19.) Der anderen Apostel aber sah ich keinen, außer JAKOBUS, DES HERRN BRUDER.

Erst aus dieser Ergänzung ist zu erkennen, daß die Apostelgeschichte nicht von Jakobus, Sohn des Alphäus, erzählt, sondern von Jakobus, Josephs Sohn von den Nazoräern.
Den Brief an die Galater soll Paulus zwischen 53 und 55 n. Chr. aus Ephesus geschrieben haben. Wenn diese Annahme richtig ist, gehört er zu den ältesten Dokumenten in der Schriftensammlung des Neuen Testamentes. Erst zehn Jahre später soll die Urfassung des Markus-Evangeliums entstanden sein und die Apostelgeschichte erst zwei oder drei Jahrzehnte danach.
In der Zeit der Entstehung des Galaterbriefes, also in der ältesten noch erhaltenen Schicht der Überlieferung, war Jakobus als Bruder des Menschen Jesus ein so vertrauter Begriff, daß er nicht näher erklärt werden mußte. Entsprechend wird Jakobus auch in der uns überlieferten Textfassung des ältesten Evangeliums noch als Bruder Jesu erwähnt.

Markus 6.3.
Ist er (Jesus) nicht der Zimmermann, Marias Sohn, und der Bruder des Jakobus und Joses und Judas und Simon?

Der vermutlich wenig später entstandene griechische Text nach Matthäus lautet ähnlich.

Matthäus 13.55.
Ist er nicht eines Zimmermannes Sohn? heißt nicht seine Mutter Maria? Und seine Brüder

Jakob und Joses und Simon und Judas?

Im Lukas-Evangelium sind die Brüder bereits namenlos; Jakobus kommt darin nicht vor.

Lukas 8.19.
Es gingen aber hinzu seine Mutter und Brüder und konnten vor dem Volk nicht zu ihm kommen.

In der jüngsten überlieferten Evangelienfassung, dem Text nach Johannes, sind die „Brüder" namenlos und werden betont abgewertet.

Joh. 7.3.
Da sprachen seine Brüder zu ihm: Mache dich auf von dannen und gehe nach Judäa, auf daß auch deine Jünger die Werke sehen, die du tust.
(5.) Denn auch seine Brüder glaubten nicht an ihn.

In der Apostelgeschichte werden die Brüder wohl erwähnt, sie bleiben aber auch hier namenlos. Vor der Nennung der Brüder werden die Namen der — nach dem Ausscheiden des Verräters Judas — verbliebenen elf Apostel aufgezählt:

Apg. 1.13.
...Petrus und Jakobus, Johannes und Andreas, Philippus und Thomas, Bartholomäus und Matthäus, Jakobus, des Alphäus Sohn, und Simon Zelotes und Judas, des Jakobus Sohn.

Bei dem Namen Judas achteten die Textgestalter darauf, daß der Apostel nicht mit dem Judas Ischariot verwechselt werden kann. Sie gaben seinen Vater an, wie es in der damaligen Zeit üblich war. Eine Verwechslung der Jakobusnamen schlossen sie aus, indem sie dem Jüngeren den Beinamen „Sohn des Alphäus" hinzufügten. Eine Verwechslung des Apostels Jakobus, Sohn des Zebedäus, mit dem „Herrenbruder“ Jakobus, Sohn des Joseph von den Nazoräern, wollten die Gestalter des überlieferten Textes nicht vermeiden, denn es wäre ihnen durch Hinzufügung der Namen der Väter leicht möglich gewesen. Es kann auch der Einwand nicht gelten, die Verfasser hätten an die Möglichkeit der Verwechslung nicht gedacht, denn sie unterließen auch bei der Erwähnung der „Brüder“ die Nennung des Jakobus und boten damit die Verwechslung geradezu an.

Apg. 1.14.
Diese alle waren stets beieinander einmütig mit Beten und Flehen samt den Weibern und Maria, der Mutter Jesu, und SEINEN BRÜDERN.

Nach dieser Einleitung kann kein Leser der Apostelgeschichte bei der Nennung der drei „Säulen“ Jakobus, Petrus und Johannes auf den Gedanken kommen, es sei ein anderer als der noch lebende Apostel, der Sohn des Alphäus, gemeint.
Joseph der Zimmermann und die bei Markus und Matthäus namentlich genannten Brüder des Menschen Jesus waren der mittelalterlichen Kirche ein vielfaches Ärgernis, denn ihre Existenz war mit der Lehre von der immerwährenden Jungfernschaft der Mutter Jesu nicht zu vereinbaren und sie bereiten der römischen Kirche auch heute noch Mühe. In einer Fußnote zu Matthäus 12.46. (...da standen seine Mutter und seine Brüder draußen...) versichern die Kommentatoren der Jerusalemer Bibel:

„Nicht Söhne Marias, sondern nahe Verwandte, wie zum Beispiel Vettern, die im Hebräischen und Aramäischen ebenfalls ‚Brüder‘ heißen.“

In der 1979 erschienenen Ausgabe der Einheitsübersetzung wird in der Fußnote zu diesem Vers auch noch die griechische Sprache in die Absicherung gegen die „Brüder“ einbezogen:

„Die Worte ‚Bruder‘ und ‚Schwester‘ können nach hebräischem, aramäischem und griechischem Sprachgebrauch auch als Kurzbezeich-

nung für Verwandte im weiteren Sinne gebraucht werden.“

In den zu Anfang des Mittelalters entstandenen Märchen der Apokryphen wurden die „Brüder“ zu Kindern Josephs aus erster Ehe erklärt; und damit waren die das Jungfrauenbild bedrohenden Schatten gebannt. Martin Luther hat die entstandene Beruhigung durch die nüchterne Übersetzung eines einzigen Verses wieder gestört.

Matth. 1.24.
Da nun Joseph vom Schlaf erwachte, tat er, wie ihm des Herrn Engel befohlen hatte, und nahm sein Gemahl zu sich; (25.) UND ERKANNTE SIE NICHT, BIS SIE IHREN ERSTEN SOHN GEBAR; und hieß seinen Namen Jesus.

In katholisch beeinflußten Bibelausgaben heißt dieser „gefährliche“ Satz:

...erkannte sie aber nicht, bis sie EINEN Sohn geboren hatte...

Das Wort „erkennen“ wird im Sprachgebrauch der biblischen Auslegungstradition als Umschreibung des ehelichen Geschlechtsverkehrs gebraucht. Es kann dafür in diesem Satz auch keine andere Bedeutung gefunden werden. In der Jerusalemer Bibel wird deshalb auch dieser Vers kommentiert:

Der Text spricht nicht über die folgende Zeit und enthält von sich aus keine Aussage der immerwährenden Jungfräulichkeit Marias, die aber das übrige Evangelium sowie die Überlieferung der Kirche voraussetzen.

Die Gelehrten der mittelalterlichen Kirche erkannten dann einen anderen Schutz gegen unliebsame Deutungen. Sie erfanden den Begriff der „Josephsehe“. In dieser Lebensgemeinschaft verpflichten sich die Partner entsprechend dem Beispiel, das Maria und Joseph angeblich vorge-

lebt haben sollen, aus religiösen Gründen zu absoluter immerwährender geschlechtlicher Enthaltsamkeit und Kinderlosigkeit.
Die Frage ist, ob es, seit sich die mittelalterlichen Gelehrten das „Bild" der jungfräulichen Gottesmutter ausgedacht haben, jemals eine zum fortwährenden Gebären gezwungene europäische Bäuerin oder eine von christlichen Seefahrern in Afrika eingefangene, zum Christentum bekehrte und in Amerika als Sklavin verkaufte Negerin oder eine von goldgierigen spanischen Eroberern vergewaltigte und von Mönchen zum katholischen Glauben geführte Indianerin gegeben hat, die in ihrem hoffnungslosen Dasein Trost gefunden hat durch die Vorstellung, daß das Hymen der Mutter des Menschen Jesus für alle Zeiten unverletzt geblieben ist. Ich glaube das nicht. Sie beteten wohl eher zur ihnen vertrauten „schmerzenreichen" gütigen Mutter.
Die mittelalterlichen Theologen haben jahrhundertelang einen ununterbrochenen Kampf um die Behauptung der Jungfräulichkeit der auf dem Konzil von Ephesus zur „Gottesgebärerin" ernannten Mutter des „Menschensohnes" gekämpft. Sie haben dafür wichtige Gedanken der Überlieferung aufgegeben und den Kampf doch nicht endgültig gewonnen. Er ist auch nicht zu gewinnen, denn die ständige Behauptung, *daß* etwas nicht geschehen ist, zwingt die Phantasie der Menschen unentwegt dazu, um das zu kreisen, *was* nicht geschehen sein soll.
Im Johannes-Evangelium empfiehlt der am Kreuz sterbende Jesus den Jünger Johannes seiner Mutter als „Sohn". Maria hat der Bitte ihres sterbenden Sohnes nicht widersprochen. So darf vermutet werden, daß sie später auch manchmal von ihrem Sohn gesprochen und den Jünger Johannes gemeint haben wird.
Es kann sich im Leben der Familie des Zimmermannes ähnliches auch schon früher ereignet haben. Der Zimmermann Joseph hat vielleicht als „Hirte" — so wie Jesus es später seinen Jüngern nahelegte — ein elternloses Kind aufgenommen, dem Maria ebenso aufrichtig und uneingeschränkt Mutter wurde wie Joseph bereit war, Vater des Knaben Jesus zu sein.
Die „Brüder" können also leibliche Kinder des Zimmermannes Joseph und seiner Frau Maria oder von beiden angenommene fremde Waisenkinder gewesen sein oder auch nur Kinder aus der Gemeinschaft der „Hirten und Bewahrer"; wenn sich Maria dazu entschlossen hatte, sie als ihre Kinder, als Brüder und Schwestern ihres Sohnes Jesus anzunehmen, so steht uns das Recht nicht zu, diesen Kindern die mütterliche Zuwendung streitig zu machen.

Es heißt in den Evangelien, Maria und die Brüder kamen, um Jesus zu sehen. Sie ließen ihm sagen, „deine Mutter und deine Brüder stehen draußen".

Die Evangelien erzählen, daß Maria oft mit Jesus, seinen Jüngern und seinen Brüdern war. Sie war nie allein, immer in Begleitung der Brüder und nie allein mit den Jüngern. Die Brüder standen ihr näher als die Jünger.

Maria hat am Leben ihres Sohnes und seiner Brüder teilgenommen. Es darf angenommen werden, daß sie den Anforderungen, die an sie als Mutter der kleinen Kinder gestellt waren, entsprochen hat, denn die Evangelien lassen eine ungezwungene Bindung der Familienmitglieder an die Mutter ahnen. Sie haben uns aber leider nicht überliefert, welche Aufgaben Maria in der Gemeinschaft der Nazoräer mit den Brüdern erfüllt hat und was sie, wenn sie mit ihnen zog, für die Gemeinschaft der Jünger und die Verbreitung der Lehre getan hat. Sicher ist, daß sie auch den erwachsenen Kindern in geistiger Partnerschaft verbunden geblieben ist, an ihrem Leben teilgenommen und sie bei der Erfüllung ihrer Lebensaufgabe unterstützt hat.

Die Leere, die unwillige „Nur-Mütter" unserer Zeit so oft beklagen, scheint es im Leben der Frau des Zimmermannes Joseph von den Nazoräern nicht gegeben zu haben.

Im Kampf um den Beweis der unverdorbenen Jungfräulichkeit haben die mittelalterlichen Schriftgelehrten aber den Menschen die Möglichkeit genommen, sich am Beispiel der Eltern des Menschensohnes für das eigene Leben zu orientieren. Unter dem Namen des Apostels Paulus lehrten sie, daß eine tätige Teilnahme der Frauen am öffentlichen Leben der Männer nicht gottgefällig sei.

1. Kor. 14.34.
Wie in allen Gemeinden der Heiligen lasset
eure Weiber schweigen unter der Gemeinde;
denn es soll ihnen nicht zugelassen werden,
daß sie reden, sondern sollen untertan sein,
wie auch das Gesetz saget.

Die aus den Taten der Menschen Maria und Joseph erkennbare „Botschaft" war durch weltfremde Lehrsätze verstümmelt worden.

Aus den Schriften des Neuen Testamentes erfahren wir nichts über das Schicksal der Familie des Zimmermannes *nach* der Kreuzigung Jesu.

Der zitierte Vers (1.14.) aus der Apostelgeschichte ist die letzte Erwähnung der Mutter und der Brüder Jesu. Sie kommen danach nicht mehr vor. Joseph wird in der Apostelgeschichte überhaupt nicht erwähnt. Wir erfahren auch nicht, was mit Petrus weiterhin geschehen ist. Die Apostelgeschichte endet mit der Ankunft des Paulus in Rom.
Hätten die Textgestalter aber zu Jakobus, wie es Brauch war, den Namen des Vaters gesetzt oder die Bezeichnung seiner Herkunft, so müßte auch in der Apostelgeschichte mehrmals der Name des Zimmermannes Joseph von den Nazoräern stehen, und es wäre deutlich, wie wichtig er und seine Familie für die Verbreitung der Lehre gewesen sind.
Die Schriftgelehrten waren bei der Gestaltung des Wortlautes der Apostelgeschichte aber nicht von dem Bemühen geleitet, einen wahrhaftigen, wirklichkeitsnahen Bericht über die geschichtlichen Ereignisse aufzuzeichnen.
In der 1979 erschienenen Ausgabe der Einheitsübersetzung (Katholische Bibelanstalt Stuttgart) steht in der Einleitung zur Apostelgeschichte:

Breiten Raum in der Schilderung nehmen die „Missionsreisen“ ein. Die Apostelgeschichte ist deshalb keine „Geschichte der Urkirche“, sondern eine „Missionschronik“, die den Weg des Evangeliums von den Juden und den Samaritern zu den Heiden zeigt.

Den Autoren dieses Vorwortes wird man nicht antikirchliche Voreingenommenheit unterstellen; deshalb darf ich zur Wahrung der Objektivität auch noch den Schluß dieses Vorwortes zitieren, aus dem sich die „Tendenz“ der Apostelgeschichte erkennen läßt. Sie scheint mir die Erklärung zu geben, weshalb die Familie des Zimmermannes in dieser „Missionschronik“ nicht beachtet worden ist.

Mit der Ankunft des Paulus in Rom wird endgültig sichtbar, daß das Herz des jüdischen Volkes dem Evangelium gegenüber „verstockt“ bleibt und das Heil den Heiden gesandt wird, „und sie werden es hören“ (28,28; vgl. auch 13,46 f.; 18,6). So ist ein

Hauptziel der „Geschichtsschreibung" des Lukas in der Apostelgeschichte, die allmähliche Loslösung der Kirche von Israel zu beschreiben. Am Ende stehen sich Kirche und Judentum als zwei voneinander getrennte Größen gegenüber.

Die „Verstocktheit" ließe sich weniger leicht behaupten, wenn in der Überlieferung der Gedanke enthalten wäre, daß der „Menschensohn" wahrscheinlich in dieser Zeit nicht zur Welt gekommen wäre, wenn ein einsamer Sohn des Volkes Israel die ihm in einer Nacht vom „Engel des Herrn" ins Gewissen gerufene Botschaft nicht aufgenommen und die Lehre des Menschensohnes vielleicht weniger Menschen erreicht hätte, wenn Jakobus, der Sohn Josephs von den Nazoräern, und seine Brüder nicht bereit gewesen wären, für ihre Verbreitung alle Opfer auf sich zu nehmen.

Maria und Joseph

Die Erinnerung an die Eltern des Menschen Jesus ist umrankt von Schnörkeln und Arabesken aus mittelalterlicher Phantasie. Versucht man, sie wegzuräumen, um unter den theologischen Ablagerungen aus vergangenen Zeiten ein unverzerrtes Bild ihres Lebens zu erkennen, so muß man feststellen, daß glaubwürdige, in die geschichtliche Wirklichkeit der damaligen Zeit passende Berichte über Maria und Joseph nicht erhalten geblieben sind. Wir können nicht erfahren, wo sie tatsächlich gelebt haben, wer ihre Eltern und Großeltern gewesen sind, wann sie geboren wurden und wie sie einander kennengelernt haben.
Im ersten Kapitel des Lukas-Evangeliums lassen die Verfasser Maria nach dem Engelsbesuch und der „Überschattung" durch den Heiligen Geist „auf das Gebirge" wandern, nach Jerusalem in das Haus des Priesters Zacharias, dem Mann ihrer Verwandten Elisabeth, die nach einer Botschaft des Engels Gabriel trotz ihres hohen Alters ebenfalls noch empfangen hatte und Mutter Johannes' des Täufers werden sollte.

Zacharias wird als Tempelpriester beschrieben. Er hätte Maria, die vor dem Vollzug der Ehe schwanger geworden war, in seinem Haus nicht dulden dürfen und sie dem „Gesetz" ausliefern müssen. Die Verfasser dieses ersten Kapitels haben das auch gewußt, denn sie ließen Zacharias durch den Engel Gabriel für seinen „Unglauben" vorsorglich bis zur Geburt seines eigenen Sohnes mit Stummheit schlagen.
Maria soll drei Monate im Haus des Zacharias geblieben sein. Nach dem Brauch war dies die Frist, die geschiedene oder verwitwete Frauen warten mußten, bevor sie eine neue Bindung eingingen, damit der Ursprung einer eintretenden Schwangerschaft zweifelsfrei festgestellt werden konnte.
Das erste Kapitel des Lukas-Evangeliums gibt uns kein glaubwürdiges Zeugnis für den Ablauf der realen Ereignisse. Es ist der Überlieferung angefügt worden, um einen „Beweis" für die übernatürliche Herkunft Jesu, für die unberührte Jungfernschaft seiner Mutter und seine „geistige Verwandtschaft" mit Johannes dem Täufer vorlegen zu können.
Hätte aber Maria vor dem Vollzug ihrer Ehe mit Joseph das Haus ihres Vaters oder ihres Vormundes überstürzt verlassen und wäre sie erst drei Monate später schwanger wiedergekommen, die „Schande", die Joseph — nach Matthäus — von ihr abwenden wollte, wäre ihr nicht erspart geblieben. Keiner der Nachbarn hätte dreißig Jahre später, wie es das Lukas-Evangelium erzählt, Jesus für einen Sohn Josephs gehalten.
Es ist möglich, daß Maria, als sie ihre Schwangerschaft erkannte, das Haus ihres Vaters oder Vormundes verlassen hat oder verlassen mußte und Zuflucht nur bei Verwandten oder Freunden finden konnte, die einige Tagereisen entfernt gewohnt haben. Diese Wanderung „auf das Gebirge" wird aber sicher nicht in der beschaulichen Erhabenheit stattgefunden haben, die uns im ersten Kapitel des Lukas-Evangeliums vorgegaukelt wird.
Im Matthäus-Evangelium wird nicht berichtet, wodurch und wann Joseph von der Schwangerschaft der ihm verbundenen Jungfrau erfahren hat. Es ist nicht zu erkennen, wie lange es gedauert hat, bis er seine Enttäuschung überwunden und sich auch am Morgen noch zu den vom „Engel des Herrn" vermittelten Gedanken bekannt hat. Es mag sein, daß er Maria erst nach drei Monaten zu sich geholt hat.
Die Erinnerung an diese gemeinsame Wanderung „über das Gebirge", in der sie einsam und verloren erst aneinander wieder Mut und Hoffnung für die Zukunft gefunden haben, hätte für viele zu einer rettenden

Orientierung werden können und wäre deshalb wert gewesen, in der Überlieferung weitergegeben zu werden.
Die Geburt zu Bethlehem hat die Welt verändert. Die „Welt“ hat aber lange Zeit davon keine Kenntnis genommen. Erst fünfhundert Jahre später, als das Christentum die mächtige einzige Religion des Abendlandes war, hat der Mönch Dionysus Exiguus (ca. 497—540) den Zeitpunkt der Geburt errechnet und den Anstoß zur Einführung der christlichen Zeitrechnung von Christi Geburt an gegeben. Exiguus hat sich geirrt, aber um wie viele Jahre können auch wir nicht errechnen. Die Überlieferung hat die Wirklichkeit der Ereignisse mit mittelalterlichem Märchendunst undurchschaubar verhüllt.
Da wir das Jahr der Geburt nicht kennen und nicht wissen, wo Maria und Joseph vorher und nachher gelebt haben, ist es auch nur schwer möglich, aus geschichtlichen Ereignissen oder einer Rekonstruktion der Lebensverhältnisse ihrer Umwelt annähernd richtige Rückschlüsse auf das Leben der Familie zu ziehen.
Wir wissen, daß Jerusalem zur Zeit der Geburt schon seit mindestens tausend Jahren heilige Stadt und ihr von König Herodes prunkvoll ausgebauter „Zweiter Tempel“ das Zentrum des Denkens, Handelns und Hoffens der religiösen Juden gewesen ist.
Im Jahre 63 v. Chr. wurde Jerusalem von Pompeius für die Römer erobert. Es soll ihm — nach Flavius Josephus — nur durch den Bau eines Dammes gelungen sein, den erbitterten Widerstand der Verteidiger des Tempels zu überwinden. Der Damm konnte aber nur gebaut werden, weil die jüdischen Verteidiger, am Sabbath zur Ruhe verpflichtet, die Römer nicht gestört haben. Pompeius hatte nämlich den Befehl gegeben, immer nur am Sabbath weiterzubauen, und den Soldaten verboten, sich dabei in Handgemenge einzulassen, denn nur zu ihrem persönlichen Schutz war es den Juden erlaubt, sich am Sabbath zur Wehr zu setzen.
Vermutlich waren die Großeltern von Maria und Joseph Zeitgenossen dieses Ereignisses. Vielleicht haben die Großväter in Jerusalem gekämpft. Wir wissen es nicht.
Ihre Eltern werden wahrscheinlich noch Kinder gewesen sein, als der römische Feldherr Cassius ungefähr 50 v. Chr. die Stadt Tarichea eroberte und danach 30.000 Juden in die Sklaverei verkaufte.
Als Heranwachsende werden sie vielleicht miterlebt haben, wie Herodes, noch bevor er König wurde, um die materiellen Forderungen des Cassius zu erfüllen, die zwei kleinen Städte Gophna und Emmaus in die

Sklaverei verkauft hat; und sie haben vielleicht dem Knaben Jesus davon erzählt.

Nach der Kreuzigung soll Jesus zwei Jüngern erschienen sein, die nach Emmaus unterwegs waren. Man weiß nicht, was sie dort wollten und weshalb gerade dieser Name für die Überlieferung wichtig gewesen ist. Vielleicht sollte in der ursprünglichen Überlieferung dadurch mitgeteilt werden, daß nach der Kreuzigung der Glaube an die Kraft und das Weiterleben der Lehre zuerst von den Frauen und den Sklaven übernommen und weitergegeben worden ist.

Als Jesus in Bethlehem zur Welt kam, war Herodes von den Römern eingesetzter König über ganz Palästina. Sein Reich war größer als das der Gründer David und Salomo. Das Matthäus-Evangelium berichtet, daß die Familie des Zimmermannes nach der Geburt des Kindes, vom „Engel des Herrn" gewarnt, noch in der Nacht zur „Flucht nach Ägypten" aufbrechen mußte.

Auf der Flucht hat der die besseren Überlebenschancen, der allein, nicht mit Verantwortung für Frauen und Kinder belastet, nur für sich selbst sorgen muß. Es wäre für Joseph leicht gewesen, sich von einer Frau, die ihn enttäuscht hat, von einem Kind, das nicht sein eigenes war, zu trennen. Das Gesetz erlaubte es dem Mann, die Frau jederzeit aus der Ehe zu entlassen (Dtn. 24.1.). Nach der Meinung des Schriftgelehrten Schammai sollte der Mann dieses Recht aber nicht unbeschränkt ausüben dürfen, sondern nur bei Ehebruch, ansteckender Krankheit, Geisteskrankheit und Kinderlosigkeit.

Zu der Zeit, als Maria schwanger wurde, gab man in der Auslegung des Gesetzes aber der Meinung des Schriftgelehrten Hillel den Vorzug, der gesagt hat, alles, was dem Mann an seiner Frau mißfällt, kann ein Grund zur Auflösung der Ehe sein.

Joseph hat auch in der Gefahr an eine Trennung nicht gedacht. So war wahrscheinlich die erste Lebenserfahrung des heranwachsenden Knaben Jesus die Empfindung der starken, schützenden Liebe, die Maria mit Joseph verbunden hat.

Nach Matthäus soll der lehrende Jesus dreißig Jahre später gesagt haben:

Matth. 19.12.
...und es sind etliche verschnitten, die sich selbst verschnitten haben um des Himmelsreiches willen.

Origenes hat sich in der Meinung, damit der Lehre Jesu zu dienen, selbst kastriert. Schriftgelehrte haben aus diesem vermutlichen Jesuswort eine Bestätigung der Keuschheitslehre der Apostelbriefe gedeutet. Andere haben daraus geschlossen, daß Jesus die Ehe abgelehnt hat.
Ich glaube, in diesem Wort spiegelt sich die Erfahrung seiner frühen Kindheitsjahre. Wer für eine Familie verantwortlich ist, wird im Kampf gegen Gewalt und Unrecht behindert sein. Wenn er für den Schutz seiner noch nicht lebenskräftigen Kinder und für das Wohlergehen seiner ohne ihn rechtlosen Frau verantwortlich ist, wird er Unrecht mitansehen oder erdulden müssen, ohne sich dagegen zu wehren. Es gibt Menschen, die auf Ehe, Kinder und Familie verzichten, um ungebunden ihre ganze Kraft für die Gerechtigkeit und das Wohl der Menschen einsetzen zu können.
Vielleicht hat Jesus von seiner Mutter diesen Gedanken gelernt, die ihm erklärt hat, weshalb das Gesicht des Vaters manchmal so müde aussieht und in seinen Augen zuweilen Verbitterung und Verzweiflung zu erkennen ist.
In den Jahren der Flucht wird der Knabe Jesus auch die rettende, tröstende und Lebenskraft spendende Macht der Nächstenliebe in der Gemeinschaft der „Hirten" erfahren haben, durch die es der Familie des Zimmermannes möglich war, die Zeit der Not zu überstehen. Es gibt in den wenigen Nachrichten über Maria und Joseph keinen zitierbaren Hinweis, daß Joseph und die Nazoräer für Gerechtigkeit und Freiheit eingetreten sind, aber nur aus dieser Deutung ist wirklich zu verstehen, weshalb der Apostel Petrus 40 Jahre später, als er zum zweitenmal vom „Engel des Herrn" aus dem Gefängnis befreit worden war, die Jünger gebeten hat, „verkündiget dies Jakobus und den Brüdern".
Hätte sich Petrus nach seiner Befreiung bei den Jüngern versteckt, so hätte er andere in Gefahr gebracht und wäre wahrscheinlich entdeckt worden. König Herodes Agrippa hätte ihn vor allem bei den Mitgliedern der Gemeinde suchen lassen. Jakobus, Josephs Sohn von den Nazoräern, konnte ihm Schutz bei den Brüdern in der Gemeinschaft der Hirten und Bewahrer geben. Die „Hirten" haben Verfolgten nie die Hilfe verweigert und sind deshalb selbst verfolgt worden. Zu allen Zeiten haben die in uneingeschränkter Machtvollkommenheit über rechtlose Untertanen Herrschenden jene Gemeinschaften gehaßt und verfolgt, in denen Menschen bereit waren, Verantwortung und Bürgschaft für das Leben ihrer Mitmenschen zu übernehmen, ihren Besitz mit den Ärmeren zu teilen und ihr Leben für das Wohl des Nächsten einzuset-

zen. Menschen, die in Zeiten materieller Not von ihren „Brüdern“ versorgt werden, können frei von Existenzangst leben und sind dadurch mit materiellen Versprechungen nicht erpreßbar. Menschen, die den Wert des Lebens ihrer Mitmenschen so hoch achten, daß sie ihr eigenes für die Rechte ihrer „Brüder“ einzusetzen bereit sind, können für den erkannten Lebenssinn ihre Todesangst überwinden. Sie sind stark genug, den Drohungen der Mächtigen zu widerstehen.

Als ein „Engel des Herrn“ Joseph die Nachricht vom Tod des Königs Herodes überbrachte, war — nach der von den Gelehrten unserer Zeit allgemein als richtig angenommenen Rechnung — der Knabe Jesus wahrscheinlich zwei oder drei Jahre alt. Der sinnlose Prunk der Totenfeiern könnte eine andere prägende Lebenserfahrung des Knaben gewesen sein. Flavius Josephus beschreibt die von Archälaos angeordneten Totenfeiern:

Eine siebentägige Trauer ließ er für den Vater (Herodes) abhalten und für das ganze Volk gab er ein sehr aufwendiges Totenmahl. Hierbei handelt es sich um eine Gepflogenheit der Juden, die schon viele an den Bettelstab gebracht hat, da es unumgänglich notwendig ist, das Volk zu bewirten, und weil derjenige, der es nicht tut, Einbuße an seiner Ehre erlebt.
(Jüdischer Krieg II.1.1.)

Ein Jünger hat Jesus später gebeten, er möge ihn erst noch seinen Vater begraben lassen, bevor er ihm nachfolgt.

Matth. 8.22.
Aber Jesus sprach zu ihm: Folge du mir und laß die Toten ihre Toten begraben.

Damit wollte Jesus bestimmt nicht auffordern, fortan die Leichen unbegraben verfaulen zu lassen. Er wollte den Jünger wohl auch nicht daran hindern, traurig über den Verlust zu sein und die Erinnerung an den Vater zu bewahren. Die leere, nur dem Ansehen und der Eitelkeit dienende Zeremonie, die aufwendige, von den meisten Gästen geheuchelte Trauer lehnte er ab. Die Toten sind nicht allein; kümmern wir uns um die Not der Lebenden.

Es heißt im Matthäus-Evangelium, daß Joseph auch nach dem Tod des Herodes nicht in seine Heimat zurückkehren konnte und nach Galiläa zog, weil Archälaos nach seinem Vater die Herrschaft über Judäa erhalten hatte.

Es ist dem Neuen Testament nicht zu entnehmen, weshalb die Familie des Zimmermannes nach der Geburt Jesu von Herodes bedroht war, warum Joseph auch das Herrschaftsgebiet des Archälaos meiden wollte und wieso gerade der Enkel des Großen Herodes, der König Herodes Agrippa I., die Gemeinde in Jerusalem verfolgen, Jakobus, den Sohn des Zebedäus, köpfen und Petrus verhaften ließ.

Herodes war Idumäer. Er und seine Nachkommen wurden von den Juden wegen ihrer geringen Herkunft abgelehnt.

Eusebius von Caesarea schreibt in seiner Kirchengeschichte, Herodes habe, als er König geworden war, alle bis dahin in den Archiven aufbewahrten Aufzeichnungen über die Geschlechter des Volkes verbrennen lassen.

Er glaubte nämlich, als Edelgeborener zu erscheinen, wenn auch andere nicht die Möglichkeit hätten, aus den öffentlichen Urkunden nachzuweisen, daß sie von den Patriarchen oder Proselyten oder den sogenannten Fremdlingen (Ex. 12.19.), den Mischlingen abstammen (I.7.13.).

Hundert Jahre später erwähnt Flavius Josephus allerdings noch öffentliche Register. Es war Herodes nicht gelungen, alle Spuren der Vergangenheit zu vernichten.

Daß Despoten die Traditionen der Vergangenheit und die Spuren der Geschichte zerstören wollten, ist im Verlauf der Menschheitsgeschichte immer wieder vorgekommen. Sie haben mit besonderem Haß alle verfolgt, die das Wissen der Vergangenheit besaßen und bewahrten. Die mit dem Namen Enosch verbundene Tradition der Nazoräer reichte weiter in die Vergangenheit zurück als alle anderen. Dies mag ein Grund gewesen sein, weshalb Idumäer, die Anspruch erhoben auf den Titel und das Reich des Königs David, die „Bewahrer und Hirten“ immer wieder grausam verfolgen ließen.

Idyllisch und ruhig, wie sie nach dem überlieferten Wortlaut der Evangelien nach Matthäus und Lukas gewesen sein müßte, war die Zeit der Kindheit Jesu nicht. Nach dem Tod des Herodes befürchtete Archälaos, daß in den Festtagen zum Pesach Unruhen ausbrechen könnten. Als sich im Tempel das Volk zusammenrottete, wollte er die Wortführer von einer Kohorte verhaften lassen. In dem Steinhagel, mit dem sie empfangen wurden, sollen die meisten Soldaten umgekommen sein. Archälaos ließ daraufhin den Tempel mit allen verfügbaren Soldaten angreifen.

Mit einem Male stürzten sie sich auf die Opfernden und brachten etwa dreitausend um, während sie den Rest in die nahen Berge jagten (Jüd. Krieg II.1.3.)

Archälaos reiste dann nach Rom, um beim Hof des Kaisers Augustus seine Ernennung zum König zu erwirken. In dieser Zeit ließ der römische Befehlshaber Sabinus erneut den Tempel stürmen. Die Juden wehrten sich vom Dach aus mit einem Steinhagel gegen den Angriff. Daraufhin ließ Sabinus die Säulenhalle anzünden. „Viele Juden auf den Dächern verbrannten."
Varus, zu dieser Zeit Statthalter in Syrien, schickte seinen Freund Gaius als Befehlshaber eines Heeres nach Galiläa. „Er eroberte die Stadt Sephoris, ließ sie in Flammen aufgehen und verkaufte die Einwohner als Sklaven" (II.5.1.).
Nach einem „Aufruhr" der Juden soll Varus dann selbst nach Samaria und Jerusalem gezogen sein. Von einem Teil des Heeres ließ er das ganze Land nach den Anstiftern durchsuchen.

...die Haupträdelsführer, an die zweitausend, überantwortete er dem Tod am Kreuz... (II.5.1.)

Wo immer die Familie des Zimmermannes in diesen Jahren gelebt haben mag, sie kann nirgends in idyllischer Ruhe von den Beschwernissen und Grausamkeiten der Zeit unberührt und verschont geblieben sein. Die Schriften des Neuen Testamentes erzählen nichts von den Sorgen des Alltags, in dem der Knabe Jesus aufgewachsen ist. Wir erfahren nicht, wieviel Mühe und Opfer Maria und Joseph für seine Erzie-

hung und Ausbildung auf sich genommen haben. Aber was er an Wissen und Kenntnissen besaß, muß er als Kind von seinen Eltern und den Menschen aus ihrer Umgebung übernommen haben. Aus seinen Handlungen und Gedanken können wir deshalb auch den Widerschein der Lebensauffassung und der Geisteswelt seiner Eltern Maria und Joeph erkennen.
Es hat im Mittelalter Gelehrte gegeben — ihr Einfluß wirkt heute noch nach —, die der Familie, in der Jesus aufwuchs, jede Bedeutung abgesprochen haben und die Entstehung seiner Lehre als eine von Gott so bestimmte, von Menschen unabhängige, dem Einfluß menschlicher Erziehung entzogene göttliche Willeskundgebung gedeutet haben.
Aus den Schriften des Alten Testamentes haben sie bewiesen, daß Gott diesen Willen bereits vor Jahrhunderten durch die Propheten kundgetan hat. Alle Geschichte, so sagten sie, sei in der Heiligen Schrift vorgezeichnet und den Auserwählten offenbart.
Zu Anfang des dritten Jahrhunderts hatte Sextus Julius Africanus, ein aus Emmaus stammender, in Alexandria lebender Presbyter, aus den Schriften des Alten Testamentes „erkannt", daß Gott der Welt eine Lebensdauer von sechstausend Jahren nach der Schöpfung bestimmt habe.
Africanus hatte diese „Offenbarung" einem Psalm des Alten Testamentes entnommen:

90. Psalm 4.
Denn tausend Jahre sind vor dir wie der Tag,
der gestern vergangen ist, und wie eine Nachtwache.

Da im ersten Kapitel des Buches Genesis — nach der Textauffassung der Auslegungstradition — steht, Gott habe die Welt in sechs Tagen erschaffen, sei diese Zeitspanne von sechs Gottestagen der Dauer von sechsmal eintausend Menschenjahren gleichzusetzen. Africanus errechnete ferner, daß Jesus Christus im Jahre 5500 nach Erschaffung der Welt geboren wurde und somit nach seiner Geburt noch fünfhundert Jahre vergehen mußten bis zum „Sabbath des Herrn", mit dem das verkündete Tausendjährige Reich anbrechen sollte.
Nicht alles, was aus den Schriften des Alten Testamentes als Offenbarung Gottes gedeutet worden ist, hat sich als solche erwiesen.
Gott hat sich entschlossen, Jesus als Sohn der Maria und des Zimmer-

mannes Joseph von den Nazoräern, auf menschliche Art von einer Frau geboren, als Säugling zur Welt kommen zu lassen. Wer an die Menschwerdung des Wortes glauben will, muß das akzeptieren, denn es ist auch in den als „Heilsoffenbarungen" gedeuteten Versen des Alten Testamentes immer nur die Rede von der Menschwerdung des göttlichen Geistes und nicht von einer „Gottbleibung" in Menschengestalt. Durch die Deutung, daß Gottes Wille auch geschehen wäre, wenn Maria und Joseph nicht bereit gewesen wären, den „Geist" aufzunehmen und zu verwirklichen, hat die christliche Tradition zwar den wertvollen Gedanken bewahrt, daß das Lebensrecht des werdenden Kindes geschützt sein muß, sie hat dadurch aber zugelassen, daß der wichtigere Sinn der Überlieferung vielen Verfechtern dieser Tradition verlorengegangen ist, die dem Kind ebenfalls zustehende berechtigte Forderung auf Liebe anzuerkennen und zu erfüllen.

Es ist billig, sich auf die geschützte Insel der Träume zurückzuziehen und die Menschen wohl Leben produzieren zu lassen, den Anspruch der Kinder auf Liebe und Sicherung eines menschenwürdigen Daseins aber an Gott zu verweisen.

Jesus hätte nicht den Mut gehabt, seinen Weg zu gehen, wenn er nicht in seiner Kindheit aus der Liebe seiner Eltern Maria und Joseph das Beispiel erhalten und die Kraft dazu gewonnen hätte.

Widersprüche

Jesus soll — so steht es im Lukas-Evangelium — ungefähr dreißig Jahre alt gewesen sein, als er anfing, zu heilen und zu lehren. Die Menschen, die ihn hörten, „verwunderten sich seiner Lehre, denn seine Rede war gewaltig".

Im Markus-Evangelium heißt es sogar: „Sie entsetzten sich über seine Lehre, denn er lehrte gewaltig und nicht wie die Schriftgelehrten."

Nach Matthäus wanderte Jesus durch das ganze Land Galiläa und „sein Gerücht erscholl in das ganze Syrienland".

In keinem der vier Evangelien wird erklärt, wieso Jesus erst mit dreißig

Jahren zu lehren und zu heilen begann. Es wird auch nicht erwähnt, was er bis dahin gemacht hat.
Aus den überraschten und skeptischen Reaktionen der Menschen auf die erste Predigt in seiner Vaterstadt muß geschlossen werden, daß er dreißig Jahre seines Lebens ein unauffälliger, durchschnittlich wirkender junger Mann gewesen ist.

Matth. 13.54.
... Woher kommt diesem solche Weisheit und Taten? (55) Ist er nicht eines Zimmermannes Sohn?

Markus 6.2.
... Und viele, die es hörten, verwunderten sich seiner Lehre und sprachen: Woher kommt dem solches? Und was für Weisheit ist's, die ihm gegeben ist, und solche Taten, die durch seine Hände geschehen?

Lukas 4.22.
Und sie gaben alle Zeugnis von ihm und wunderten sich der holdseligen Worte, die aus seinem Munde gingen, und sprachen: Ist das nicht Josephs Sohn?

Die Verfasser des überlieferten Wortlautes im Johannes-Evangelium wollten, wie es scheint, überhaupt den Eindruck erwecken, Jesus sei dreißig Jahre nur ein einfältiger, schriftunkundiger Handwerksbursche gewesen.

Joh. 7.15.
Und die Juden verwunderten sich und sprachen: Wie kann dieser die Schrift, so er sie doch nicht gelernt hat?

Diese Darstellung im jüngsten — angeblich vom Jünger Johannes, „der Jünger, den der Herr lieb hatte" geschriebene — Evangelium widerspricht den älteren Schriften der Überlieferung.
Nach dem Bericht des Lukas-Evangeliums ließen Maria und Joseph

Jesus am achten Tag beschneiden und brachten ihn, wie es das Gesetz bestimmte, zur „Darstellung" in den Tempel. Es heißt bei Lukas auch: die Eltern Jesu zogen alljährlich zum Pesach nach Jerusalem.
Es ist nicht glaubhaft, daß Jesus die heilige Schrift nicht gekannt haben oder Analphabet gewesen sein sollte. Das Johannes-Evangelium steht in dieser Frage auch in krassem Widerspruch zu dem, was uns das Lukas-Evangelium über den zwölfjährigen Jesus erzählt, den seine Eltern nach dreitägiger Suche im Tempel bei den Schriftgelehrten entdeckt haben sollen. Jesus habe dort alle in Erstaunen versetzt mit seinen Fragen und Antworten.
In der jüngsten Schicht der Überlieferung hatten die Textgestalter anscheinend fast alle Kenntnisse über die realen Gegebenheiten in der Umwelt des Menschen Jesus verloren. Sie deuteten die Tatsache, daß viele Menschen nichts von den in Jesus vorhandenen Kenntnissen und Fähigkeiten gewußt haben, offenbar um zu der Darstellung, *niemand* habe etwas davon geahnt. Es entsteht dadurch der Eindruck, durch eine wunderbare Fügung habe sich ein stiller junger Mensch zum „Heiland der Welt" gewandelt.
In den Glaubenstraditionen der Religionen gibt es zwei Erklärungen für die „Wandlung". In der einen heißt es, Jesus habe nach dem Willen seines göttlichen Vaters so leben müssen, „denn seine Stunde war noch nicht gekommen".
Die andere Erklärung führt die Wandlung auf das Wunder der Taufe zurück, durch die Jesus von seinem bisherigen Leben gereinigt und befreit worden ist und durch die er den Heiligen Geist empfangen hat. Schon vor Jesus hatte Johannes der Täufer zu lehren begonnen. Er predigte und rief zur „Taufe der Umkehr und Vergebung der Sünden" auf. Auch er soll als Wegbereiter des Gottessohnes von dem alten Propheten Jesaja vorhergesagt worden sein und deshalb den Pharisäern auf ihre Frage, ob er ein Prophet sei, geantwortet haben:

Joh. 1.23.
Er sprach: Ich bin eine Stimme eines Predigers in der Wüste: Richtet den Weg des Herrn! wie der Prophet Jesaja gesagt hat.

Wahrscheinlich haben die Textgestalter des Matthäus-Evangeliums doch ein wenig übertrieben, als sie behaupteten, es seien die ganze Stadt Jerusalem, das ganze Land Judäa und alle Länder am Jordan zu

Johannes gekommen, um sich taufen zu lassen (Matth. 3.5.).

Matth. 3.16.
Und da Jesus getauft war, stieg er alsbald herauf aus dem Wasser; und siehe, da tat sich der Himmel auf über ihm. Und er sah den Geist Gottes gleich als eine Taube herabfahren und über ihn kommen.
(17.) Und siehe, eine Stimme vom Himmel herab sprach: Dies ist mein lieber Sohn, an welchem ich Wohlgefallen habe.

Nach der Taufe wurde Jesus vom „Geist" in die Wüste geführt und vierzig Tage und Nächte vom Satan der Versuchung ausgesetzt. Jesus konnte widerstehen und kehrte nach Galiläa zurück. Er berief seine Jünger und begann zu lehren.
Der überlieferte Wortlaut der vier Evangelien ist nach theologischen Gesichtspunkten redigiert, zum Teil auch ergänzt und nach dem Weltbild ausgerichtet worden, das die Schriftgelehrten aus den Texten des Alten Testamentes und dem, was sie von den Berichten anderer Völker für richtig hielten, zurechtgezimmert hatten.
Bis in die zweite Hälfte des zweiten Jahrtausends der christlichen Zeitrechnung glaubten die Menschen an ein reales Ereignis, wenn es hieß, „da tat sich der Himmel auf über ihm" (Matth. 3.16.), denn die Erde war nach dem biblischen Weltbild eine flache Scheibe und der Himmel eine darüber gewölbte, fest gebaute Kuppel. In unserer Zeit wird dies nur noch als „Glaubenswahrheit" gelten können. Als geschichtliches Ereignis kann also nur die Tatsache übernommen werden, daß Jesus im Jordan von Johannes getauft wurde.
Nach dem „Engelsbericht" im ersten Kapitel des Lukas-Evangeliums sollen Maria, die Mutter Jesu, und Elisabeth, die Mutter des Täufers, miteinander verwandt gewesen sein (Luk. 11.36.). Unmittelbar nach der „Überschattung durch den Heiligen Geist" soll Maria sich zu Elisabeth begeben haben, und dort geschah angeblich das Wunder, daß Johannes — noch im Mutterleib — die Ankunft des Gottessohnes freudig zur Kenntnis genommen hat.

Luk. 1.41.
Und es begab sich, als Elisabeth den Gruß

Marias hörte, hüpfte das Kind in ihrem Leibe.

Nicht nur das Kind erkannte angeblich das werdende Leben in Marias Leib, sondern auch Elisabeth, „voll des Heiligen Geistes", wußte von diesem Wunder.

Luk. 1.43.
Und woher kommt mir das, daß DIE MUTTER MEINES HERRN zu mir kommt?
(44.) Siehe, da ich die Stimme deines Grußes hörte, hüpfte mit Freuden das Kind in meinem Leibe.

In seinen Predigten am Jordan kündigte Johannes denn auch den nach ihm kommenden Größeren an.

Luk. 3.16.
...Ich taufe euch mit Wasser; es kommt aber ein Stärkerer nach mir, dem ich nicht genugsam bin, daß ich die Riemen seiner Schuhe auflöse; der wird euch mit dem heiligen Geist und mit Feuer taufen.

So wartet nun jeder, der dieses Evangelium liest, gespannt auf die Begegnung der beiden, die, obwohl sie als Menschen auf der Erde leben, dennoch das große Geheimnis Gottes zu kennen scheinen. Aber bevor Jesus zur Taufe kam, so erzählen die Verfasser dieses Textes, habe Johannes der Täufer sich den Vierfürsten Herodes (Antipas) zum Feind gemacht, denn er predigte und wetterte gegen dessen gesetzwidrige, unsittliche, sündhafte Ehe mit Herodias, der Frau seines eigenen Bruders.

Luk. 3.20.
Und über das alles legte er Johannes gefangen.

Infolge dieser unerwarteten dramatischen Wendung ist im Lukas-Evangelium der Bericht über die nachfolgende Taufe Jesu karg und kurz ausgefallen. Wir erfahren nicht, von wem Jesus getauft worden ist.

Luk. 3.21.
Und es begab sich, da sich alles Volk taufen ließ und Jesus auch getauft war und betete, daß sich der Himmel auftat; (22.) Und der heilige Geist fuhr hernieder in leiblicher Gestalt auf ihn, wie eine Taube...

Das Lukas-Evangelium übertrifft in diesem einzigen Fall an Knappheit sogar den Text nach Markus, der in den meisten anderen Berichten immer die kürzesten, am wenigsten verschnörkelten Berichte enthält.

Markus 1.9.
Und es begab sich zu derselbigen Zeit, daß Jesus aus Galiläa von Nazareth kam und ließ sich taufen von Johannes im Jordan.

Nur im Lukas-Text wird Jesus von anonymen Täufern getauft. Das Evangelium nach Matthäus bringt eine Andeutung dessen, was man bei Lukas erwartet hat. Als Jesus zu Johannes kam, meinte dieser demütig:

Matth. 3.14.
...Ich bedarf wohl, daß ich von dir getauft werde, und du kommst zu mir? (15.) Jesus aber antwortete und sprach zu ihm: Laß es jetzt also sein! Also gebührt es uns, alle Gerechtigkeit zu erfüllen. Da ließ er's ihm zu.

Keinerlei Zweifel an einer überirdischen Gemeinsamkeit Jesu mit Johannes dem Täufer wollten die Verfasser des überlieferten Wortlautes des Johannes-Evangeliums aufkommen lassen.
Als Johannes der Täufer Jesus kommen sah, soll er zuerst gesagt haben: „Siehe, das ist Gottes Lamm, welches der Welt Sünde trägt!“ In dieser Version kennt Johannes der Täufer den Anfang und das Ende der Welt.

Joh. 1.30.

Dieser ist's, von dem ich gesagt habe: Nach mir kommt ein Mann, welcher vor mir gewesen ist; denn er war eher denn ich.

Und die Verfasser wollen auch den Eindruck erwecken, daß der Täufer als gottnaher Prophet seine Weisungen in verständlicher, klarer Sprache vom Schöpfer des Universums erhalten hat.

Joh. 1.33.
Und ich kannte ihn nicht; aber der mich sandte, zu taufen mit Wasser, der sprach zu mir: Über welchen du sehen wirst den Geist herabfahren und auf ihm bleiben, derselbige ist's, der mit dem heiligen Geist tauft.
(34.) Und ich sah es und zeugte, daß dieser ist Gottes Sohn.

In drei Evangelien wird eine besondere Beziehung zwischen Johannes und Jesus angedeutet. Die Verfasser des ersten Kapitels im Lukas-Evangelium lassen das Kind im Mutterleib „hüpfen". Bei Matthäus erkennt Johannes den hoch über ihm stehenden Jesus, und die Gestalter des überlieferten Wortlautes im Evangelium nach Johannes lassen den Täufer aus einer Mitteilung Gottes wissen, daß Jesus der Sohn Gottes ist.
In den Evangelien nach Matthäus und Lukas wird an anderer Stelle aber ein Bericht gegeben, der mit den „Gotteserkenntnissen" des Täufers nicht übereinstimmt.
Da Johannes der Täufer im Gefängnis von den Taten hörte, die Jesus vollbrachte, schickte er zwei seiner Jünger zu ihm.

Matth. 11.3.
Luk. 7.19.
Und ließ ihm sagen: Bist du, der da kommen soll, oder sollen wir eines anderen warten?

Man sollte meinen, daß dieser fragende Johannes nicht derselbe sein kann, der nach dem Johannes-Evangelium Jesus „Lamm Gottes" genannt und als „Sohn Gottes" erkannt hat. Aber die Überlieferung kennt nur einen Johannes mit dem Beinamen „der Täufer". Um aus

den vier sehr verschiedenen Berichten den glaubwürdigen Kern herauszuschälen, der dem geschichtlichen Ablauf nahekommt, müssen die Teile, die einander widersprechen, unbeachtet bleiben, denn niemand kann entscheiden, welche von zwei Versionen die richtige ist. Es bleibt dann von den Erzählungen zur Taufe Jesu nur die Tatsache, daß Johannes im Tal bei Jericho gelehrt und unter vielen anderen Menschen auch Jesus im Jordan getauft hat.
Es darf diese Betrachtung nicht als Kritik am Glaubensgut der Religionen aufgefaßt werden. Die Gedanken, aus denen die Glaubensgemeinschaften ihre Ideale und Legenden formen, sollten, solange sie nicht dirigierend in das Leben Andersdenkender eingreifen, für Außenstehende unantastbar sein. Es geht mir nur um die Freilegung der geschichtlichen Realität, damit auch für Menschen, deren Wissensbedürfnis durch die Monotonie des liturgischen Vortrages nicht gestillt werden kann, der Zugang möglich wird zu der ermutigenden Kraft, die von den Menschen der Familie des Zimmermannes Joseph ausgeht.

Ein verdorrter Feigenbaum

In zentral verwalteten Religionsgemeinschaften können die bestimmenden Geister aus schriftlicher Überlieferung und Tradition, aus geschichtlichen Erkenntnissen und den Notwendigkeiten ihrer Zeit ein ihnen für die Menschen ihrer Zeit richtig erscheinendes Glaubensbild formen und an ihre Gemeinde weitergeben. Die Geschichtsforschung kann dagegen Erkenntnisse nur in schriftlichen Quellen und archäologischen Funden suchen. Jedes vermittelte Bild wird unvollkommen sein, und kann durch neue Funde, durch neue Erkenntnisse jederzeit ergänzt oder verändert werden. Die letzte innerste Wahrheit der Menschen der Vergangenheit bleibt den Forschern verschlossen.
Für alle Glaubensgemeinschaften gilt die von „Auserwählten" aus dem „Heiligen Geist" oder anderen Gottesvorstellungen übernommene „Inspiration" immer als über den Dokumenten der Geschichte stehende „höhere unanfechtbare Wahrheit". Darin sind oft alle einander

widersprechende Angaben verschiedener Quellen zu einer harmonischen Beschreibung eines Ereignisses zusammengefaßt.
Im katholischen Glaubensbuch, herausgegeben von den Bischöfen Deutschlands, durch ministerielle Genehmigung für den Schulgebrauch zugelassen, wird der Kreuzestod Jesu so beschrieben:

Um die sechste Stunde kam eine Finsternis über das ganze Land bis zur neunten Stunde. Um die neunte Stunde schrie Jesus mit lauter Stimme: „Mein Gott, mein Gott, warum hast du mich verlassen?“ Dann sprach er: „Mich dürstet.“ Einer von den Soldaten füllte einen Schwamm mit Essig, steckte ihn auf ein Rohr und hielt ihn Jesus an den Mund. Als Jesus den Essig genommen hatte, sprach er: „Es ist vollbracht.“ Dann rief er mit lauter Stimme: „Vater, in deine Hände befehle ich meinen Geist!“ Nach diesen Worten neigte er das Haupt und starb.

Diese Beschreibung ist eine alle vier Evangelien zusammenfassende fünfte Version. Es ist die Glaubenswahrheit der katholischen Kirche. Die geschichtliche Realität ist aus den Evanglien nicht klar zu erkennen, denn es gibt in vier Evangelien drei verschiedene letzte Worte Jesu. In den beiden ältesten Evangelien (Matthäus 27.46. und Markus 15.34.) wird der aramäische Ausruf: „Eli, Eli, lama asabthani?“ als das letzte Wort überliefert, das Jesus gesprochen haben soll:

Mein Gott, mein Gott, warum hast du mich verlassen?

So lautet auch der Anfang des 22. Psalmes; und den erschrockenen Kindern, die es nicht fassen können, daß der Sohn Gottes verzweifelt, einsam und hoffnungslos am Kreuz gestorben sein soll, obwohl er doch gewußt hat, daß er selbst ein unsterblicher Gott ist, wird deshalb geantwortet: Jesus sei nicht verzweifelt gewesen, sondern er habe gebetet. — Die Wahl des Gebetes aber, sollte man meinen, sagt doch auch etwas aus über den inneren Zustand des Betenden. Nach dem überlieferten Wortlaut des Lukas-Evangeliums soll Jesus, bevor er starb, einen Vers aus einem anderen Psalm gesprochen haben:

Lukas 23.46.
Vater, ich befehle meinen Geist in deine Hände!

31. Psalm 6.
In deine Hände befehle ich meinen Geist; du hast mich erlöst, JHWH, du treuer Gott.

Nach Meinung der Verfasser des überlieferten Johannes-Evangeliums soll Jesus in der einem Gott gemäßen ruhigen Erhabenheit gestorben sein:

Joh. 19.30.
Da nun Jesus den Essig genommen hatte, sprach er: ES IST VOLLBRACHT! Und neigte das Haupt und verschied.

In der Zusammenfassung der voneinander sehr verschiedenen Versionen gingen die Lehrer der katholischen Tradition wohl davon aus, daß Jesus alle vier Worte gesprochen hat, die verschiedenen, gleichgültig oder verzweifelt unter dem Kreuz stehenden Zuschauer aber jeweils nur eines der Worte gehört oder in Erinnerung behalten haben. Das mag so gewesen sein. Die Reihenfolge, in der die vier Worte gesprochen worden sind, kann auch aus der gesamten Heiligen Schrift nicht gedeutet werden. Sie bleibt eigenständige und eigenwillige Deutung, für deren Berechtigung es keinen anerkennenswerten Beweis gibt. Die Reihung, nach der zuerst das Gebet der Verzweiflung „Mein Gott, warum hast du mich verlassen?" und am Ende die ruhige Zuversicht des Glaubens steht, entspricht der Vorstellung der Theologen.
Geschichtlich bleiben Zusammenfassung und Reihung fragwürdig; wie sehr, kann man an der Vorstellung ermessen, wie die Theologen reagieren würden, wenn einer käme, der behauptet, die Reihenfolge sei umgekehrt gewesen. Jesus habe zuerst noch geglaubt und hoffnungsvoll gesagt „Es ist vollbracht", aber je näher er dem Tode kam, desto klarer wurde ihm — angesichts der von ihm nun vorhergesehenen Scheiterhaufen, die seine Stellvertreter in seinem Namen entzünden werden — die Vergeblichkeit des menschlichen Opfers „Mein Gott, mein Gott,

warum hast du mich verlassen".
Vielleicht werden andere Glaubensgemeinschaften in anderen Zeiten andere Reihungen zur Grundlage ihrer Überzeugung machen und sie als „höhere Wahrheit" lehren. Für die Geschichtsauffassung maßgebend können auch dann nur die drei einzigen geschichtlichen Dokumente sein, die verschiedenen Versionen der Evangelien. Jede von ihnen kann richtig sein und jede falsch. Als geschichtliche Tatsache kann also nur berichtet werden, Jesus wurde im Jordan getauft und ist am Kreuz gestorben.
Die mutige Bereitschaft, sich zu seinem Schicksal zu bekennen, den als richtig erkannten Weg trotz der Gefahr zu Ende zu gehen, kann in ihrem innersten Wert nicht mißdeutet werden. Die von den Chronisten beigefügten Wörter sind vielleicht schon in der Übernahme mißverstanden worden. Sie sind immer in Gefahr, aus dem Zusammenhang gerissen und fahrlässig oder absichtlich mißbraucht zu werden.

Aus den Handlungen des Zimmermannes Joseph und dem Wirken seines Sohnes Jesus ist ein klarer Geist auch von Menschen zu erkennen und zu erfühlen, die keine theologische oder geschichtliche Vorbildung erwerben konnten. Ihrer Ermutigung galt vielleicht das Wort, das Jesus in seiner Bergpredigt gesagt haben soll:

Matth. 5.3.
Selig sind, die da geistlich arm sind; denn das
Himmelreich ist ihrer.

Der Gott der Nazoräer war nicht ein Gott der Reichen und Gebildeten, sondern der Geist der Nächstenliebe, den jeder begreifen, dem jeder folgen kann, auch der Stumme und der Einfältige. Es war die Eigenart der Pharisäer, Gott zur Wissenschaft zu machen. Und es heißt, es sind auch viele bekehrte Pharisäer Diener der neuen Überlieferung geworden. Vielleicht ist das die Ursache dafür, daß die Schlichtheit der ursprünglichen Berichte, die wahrscheinlich mehr von den Handlungen und Opfern der Familie des Zimmermannes und der Gemeinschaft der „Hirten" erzählt haben, später von komplizierten mystischen Gedanken überwuchert worden ist, die ohne Anleitung nicht zu begreifen sind.
Wie etwa sollte es zu verstehen sein, daß Jesus, der Gottessohn, an einem Tage Feigen von einem Baum pflücken wollte...

Markus 11.13.
...und da er hinzukam, fand er nichts, denn nur Blätter; denn es war noch nicht die Zeit, daß Feigen sein sollten.
(14.) Und Jesus antwortete und sprach zu ihm: Nun esse von dir niemand keine Frucht ewiglich!

Der Sohn Gottes sollte nicht gewußt haben, wann die Zeit der Feigenernte ist? Das mag vielleicht noch hingehen, aber unbegreiflich wäre, wenn der, der jeden Reichen auffordert, seinen Besitz den Armen zu geben, tatsächlich eine Pflanze so wirksam verflucht, daß sie verdorrt. Er hätte damit einer Familie den vielleicht mühsam erworbenen kargen Besitz oder einem Erntearbeiter, dessen Familie auf den Lohn dringend wartete, den Arbeitsplatz genommen.

Matth. 19.21.
Jesus sprach zu ihm: Willst du vollkommen sein, so gehe hin, verkaufe, was du hast und gib's den Armen, so wirst du einen Schatz im Himmel haben, und komm und folge mir nach.

Sollte der, der dazu auffordert, derselbe sein, der einen Feigenbaum noch vor der Ernte für alle Zeiten verdorren läßt, weil dieser Baum so unverschämt war, die Früchte zu der Zeit zu tragen, die im naturgegebenen Ablauf der Schöpfung dafür vorgesehen ist und sich deshalb nicht nach der Laune des Gottessohnes richten konnte? Dann kommen freilich die Theologen und sagen, das sei doch nur ein Gleichnis.

Anmerkung zu Matthäus 21.18.—22. (Einheitsübersetzung)
Der unfruchtbare Feigenbaum ist Bild für das Volk Gottes, das den Glauben verweigert.

Und das ist besser? Es soll im Sinne des Geistes der Liebe sein, daß der Volksstamm verdorre und nie wieder Frucht trage ewiglich, dessen Menschen an die von den Theologen aus der Überlieferung destillierten Vorstellungen nicht glauben können?

In der Überlieferung des christlichen Abendlandes sind Gedanken aller Denkrichtungen aus vielen Jahrzehnten vor und nach der Zerstörung des Zweiten Tempels in Jerusalem eingeflossen. Sie haben die Gestaltung der im Neuen Testament gesammelten Überlieferung und die Formulierung mancher sogenannter Jesusworte beeinflußt.
Die Menschen in der Familie des Zimmermannes Joseph von den Nazoräern handelten — soweit es aus den Schriften der Überlieferung zu erkennen oder abzuleiten ist — im Bewußtsein der Verantwortung für ihre Mitmenschen. Die Folgen unbedachter oder falscher Handlungen belasten Mitmenschen und Nachkommen. Dies zu bedenken, ist den Menschen im Gesetz der Zehn Worte auferlegt worden. Es gibt in der ganzen Schrift keine Erzählung, in der Jesus *gegen* das Wohl eines Menschen handelt. Er setzt die Vergebung höher als die nach dem Gesetz mögliche Rache der Gesellschaft, die Sättigung der Hungernden über die vorgeschriebenen Rituale des „Dienstes an Gott", er hat Tausende durch ein „Wunder" gespeist, aber einen Feigenbaum soll er durch seinen Haß vernichtet oder einen Volksstamm damit verwünscht haben — welch ein Widerspruch!
Auf der Suche nach den Spuren der geschichtlichen Wirklichkeit und dem Geist, nach dem die Familie des Zimmermannes Joseph von den Nazoräern gelebt hat, geben die Handlungen die bessere Orientierung als die durch Übermittlung und Übersetzungen oft vielfach veränderten oder in anderem Zusammenhang wiedergegebenen Aussprüche, von denen auch nie mit letzter Sicherheit zu sagen ist, ob und wann sie in welcher Betonung und mit welcher Absicht gesagt worden sind.
Jesus hat kein schriftliches Zeugnis seiner Lehre hinterlassen. Wieso? In der Tradition der christlichen Kirchen wird gelehrt, die Menschen in den Urgemeinden hätten das unmittelbar bevorstehende Gottesreich erwartet und deshalb gar nicht mehr an die Notwendigkeit einer schriftlichen Bewahrung der Erinnerung an das erlebte wunderbare Geschehen gedacht. Für den Menschen Jesus kann das nicht gelten. Er hat das Ende der Welt nicht vorhergesagt.
Jesus hat vielleicht deshalb kein Wort niedergeschrieben, weil er die Tat für die Menschen höher bewertet hat als die schriftliche Aufforderung an andere, etwas zu tun.
So sollte auch niemand auf den Gedanken kommen, Joseph sei nur deshalb als bedeutungslos für die Überlieferung zu bewerten, weil in ihr nicht ein einziges Wort enthalten ist, das er gesprochen haben soll. Die Nazoräer haben das Wissen der Vergangenheit bewahrt. Vielleicht

haben sie gedacht, die Weisheit der Alten reiche aus, wenn die Menschen bereit sind, ihr zu folgen. Joseph hat die Weisheit der Vergebung und der Nächstenliebe befolgt und damit vielleicht ein Beispiel gegeben, aus dem Jesus erkannte, daß der Geist nur dann lebendig ist, wenn er für alle Menschen erreichbar und verständlich ist.

VIII. DER UNBEQUEME SOHN

Die Suche

Was hat Jesus in den ersten dreißig Jahren seines Lebens getan? Wer bereit ist, die Hirten (Lukas) und die Weisen (Matthäus), die sich nach der Geburt zu Bethlehem um das Kind versammelt haben, als Menschen aus der Gemeinschaft der „Hirten und Bewahrer“ zu erkennen, wird danach nicht mehr fragen; und auch nicht danach, wo Jesus sein Wissen und seine Kenntnisse erworben hat. Die „Nazoräer“ waren vermutlich eine stille Gemeinschaft, deren Mitglieder sich in der Öffentlichkeit nicht zu erkennen gaben, über ihre Lebensauffassung nicht diskutierten, nicht missionierten und lange prüften, bevor sie neue Freunde aufnahmen. Ihre Lebensauffassung war die der sich für den „Bruder“ verantwortlich fühlenden „Hirten“ und ihre Aufgabe, das „Bewahrte“, den Geist und das Wissen der Vergangenheit weiterzugeben. Sie waren nicht Wächter über die „Moral“ ihres Nächsten, sondern verständnisbereit auch für seine Fehler.
Jesus von Nazareth ist als Sohn des Zimmermannes Joseph von den Nazoräern und dessen Frau Maria zur Welt gekommen. Er wurde als Säugling geboren, gestillt und trockengelegt wie jedes Kind. Wer daran glauben will, daß in ihm, dem „Menschensohn“, der verheißene „Geist“ Mensch geworden ist, darf nicht mit Legenden über Wunderdinge und Zauberkräfte, die „Menschwerdung“ als Täuschung, die Opferbereitschaft als onkelhafte, unernste Spielhandlung und den Tod als episodenhafte Farce darstellen. Die Auferstehung des Geistes ist göttliche Gnade, die Tatsache, daß der Schauspieler seinen Bühnentod überlebt hat, ist Theater.
In der „Bibel-Korrektur“ habe ich dargelegt, daß das Besondere an der biblischen Überlieferung des Alten Testamentes nicht der Monotheismus ist, denn der ist auch in manchen Epochen anderer Kulturen nachzuweisen. Das Einzigartige an der alten biblischen Überlieferung ist die naturwissenschaftlich überzeugende Beschreibung der Menschheitsgeschichte, nach der sich die Menschen aus dem tierhaften Dasein ihrer

Urvorfahren lösten, als sie zur gleichberechtigten Partnerschaft von Frau und Mann in der Lebensgemeinschaft der Familie und zur Erkenntnis der damit verbundenen gemeinsamen Verantwortung für die Kinder und die Alten fanden. Die biblische Überlieferung erzählt von der Entstehung und vom Niedergang der Kulturen. Die Erneuerung entstand immer wieder nur aus der Familie.
Wer sich den Kopf darüber zerbricht, weshalb Gott seinen Sohn im Körper einer Frau Mensch werden ließ, obwohl seiner Allmacht sicher andere Wege offen gewesen wären, der wird den Leitgedanken der ältesten Tradition in der ursprünglichen Überlieferung des Neuen Testamentes bestätigt und darin auch die Antwort auf seine gequälte Frage finden.
Die Theologen des Abendlandes haben aus den Schriften des Alten Testamentes den Lehrsatz von der Erbsünde abgeleitet. Bevor diese bedrückende Idee zum Glaubensgrundsatz geworden war, fanden es die Menschen nicht schmutzig, nicht verderblich und auch nicht unwürdig, von einer Frau geboren worden zu sein. Die Menschwerdung des Geistes war für sie ein beglückendes Ereignis, das Mensch-Sein war Aufgabe und nicht die verhaßte Fessel ererbter Schuld.
In der alten biblischen Überlieferung war seit den Menschen Enosch im Namen JHWH das „Lebende Wort“, der menschenfreundliche, lebenszugewandte leitende Geist der Schöpfungsmacht oberster und einziger Gottesbegriff. Im Namen JHWH wurde das Gesetz der Zehn Worte verkündet, das ursprünglich nicht den Dienst der Menschen an Gott bestimmte, sondern die Rechte des Menschen und der Familie gegen den Herrschaftsanspruch auch der Mächtigsten schützte.
In der Gemeinschaft der Nazoräer wurde die alte Tradition bewahrt. In welchen Gedanken, welcher Sprache, welchen Schriften, läßt sich aus den wenigen blassen Spuren, die sich von dieser Gemeinschaft noch im Neuen Testament finden, nicht mehr sagen. Den Geist der Nazoräer können wir nur noch aus den Handlungen der Menschen in der Familie des Zimmermannes und aus dem Geist dessen, was Jesus getan und gesagt haben soll, erahnen.
In der Lehre der Tradition wird der Eindruck erweckt, Jesus mußte, weil es im Heilsplan Gottes so vorgesehen war, von Johannes getauft werden. Aus den für die Erforschung der realen Geschichte verfügbaren Dokumenten läßt sich diese Auffassung nicht belegen. Johannes rief die Menschen zur Umkehr vom Weg der Sünde auf: „Tuet Buße, das Himmelreich ist nahe herbeigekommen.“ Er predigte die Taufe der

Umkehr und der Vergebung der Sünden.
Welche Umkehr könnte im Heilsplan Gottes für Jesus möglich gewesen sein, wenn sein Weg geradlinig und von Gott bestimmt gewesen ist? Die Bestimmung war die Menschwerdung. Nicht über anderen Menschen schwebend, sondern mit ihnen lebend, mußte Jesus dem Drang der Jugend folgend nach der Wahrheit und dem Sinn suchen.
Als Jesus an den Jordan kam, war er allein. Es scheint, daß er sich in dieser Phase seines Weges aus dem Lebenskreis seiner Familie, aus der Welt seiner Kindheit und Jugend gelöst hatte, auf der Suche nach dem Sinn, nach seiner persönlichen, für ihn wegweisenden Gotteserkenntnis. Ob er im Einverständnis mit Vater und Mutter sich auf den Weg gemacht hat oder gegen deren Willen, ist nicht zu erkennen.
Eines seiner berühmtesten Gleichnisse ist aber das von der Heimkehr des verlorenen Sohnes — und es ist eines der schönsten (Luk. 15.11.ff.).
In den Zeiten, da die Lebenskraft älterer Kulturen erlahmt und junge drängende Völker noch nicht zu ihrer sittlichen Kraft gefunden haben, wird das Leben von materiellen Werten bestimmt, die junge Menschen nicht als erfüllenden Daseinssinn anerkennen wollen.
In seinem Bericht „Jüdische Altertümer" (XIII.5.9.) gab Flavius Josephus eine Beschreibung der drei großen Sekten des Judentums vor der Zerstörung des Zweiten Tempels:

Die Pharisäer behaupten, daß manches, aber nicht alles das Werk des Verhängnisses (Schicksal) sei, manches dagegen auch freiwillig geschehe oder unterbleibe.

In der Schrift „Der Jüdische Krieg" (II.8.) erweitert er diese Darstellung.

Für sie ist alles dem Schicksal und Gott anheimgestellt. Wohl stehe es in erster Linie dem Menschen zu, zwischen Recht- und Unrechttun zu wählen, doch bei jeglichem Tun sei auch das Schicksal beteiligt. Es seien zwar alle Seelen unsterblich, aber nur die Seelen der Guten fänden Eingang in einen anderen Körper, während die Schlechten ewiger Ver-

dammnis ausgeliefert seien.

Die andere große bestimmende Richtung war die Partei der tempelbeherrschenden Sadduzäer. Flavius Josephus schreibt über sie (Jüd. Alt. XIII.5.9.):

Die Sadduzäer wollen überhaupt nichts vom Verhängnis wissen noch glauben, es gäbe weder ein Verhängnis noch richte sich der Menschen Geschick danach.

Es gab in der Zeit des Menschen Jesus auch die Bewegung der Zeloten, die den Sinn nicht in der Vergeistigung des Glaubens sahen, sondern im Kampf gegen die Fremdherrschaft der Römer und in der Wiederherstellung eines selbständigen Staates, in dem das Volk Israel wieder frei leben sollte.

Und in ganz extremem Gegensatz zu den Zeloten stand die Sekte der Essener, über die Josephus nicht ohne Bewunderung geschrieben hat:

Die Essener hingegen lehrten, alles stehe unter der Macht des Verhängnisses, und es komme bei den Menschen nichts vor, das nicht vom Geschicke bestimmt sei.

Aus der Schilderung des Josephus wurde oft vermutet, Jesus habe dieser Sekte der Essener angehört. „Sie lehnen jede sinnliche Lust ab"; „als höchste Tugend gilt bei ihnen die Enthaltsamkeit und der Widerstand gegen die Begierden".
„Über die Ehe urteilen sie abträglich, doch nehmen sie Kinder anderer an, solange sie noch in bildungsfähigem Alter sind."
„Sie verschanzen sich gegen die Lüsternheit der Frauen."
„Reichtum verachten sie."
„Die sich der Sekte anschließen wollen, müssen Hab und Gut an die Gemeinschaft übertragen."
„Sie konzentrieren sich auch nicht auf eine einzelne Stadt, sondern sie sind in großer Zahl auf alle Städte verteilt... Bei Leuten, die ihnen früher völlig unbekannt waren, gehen sie aus und ein wie bei alten Bekannten."

„In besonderem Maße widmen sie sich dem Studium dessen, was die Altvorderen aufgezeichnet haben."

Es sind in die Tradition des Christentums nicht nur pharisäische Gedanken eingeflossen, sondern auch Vorstellungen und Bräuche der Essener und der Asketen. Sie wurden aber sicher nicht von Joseph oder Jesus eingebracht.

Die Pharisäer und die Essener haben aber vor allem die strikte Einhaltung des nach dem babylonischen Exil vom Propheten Esra verkündeten, nach dem Propheten Mose benannten Gesetzes gefordert. Der Zimmermann Joseph hat sich in seiner Entscheidung nicht von den Bestimmungen dieses Gesetzes leiten lassen.

Jesus hat später erklärt, daß das Gesetz für den Menschen und nicht der Mensch für das Gesetz geschaffen sei. Er hat diese Auffassung ganz sicher nicht von den Essenern übernommen. Sollte er Verbindung zu dieser Bruderschaft gehabt haben, so kann sie nicht besonders eng gewesen sein und nicht von langer Dauer.

Jesus rief die Menschen dazu auf, sich aus den engen Bahnen materieller gesellschaftlicher Vorurteile und familiärer Abgrenzung zu lösen, sich den Mitmenschen zuzuwenden, ohne dafür Gegenleistungen zu fordern oder zu erwarten. Er hätte das nicht tun können, wenn er von einer schicksalhaften Vorbestimmung überzeugt gewesen wäre. Der Glaube an ein unausweichliches Schicksal läßt nur die Abkehr vom Leben zu, die weltentsagende Askese, die Abkehr vom Leben, die Umkehr, die Johannes der Täufer am Jordan gepredigt hat.

Matth. 3.7.
Als er nun viele Pharisäer und Sadduzäer sah zu seiner Taufe kommen, sprach er zu ihnen: Ihr Otterngezücht, wer hat euch denn gewiesen, daß ihr dem künftigen Zorn entrinnen werdet. (8.) Sehet zu, tut rechtschaffene Frucht der Buße.

Die Taufe des Johannes bedeutet Reinigung von den Sünden, um ihre Vergebung zu erlangen, und Umkehr von dem Bedürfnis zu leben, zur Bereitschaft der Buße.

Matth. 3.4.
Er aber, Johannes, hatte ein Kleid von

Kamelhaaren und einen ledernen Gürtel um seine Lenden; seine Speise aber war Heuschrecken und wilder Honig.

Diese Kleidung hatte achthundert Jahre vor Johannes der Prophet Elia getragen (2. Kön. 1.8.), dessen Wiederkehr sich nach Auffassung mancher Theologen in Johannes vollzogen haben soll.

Lukas 3.15.
Als aber das Volk im Wahn war und dachten alle in ihren Herzen von Johannes, ob er vielleicht Christus (der Messias) wäre (16.) antwortete Johannes und sprach zu allen: ich taufe euch mit Wasser; es kommt aber ein Stärkerer nach mir, dem ich nicht genugsam bin, daß ich die Riemen seiner Schuhe auflöse; der wird euch mit dem heiligen Geist und mit Feuer taufen.

Was Jesus bei Johannes gesucht, von seiner Taufe und seiner Lehre erwartet hat, ist aus den Texten nicht zu ergründen. Sicher aber hatte er bis dahin seinen Weg und die aus seiner Begabung und seinen Fähigkeiten entstehende Verpflichtung noch nicht klar erkannt.
Er wird in der Taufe nicht nur das leere Ritual gesucht, sondern geistige Klärung aus der Begegnung mit dem Täufer erhofft haben.
Es ist uns der Austausch ihrer Gedanken nicht überliefert worden, aber wir können den Inhalt der Gespräche ahnen aus den Folgen, die diese Begegnung im Leben Jesu ausgelöst hat.

Markus 1.12.
Und alsbald trieb ihn der Geist in die Wüste. (13.) Und er war allda in der Wüste vierzig Tage und ward versucht von dem Satan...

Versuchung bedeutet, daß einem Menschen „Verlockungen" angeboten werden, die seinen Neigungen entsprechen, denen nachzugehen für ihn aber hieße, gegen Pflicht, Verantwortung, gegen das bessere Wissen und das Gewissen zu handeln. Versuchung bedeutet die Gefahr der Schwäche des Versuchten.

Wer noch nicht bereit ist, dem Zimmermann Joseph die Freiheit der Entscheidung zuzuerkennen und ihm deshalb die Anerkennung für sein Verhalten verweigert, weil er meint, der kleine Mensch Joseph sei nur ein willenloses Werkzeug im großen Heilsplan Gottes gewesen, der muß an dieser Stelle „umkehren“. Wer meint, daß der Lebensweg des Menschen Jesus unausweichlich vorgezeichnet war und er nicht anders hätte handeln können, der muß hier zugeben, daß er die überlieferte Botschaft nicht begriffen hat. Was wäre geschehen, wenn Jesus der Versuchung nicht hätte widerstehen können?

Wer darauf antwortet, daß der Sohn Gottes auf jeden Fall stark genug und nie in Gefahr gewesen ist, schwach zu werden, der leugnet die „Menschwerdung“, der versteht Jesus von Nazareth als eine der Gestalten, denen man in den Mythen aller Völker begegnen kann, als einen vorübergehend in Menschengestalt zur Erde gekommenen, seiner Göttlichkeit stets bewußten Sohn eines mächtigen oder allmächtigen Gottes.

Das Wunder des Jesus von Nazareth war nicht, daß er Gott ist, sondern daß er ein Mensch war. Er kam nicht als belehrender, eitler, überheblicher Akteur, sondern er war gequält von den Begierden, den Sorgen, den Ängsten des Menschen.

Gott weiß; der Mensch kann nur glauben. Der Unterschied zwischen Wissen und Glauben, zwischen Sicherheit und Hoffnung ist der Raum, in dem die Gefahr, der Versuchung zu erliegen, am größten ist. Keinem, der an den großen Heilsplan Gottes glauben will, darf dieser Lebensinhalt genommen werden. Er soll nur seine bisherigen Gedanken durch einen zusätzlichen ergänzen: Der Plan ist göttlich, verwirklicht wurde und wird er nur durch Menschen. Dieser Gedanke ist — zugegeben — unbequem, denn er legt den Verdacht nahe, daß manches nur deshalb nicht geschehen ist, weil wir Menschen versäumt haben, es zu tun.

Wenn Joseph keine Möglichkeit der Entscheidung gehabt hätte, wenn Maria und Jesus auch ohne ihn ihre im „Heilsplan“ vorbestimmten Rollen hätten spielen können, wozu wurde er dann überhaupt gebraucht? Nur um die überreizte Sexualphantasie mancher mittelalterlichen Gelehrten zu plagen? Wenn der Mensch Jesus nicht in Gefahr gewesen wäre, der Versuchung zu erliegen, wozu würde die Geschichte dann erzählt? Nur um den Menschen, die nicht von göttlicher Kraft erfüllt, nicht von Engeln bedient, nicht stark genug sind, jeder Versuchung „in der Wüste“ zu widerstehen, den Lebensmut und die Hoff-

nung zu nehmen?
Jesus hat dem Apostel Petrus vorher gesagt, er werde ihn, bevor der Hahn kräht, dreimal verleugnet haben; und es soll so geschehen sein (Lukas 22.56.ff.). Diesem Petrus aber und keinem anderen hat er den Auftrag gegeben, der „Hirte“ seiner Herde zu sein. Wer die Versuchung nicht erlebt hat und die Schwäche nicht kennt, weiß nichts von der Qual der Schuld und er wird die Gnade der Vergebung nicht begreifen.

Umkehr und Weg

Es war — nach Lukas — im fünfzehnten Jahr der Regierung des römischen Kaisers Tiberius, als Johannes, der Sohn des Zacharias, an den Jordan kam.
Über die Lage in Judäa zu dieser Zeit schrieb der römische Historiker Tacitus (Historien V.9.): „Unter Tiberius herrschte Ruhe.“
Die Bezeichnung „Ruhe“ war aber nur aus römischer Sicht berechtigt. Was die Bewohner des Landes empfunden haben müssen, ist einem Brief zu entnehmen, den Herodes Agrippa damals an seinen Freund Caligula geschrieben hat. Er klagte über den römischen Ritter, den Seian, der judenfeindliche Vertraute des Kaisers Tiberius, zum Statthalter in Judäa ernannt hatte. Seit seiner Amtsübernahme, so schrieb Agrippa, habe es noch mehr „Bestechungen, Gewaltakte, Ausplünderungen, Mißhandlungen, Provokationen, unaufhörlich Hinrichtungen ohne Gerichtsverfahren, willkürliche und brutalste Grausamkeiten...“ gegeben. Der römische Ritter hieß Pontius Pilatus.
In Zeiten grausamer Unterdrückung war die bevorstehende Befreiung des Volkes durch den gottgesandten Messias die einzige übersteigerte Hoffnung der Juden. Es verging wahrscheinlich kaum ein Tag, an dem nicht irgendwo im Lande ein Gerücht aufkam, dieser oder jener habe den Messias gesehen oder untrügliche Zeichen seiner unmittelbar bevorstehenden Ankunft erkannt.
Die meisten erwarteten, daß der Erlöser aus der Einsamkeit des gottgeweihten Daseins der „Nasirim“ hervortreten werde, die in weltabge-

wandter Enthaltsamkeit lebten, sich den Bart nicht scheren ließen und nichts zu sich nahmen, was vom Weinstock kam; so wie es im Gesetz für den „Nasir“, den „Geweihten Gottes“, bestimmt war.
Es ist nicht auszudenken, was geschehen wäre, wenn sich, als Jesus im Jordan getauft wurde, tatsächlich der Himmel geöffnet, Jesus vor den Augen der auf den Messias hoffenden Pilger den Heiligen Geitst empfangen und die göttliche Stimme für alle hörbar vom Himmel gesagt hätte: „Dies ist mein lieber Sohn.“ Johannes der Täufer, der den Weg des Messias bereiten wollte, der dessen Ankunft sehnlichst erwartete und glaubte, sie stehe unmittelbar bevor — er wäre wohl nicht einen Schritt mehr von Jesus gewichen.
Jesus war, wie es scheint, unbeachtet an den Jordan gekommen, und er konnte auch nach der „Taufe der Umkehr“ unbeachtet wieder gehen.

Markus 1.13.
Und er war allda in der Wüste vierzig Tage
und war versucht von dem Satan und war bei
den Tieren, und die Engel dieneten ihm.

In der Übersetzung der Jerusalemer Bibel heißt es: „Und war mit den wilden Tieren zusammen.“ Wieso Tiere an der Versuchung beteiligt waren, ist aus der herkömmlichen Bedeutung des Wortes nicht zu verstehen. Bei dem Versuch, das rätselhafte Wort zu deuten, haben sich kranke Gehirne auch schon zu dem Gedanken der Sodomie verirrt und darin die Versuchung vermutet, der Jesus ausgesetzt gewesen sein soll. Es führt auch nicht weiter, den Begriff Tiere als Symbol für die „hemmungslose Lüsternheit sittenloser Menschen“ zu deuten. Solche Lustgestalten pflegen sich nicht in der Wüste zu tummeln. Es gibt eine dritte Auffassung des Begriffes Tiere, und sie, so meine ich, ist der Schlüssel zum Verständnis des rätselhaften Satzes in der Versuchungsgeschichte des Markus-Evangeliums.
In der ältesten Überlieferung der biblischen Tradition, deren Fragmente ich in der „Bibel-Korrektur“ beschrieben habe, werden die Tiere als den Menschen gleichwertige, aus der Schöpfung hervorgegangene „lebende Seelen“ (Nephesch Chaja) dargestellt. Nach der im biblischen Schöpfungsbericht erkennbaren Beschreibung der Urgeschichte lebten die Vorfahren der Menschen als einsame, triebabhängige, egozentrische Lebewesen in einem tierhaften Dasein. Sie haben sich aus dieser Lebensform der Tierwelt erst gelöst, als sie aus der Zeugungserkenntnis

den „Geist“ der gleichberechtigten Partnerschaft von Frau und Mann und die darin enthaltene, nicht endende Verantwortung für die bewußt gezeugten Kinder und die allein nicht mehr lebensfähigen Alten erkannten. Erst in der Lebensgemeinschaft der Familie konnten die Menschen den Geist der Nächstenliebe erkennen und nach dem Geiste JHWH's die richtigen Menschen werden — für die im hebräischen Text des Alten Testamentes der Name ENOSCH steht, aus dem in späteren Texten das Wort „Menschensohn“ gebildet worden ist — BEN ENOSCH. Nach dieser im Schöpfungsbericht des Alten Testamentes gegebenen Auffassung des Begriffes können die „Tiere“, bei denen Jesus in der Wüste lebte, auch Menschen gewesen sein, die sich aus allen menschlichen Bindungen gelöst und alle aus ihrer Verantwortung für die Mitmenschen entstehenden Pflichten abgelehnt haben, um in die tierhafte Egozentrik zurückzufallen und ausschließlich nur für die Sicherung des Heils der eigenen Seele zu leben.
Das Asketendasein in der Wüste bedeutet Abwendung von den Menschen und Abkehr vom Leben. Alle Begabungen, die der Mensch erhalten hat, alle Kräfte seiner Seele dienen nur noch zur Steigerung der Intensität des asketischen Rausches. Der weltentsagende Asket sucht in der Einsamkeit nach göttlichen Erkenntnissen. Die Hungernden aber, die er ernähren könnte, werden nicht satt, die Verfolgten nicht beschützt und die Gedemütigten nicht getröstet.
Vielleicht hat Jesus in diesen Tagen der Versuchung auch an den Zimmermann gedacht und daran, was aus der Familie geworden wäre, wenn Joseph, als er erfuhr, daß Maria schwanger war, es vorgezogen hätte, in der asketischen Einsamkeit als Wüstenheiliger von Gott die Vergebung der Sünden zu erflehen.
Die Abkehr vom Leben, die Verachtung des Körpers, galt in der Lebensauffassung vieler Lehrer des frühen Christentums als ein direkter Weg zur Seligkeit im Reich Gottes. Die Lebenshaltung der Verweigerung wurde als Idealvorstellung in die Bilder der Tradition gemengt, wo immer sich die Gelegenheit dazu geboten hat.
Um Jakobus, den in den Evangelien als Sohn des Zimmermannes Joseph beschriebenen „Bruder des Herrn“, über dessen Lebensart aus dem Neuen Testament wenig zu erfahren ist, ließen die frühen Poeten des Christentums ein besonders bizarres Gebilde wuchern. In der von Hegesipp überlieferten, bei Eusebius (K.G.II.23.6.) zitierten Legende ist Jakobus nach der frühchristlichen Idealvorstellung des zweiten Jahrhunderts zu einem Vegetarier und Asketen gemacht worden:

Schon vom Mutterleib an war er heilig. Wein und geistige Getränke nahm er nicht zu sich, auch aß er kein Fleisch. Eine Schere berührte nie sein Haupt, noch salbte er sich mit Öl oder nahm er ein Bad. Jakobus allein war es gestattet, das Heiligtum zu betreten, denn er trug kein wollenes, sondern ein leinenes Gewand. Allein pflegte er in den Tempel zu gehen, und man fand ihn auf den Knien liegend und für das Volk um Verzeihung flehend. Seine Knie wurden hart wie die eines Kamels, da er ständig auf den Knien lag, um zu Gott zu beten und ihn um Verzeihung für sein Volk zu bitten.

Es ist sehr unwahrscheinlich, daß Jakobus ein jüdischer Priester gewesen sein sollte, der das Allerheiligste des Tempels betreten durfte. Als Priester hätte er auf dem Apostelkonzil nicht, wie er es getan hat, gegen das Gesetz entscheiden dürfen. Der frühchristlichen Legende widerspricht auch die unverhohlene Kritik, die im Namen des Apostels Paulus an der Lebensauffassung der Urgemeinde in Jerusalem geübt wurde.

1. Kor. 9.5.
Haben wir nicht auch Macht, eine Schwester zum Weibe mit umherzuführen wie die anderen Apostel und DES HERRN BRÜDER und Kephas (Petrus)?

Daraus geht zwar nicht hervor, daß Jakobus verheiratet gewesen ist, aber es wären in der Urgemeinde die lebenszugewandten Bräuche nicht möglich gewesen, wenn er als bestimmende Autorität der Gemeinde in weltentsagender, bußfertiger Askese die ideale Lebensauffassung und die vollkommene Erfüllung der Lehre gesehen und selbst danach gelebt hätte.
Der Geist der Zeit, in dem diese Legende erdichtet wurde, um den Frommen, die nach Vollkommenheit strebten, ein Vorbild zu geben, hätte die Deutung, daß die Versuchung, der Jesus ausgesetzt war, die Wollust der Askese, der Hochmut der Frommen und die Gefahr des

religiösen Fanatismus gewesen sein könnte, nicht zugelassen.
Es ist bewundernswert mutigen Menschen offensichtlich immer wieder gelungen, in den überlieferten Textfassungen so viel vom Gedankengut der ursprünglichen Überlieferung zu erhalten, daß es uns möglich ist, zumindest die Vermengung verschiedener Auffassungen noch zu erkennen.
Niemand kann bestreiten, daß die Versuchung für Jesus erst entstand, als er Johannes begegnet und von ihm getauft worden war. In der Tradition wird der Eindruck erweckt, Johannes habe in Jesus den Messias erkannt. Johannes aber hat sich Jesus nicht angeschlossen. Nur im Johannes-Evangelium wird behauptet, Johannes habe seine Jünger auf Jesus als den Messias hingewiesen. Zwei seiner Jünger folgten daraufhin Jesus. Aber auch diese Erzählung wird mit der geschichtlichen Wirklichkeit kaum übereinstimmen, denn in allen drei anderen Evangelien wird die Berufung der beiden ersten Jünger anders und ohne Zusammenhang mit Johannes dem Täufer erzählt.
In der späteren Christologie und Theologie der mittelalterlichen Kirche wurden die Lehren und Überlieferungen um Jesus und Johannes vereinigt. Solange Jesus lebte, fand eine solche Vereinigung nicht statt; es gab auch keine Übereinstimmung der Lebensauffassungen. Matthäus (9.14.), Markus (2.18.) und Lukas (5.33.) berichten übereinstimmend, daß die Jünger des Johannes zu Jesus kamen und wissen wollten, warum sie und auch die Pharisäer so viel fasten, die Jünger Jesu aber niemals. Nach dem überlieferten Wortlaut der Evangelien soll Jesus geantwortet haben: „Wie können die Hochzeitleute Leid tragen, solange der Bräutigam bei ihnen ist?"
Es könnte auch geheißen haben, daß die Besitzlosen oft genug fasten müssen, nämlich dann, wenn sie in Not sind und deshalb die Gabe Gottes nicht wegen ritueller Vorschriften verschmähen, sondern dankbar genießen sollen, wenn sie ihnen gewährt wird.
Johannes rief zur Buße auf. Jesus predigte Vergebung und Versöhnung. Die Taufe des Johannes wurde „Umkehr" bezeichnet. In der Urgemeinde (Apg. 9.2.) hieß die neue Lehre: „Der Weg".
In der „Versuchungsgeschichte" werden die zwei verschiedenen Lebensauffassungen zusammengeführt. Die bis dahin von Jesus in der Tradition der „Hirten" erlernte weltzugewandte menschenfreundliche Nächstenliebe und die von Johannes gepredigte Endzeiterwartung, die weltabgewandte egozentrische Seelenbetrachtung, deren einziger Lebenssinn der im Gebet und im Ritualopfer zu vollziehende werbende

Dialog des Menschen mit seiner Gottesvorstellung ist.
Der Gott Johannes des Täufers war der Gott des Propheten Elia, ein Gott der Strafe und der Rache.

1.Kön.18.40.
Elia aber sprach zu ihnen: Greift die Propheten Baals (5.M.13.16.), daß ihrer keiner entrinne! Und sie griffen sie. Und Elia führte sie hinab an den Bach Kison und schlachtete sie daselbst.

Und nach dem Willen der Chronisten, die das Buch der Könige geschrieben haben, fand Elia für dieses Verhalten auch die Zustimmung und die Anerkennung seines Gottes, der selbst mit denen, die ihm nicht folgen wollten, wenig Mitleid hatte.

1. Kön. 19.18.
Und ich will lassen überbleiben siebentausend in Israel; alle Knie, die sich nicht gebeugt haben vor Baal, und allen Mund, der ihn nicht geküßt hat.

Jesus versuchte, die Menschen von der Angst vor ihrem Gott zu befreien. Er nannte diesen Gott Vater — den Vater aller Menschen. Nach dem überlieferten Wortlaut der Evangelien bot der Satan in der Versuchung dem Menschen Jesus alle Reiche, die er von einem sehr hohen Berg aus überschauen konnte, falls Jesus bereit war, ihn anzubeten.
Der Weg in die Wüste war für Jesus auch die Suche nach der Gotteserkenntnis. Aus der Versuchungsgeschichte erfahren wir, daß Jesus der Versuchung widerstand und dem Geist treu geblieben ist, den er von seinem Vater übernommen hatte.

Lukas 15.22.
Aber der Vater sprach zu seinen Knechten: Bringet das beste Kleid hervor, und tut ihn an, und gebet ihm einen Fingerreif an seine Hand und Schuhe an seine Füße;
(23.) Und bringet ein gemästet Kalb her, und

schlachtet's; lasset uns essen und fröhlich sein.
(24.) Denn dieser mein Sohn war tot, und ist wieder lebendig worden; er war verloren, und ist gefunden worden. Und fingen an, fröhlich zu sein.

Er ist von Sinnen

Matthäus 4.12.
Da nun Jesus hörte, daß Johannes überantwortet war, zog er in das galiläische Land (13.) und verließ die Stadt Nazareth und kam und wohnte zu Kapernaum...

Der Sinn dieses Satzes ist schwer zu verstehen. Nazareth und Kapernaum sind zwei Städte im „galiläischen Land", Jesus kann also nicht aus Nazareth *nach* Galiläa übersiedelt sein. Es ist auch nicht zu erkennen, aus welchem Grund er, als er hörte, daß Johannes der Täufer eingekerkert worden war, nach Kapernaum übersiedelt sein soll.
Bei Markus und Lukas finden wir nur die Feststellung: „Jesus kam nach Galiläa".
Gerade den Verfassern des Matthäus-Evangeliums muß Nazareth als Stadt in Galiläa vertraut gewesen sein, denn, im zweiten Kapitel (22/23) erklärten sie, um das alte Prophetenwort „er soll Nazoräer heißen" zu erfüllen, habe Gott den Zimmermann Joseph mit seiner Familie *nach* Galiläa in die Stadt Nazareth geführt. An dieser ersten Stelle im 2. Kapitel haben die Übersetzer der ursprünglichen Überlieferung oder die späteren Textgestalter in dem Namen der Stadt Nazareth die einzig mögliche Deutung des ihnen nicht mehr bekannten Begriffes „Nazoräer" gesehen.
Der oben zitierte Wortlaut des Verses 4.12 ist vielleicht auf ähnliche Weise zustande gekommen. Es erschien mir deshalb sinnvoll, zu prüfen, ob der hebräisch/aramäische Text ursprünglich einen dem Wort-

stamm NZR verwandten Begriff enthalten haben könnte, der den Textgestaltern in späterer Zeit nicht mehr bekannt und für sie wieder nur mit dem Namen der Stadt Nazareth zu erklären gewesen ist.
Im hebräisch/aramäischen Wörterbuch zum Alten Testament (Gesenius S. 519) steht zum Wortstamm NZR an 4. Stelle auch die Bedeutung „verbergen", und es wird dazu auf einen, im Buch des Propheten Jesaja vorkommenden Begriff „Verborgenes" hingewiesen.

Jesaja 48.6.
... Ich habe dir von nun an Neues sagen lassen und VERBORGENES, das du nicht wußtest.

Das Wort „Verborgenes" wurde in den alten Schriften mit den Konsonanten geschrieben: N — Z — R — W — TH.
Von den Vokalpunktatoren des Mittelalters wurde für diese Worte die Aussprache NEZUROTH vorgeschrieben. Im Wörterbuch wird auf die Stammverwandtschaft mit dem assyrischen Begriff „amat nisirti" hingewiesen, der mit „Mysterien" zu übersetzen ist.

Ein anderer Hinweis führt das hebräische Wort „NZWRJ JSR(A)L" an, das ebenfalls bei Jesaja steht und „die bewahrt Gebliebenen Israels" bedeutet.

Jesaja 49.6.
Und (der Herr) spricht: Es ist ein geringes, daß du mein Knecht bist, die Stämme Jakobs aufzurichten, und DIE BEWAHRTEN Israels wiederzubringen...

Der Stamm des Wortes Nazoräer kann nach seinen am öftesten vorkommenden Ableitungen mit folgenden Bedeutungen übersetzt werden:
1. beobachten, behüten, bewachen
2. beobachten, halten (einen Bund)
3. hüten, bewahren, Einsicht, Erkenntnis
4. verbergen, Verborgenes

Wenn für den im überlieferten Wortlaut mit „Stadt Nazareth" gedeuteten Begriff das Konsonantenwort NZRWTH oder eine verwandte Form im Text der ursprünglichen hebräisch/aramäischen Überlieferung stand, ist für den rätselhaften Vers des Matthäus-Evangeliums eine sehr klare und einleuchtende Auffassung möglich:

Als er hörte, daß Johannes gefangen genommen war, zog er nach Galiläa, er verließ die Stätte der Geborgenheit (Verborgenheit, Behütetheit) und wohnte in Kapernaum.

Die Gemeinschaft der Nazoräer, der „Hirten und Bewahrer", trat nicht offen auf. Die „Hirten" wirkten im Stillen, die Bewahrer gaben ihr Wissen und ihre Kenntnisse vom Geist der Vergangenheit nur innerhalb der eigenen Gemeinschaft weiter.
Jesus wurde in dieser Gemeinschaft erzogen und geschult. Aus welchem Anlaß und mit welcher Begründung vor sich selbst und vor seiner Familie er sich dann auf die „Suche" machte, kann aus den überlieferten Schriften nicht erkannt werden. In der Kirchentradition wird gelehrt, daß es so geschehen mußte, weil es von Gott so bestimmt war. Diese Erklärung ist Theologie.
Über die in der Realität ihres Alltags, von der Familie und den Zeitgenossen wahrnehmbaren Ereignisse, die Jesus zu seinem Entschluß bestimmt haben, ist in der Überlieferung kein Zeugnis erhalten. Auf seiner Suche fand er Johannes den Täufer. Wenn man in dem bei Matthäus beschriebenen kurzen Wortwechsel einen geschichtlichen Kern anerkennt, ohne die Worte zu mystifizieren, wird man, darin nur die Spiegelung des Respektes wahrnehmen, den zwei Männer mit unterschiedlicher Lebensauffassung trotzdem füreinander empfanden. Aus dem überlieferten Wortlaut geht eindeutig hervor, daß die Begegung nicht zu einer geistigen Bindung geführt hat.
Johannes blieb am Jordan, er folgte Jesus nicht nach. Er hätte das aber mit Sicherheit getan, wenn er ihn als Messias erkannt hätte.
Jesus wurde von dem aus der Begegnung übernommenen Geist in der Wüste dazu verleitet, als „gottgeweihter" Asket den religiösen Fanatismus in den Menschen zu wecken und mit dieser Macht ein Reich der Gerechtigkeit herzustellen. Mit dem Wissen der Vergangenheit konnte er dieser Versuchung widerstehen. „Der Mensch lebt nicht vom Brot allein". Die materielle Freiheit kann nicht von Dauer sein, wenn die Menschen die von Gott gesandte „Nahrung", das MAN, den Geist der

Gerechtigkeit und das Wissen, das allein ihnen die Freiheit bewahren kann, mißachten.
Nach der Versuchung kehrte Jesus in die Gemeinschaft der Nazoräer zurück. Bis er hörte, daß auch Johannes der Täufer ein Opfer der despotischen Willkür geworden war.
Im Neuen Testament heißt es, Herodes habe Johannes hinrichten lassen, weil dieser öffentlich seine Ehe mit Mariamne, der früheren Frau seines Bruders, als sündig, verwerflich und verderbenbringend angeprangert hatte.
Flavius Josephus beschreibt einen sachlicheren Grund:

Da nun infolge der wunderbaren Anziehungskraft solcher Reden eine gewaltige Menschenmenge zu Joannes (Johannes) strömte, fürchtete Herodes, das Ansehen des Mannes, dessen Rat allgemein befolgt zu werden schien, möchte das Volk zum Aufruhr treiben, und hielt es daher für besser, ihn rechtzeitig aus dem Weg zu räumen, als beim Eintritt einer Wendung der Dinge in Gefahr zu geraten und dann, wenn es zu spät sei, Reue empfinden zu müssen. Auf diesen Verdacht hin ließ also Herodes den Joannes in Ketten legen, nach der Festung Machaerus bringen, die ich oben erwähnte, und dort hinrichten. (Jüdische Altertümer XVIII. 5.2.)

Das Streben nach Gerechtigkeit scheint über den Gegensatz der Lebensauffassungen hinweg Jesus mit Johannes verbunden zu haben. Die Nachricht, daß Johannes verhaftet war, hat Jesus wahrscheinlich den letzten Anstoß gegeben, hervorzutreten und nun nicht mehr im Verborgenen für eine begrenzte Zahl von Menschen tätig zu sein.
In den drei synoptischen Evangelien (Matthäus, Markus, Lukas) wird von dem Tag berichtet, an dem Jesus in seiner Vaterstadt zum ersten Mal in der Synagoge gelehrt hat. Matthäus und Markus nennen keinen Namen der Stadt. Bei Lukas steht Nazareth.

Lukas 4.17.
Da ward ihm das Buch des Propheten Jesaja

gereicht. Und da er das Buch herumwarf, fand er die Stelle, da geschrieben steht: (18.) Der Geist des Herrn ist bei mir, darum daß er mich gesalbet hat...

Wann immer Skeptiker mit Frommen darüber diskutieren, ob Jesus überhaupt jemals von sich selbst behauptet habe, der Messias und Gottes Sohn zu sein, wird zumindest einer der Frommen in der Runde auf diesen Vers des Lukas-Evangeliums verweisen. Jesus liest zwar nur, was im Buch des Propheten Jesaja geschrieben steht — und keiner wird behaupten, jeder, der diesen Vers laut liest, möchte sich damit zum Messias aufwerfen, — aber der eigentliche Beweis soll sich aus der Reaktion der Zuhörer ergeben.

Lukas 4.20.
Und als er das Buch zutat, gab er's dem Diener und setzte sich. Und aller Augen, die in der Schule waren, sahen auf ihn.
(21.) Und er fing an zu sagen zu ihnen: Heute ist diese Schrift erfüllet vor euren Ohren.
(22.) Und da gaben alle Zeugnis von ihm, und wunderten sich der holdseligen Worte, die aus seinem Munde gingen, und sprachen: Ist das nicht Josephs Sohn?

Klammert man sich in dieser Erzählung nicht ausschließlich an den mageren Messiasbeweis, und liest man das Zitat aus dem Buch Jesaja ganz, so ist mehr aus diesem Bericht zu gewinnen: die Überzeugung nämlich, daß in Jesus — auch wenn man ihn nur als Mensch sehen kann — ein wegweisender, mutiger und opferbereiter Geist gelebt hat, der über die Zeiten hinweg auch heute noch Menschen verpflichten und inspirieren muß, die im kirchlichen Gottesdienst allein nicht ausreichende Erfüllung sehen können; wie wohl auch Jesus selbst, als er noch auf der „Suche" war.
Johannes hatte Gerechtigkeit als oberste Richtlinie für das Verhalten der Menschen gefordert. Für viele Menschen war er dadurch zu einem Licht der Hoffnung und des Trostes geworden. Ohne Grund und Recht wurde er von den Herrschenden verhaftet, in Ketten gelegt und so zum Schweigen gebracht.

Jesus kannte die heiligen Schriften des Alten Testaments, und es könnte sein, daß er den Vers im Buch Jesaja nicht ausgesucht hat, um sich als der „Gesalbte des Herrn“ darzustellen, sondern um die Menschen aufzufordern, ihm beizustehen im Kampf gegen Trägheit, Heuchelei und Willkür.

Lukas 4.18
....er hat mich gesandt, zu verkünden das Evangelium den Armen, zu heilen die zerstoßenen Herzen, zu predigen den Gefangenen, daß sie los sein sollen, und den Blinden das Gesicht und den Zerschlagenen, daß sie frei und ledig sein sollen.

Das sind Worte, die den Herrschenden nicht behagen, auch nicht den Reichen und den Mächtigen; und die Ängstlichen werden alles getan haben, um später beweisen zu können, sie hätten diese Worte nicht gehört oder nicht geduldet.

Palästina war in dieser Zeit geteiltes, besetztes Land. Es gab dort keine Freiheit gegen den Willen der Römer, kein Eigentum gegen den Willen der Mächtigen und kein Recht ohne Duldung des Unrechts. Die Menschen in seiner Vaterstadt waren nicht bereit, Jesus als den Messias auf Davids Thron zu heben, weil er in ihrer Synagoge aus dem Buch Jesaja gelesen hatte: „Der Geist des Herrn ist bei mir, darum, daß er mich gesalbt hat.“

Lukas 4.29.
Und stunden auf, und stießen ihn zur Stadt hinaus, und führeten ihn auf einen Hügel des Berges, darauf ihre Stadt gebaut war, daß sie ihn hinabstürzten.
(30.) Aber er ging mitten durch sie hinweg.

Als ob es etwas Besonderes wäre, wenn ein Gott sich unsichtbar machen oder fliegen kann. Ich glaube, es war kein Zauber, sondern der Mut und die Kraft seiner Persönlichkeit, die ihn „mitten durch sie“ gehen ließ.

Menschen, deren Haß vom Vernichtungswillen getrieben ist, sind in der Masse gegen einen einzelnen kaum zu halten; wenn sie sich aber aus

Angst vor der Obrigkeit, vor den Herrschenden oder der Besatzungsmacht gegen einen einzelnen wenden, der sie in Gefahr bringt, weil er sie auffordert, für das Recht einzustehen, bleibt die Angst stärker als der Haß. Sie werden dem Mut des Verfolgten mit der gleichen Bereitschaft ausweichen, mit der sie sich dem Zwang der Herrschenden unterwerfen.
Jesus ging mitten durch sie hindurch, weil er ihnen entgegentrat und sie zurückgewichen sind. Und von diesem Tag an ist er den Menschen entgegengetreten, bereit, den anderen die Einsamkeit zu nehmen, und bereit, selbst dann, wenn es am schwersten ist, allein zu bleiben.

An einem Sabbath lehrte er in der Synagoge zu Kapernaum.

Markus 1.22.
Und sie entsetzten sich über seine Lehre; denn er lehrte gewaltiglich und nicht wie die Schriftgelehrten.

Die meisten Schriftgelehrten deuteten damals, dem Geist der Zeit folgend, aus den heiligen Texten eine Gottesvorstellung, die den bedingungslosen Opferdienst des Menschen forderte.
Jesus lehrte die Menschen, an den Geist der Vergebung glauben, an die Gottesvorstellung, die er von seinem Vater, dem Zimmermann Joseph, in der Gemeinschaft der Nazoräer übernommen hatte. Nach dem Johannes-Evangelium wird er am Ende seines Weges sagen: „Ich haben den Menschen deinen Namen offenbart". Er hat den Menschen die Angst genommen vor dem Gott der Rache, von dem behauptet wurde, er strafe die ganze Gemeinschaft, wenn ein einzelner seinen heiligen Namen ausspricht.
Vermutlich hat Jesus diesen Namen ausgesprochen, und die Menschen haben wahrscheinlich allein an diesem Beispiel erkannt, daß der Geist, den Jesus lehrte, der Geist der Güte ist und nicht der Geist der Rache.

Markus 3.21
Und da es die Seinen hörten, gingen sie aus, und wollten ihn halten; denn sie sprachen: Er ist von Sinnen.

Dieser Satz hat nachdenklichen Menschen Anlaß gegeben, den Beweis zu versuchen, daß seine Familie Jesus für einen Wahnsinnigen gehalten hat. Wer es Wahnsinn nennt, wenn ein Mensch auch gegen den Willen der Obrigkeit den Geist der Verantwortung, der Freiheit und der Gerechtigkeit fordert und gibt, der hat die Lehre nicht verstanden, den eigentlichen „Weg" im Irrgarten des Mittelalters noch nicht entdeckt. Wer ein auf den Schienen herumkrabbelndes Kind vor dem heranrasenden, nur noch wenige Meter entfernten Schnellzug retten möchte, wird von den Zuschauern für wahnsinnig gehalten werden, aber nicht von dem Kind und von dessen Mutter.

Als seine Angehörigen Jesus zurückholen wollten, geschah es wohl aus Sorge um ihn, und nicht aus Angst vor den unkontrollierten Handlungen eines Geisteskranken.

Ob Joseph mit ihm einverstanden war, ob er ihn ermutigt oder zur Vorsicht ermahnt hat, läßt sich nicht sagen. Ein Gedanke, den Jesus auch in der Bergpredigt gesagt haben soll, könnte die Antwort gewesen sein auf besorgte Warnungen seiner Eltern.

Markus 4.21.
Und er sprach zu ihnen: Zündet man auch ein Licht an, daß man's unter einen Scheffel oder unter einen Tisch setze? Mit nichten, sondern, daß man's auf einen Leuchter setze;
(22.) Denn es ist nichts verborgen, das nicht offenbar werde, und ist nichts heimlich, das nicht hervorkomme.

Manche Gelehrte haben behauptet, mit diesen und ähnlichen Sätzen habe Jesus auf die von ihm begründete, geheime, nur den Auserwählten erkennbare Lehre verwiesen.

Ich meine, er wollte das geheime, das von den Nazoräern bewahrte geistige Gut, allen Menschen weitergeben. Jesus soll den Pharisäern entgegnet haben, daß das Gesetz für den Menschen gemacht worden ist. Es war nur folgerichtig, daß er an dem für das Wohl der Menschen wirkenden Geist nicht nur wenige teilhaben lassen wollte, sondern alle.

Die wunderbaren Wunder

Alle vier Evangelien enthalten Berichte über Wunder, die Jesus vollbracht haben soll. Sie werden im überlieferten Wortlaut als Taten beschrieben, die nur durch geheimnisvolle, göttliche Zauberkraft geschehen konnten. Die Vorstellung, daß Jesus über wunderwirksame Kräfte gebieten konnte, soll ihn nach dem Willen der Textgestalter über die Menschen erheben und als Sohn Gottes zu erkennen geben, der nur in der Gestalt, aber nicht im Wesen der Menschen auf Erden erschienen war. Dieser Deutung steht aber hinderlich im Wege, daß Jesus selbst das Bekanntwerden der Heilungen verhindern wollte.

Matthäus 12.15
...und ihm folgete viel Volk nach, und er heilete sie alle (16.) und bedrohete sie, daß sie ihn nicht meldeten.

Auch als er zuvor Blinde geheilt hatte, wollte er nicht, daß andere Menschen davon erfahren.

Matthäus 9.29
Da rührte er ihre Augen an und sprach: euch geschehe nach eurem Glauben. (30.) Und ihre Augen wurden geöffnet. Und Jesus bedräute sie und sprach: Sehet zu, daß es niemand erfahre.

Noch im jüngsten Bericht, dem der mittelalterlichen Theologie schon sehr nahe stehenden Evangelium nach Johannes, wird ein nachdenkliches Wort erwähnt, das Jesus gesagt haben soll.

Johannes 4.48
...Wenn ihr nicht Zeichen und Wunder sehet, so glaubet ihr nicht.

Nach diesem Ausspruch muß man davon ausgehen, daß Jesus die Menschen nicht durch „Wunder“ zum Glauben zwingen wollte, also „Zeichen und Wunder“ auch nicht gewirkt hat, um sich als Gottes Sohn zu erkennen zu geben.

In der Verfallszeit des Altertums, den Jahrhunderten, in denen die Überlieferung in die Form gebracht wurde, die uns heute vorliegt, war es keine ungewöhnliche Vorstellung, daß Götter Menschengestalt annehmen und mit der überirdischen Kraft der „Unsterblichen“ Wunder vollbringen. Die Wunderberichte der Evangelien unterscheiden sich deshalb im überlieferten Wortlaut kaum von den Mythen anderer Völker, in denen vom Erdenwandel der Götter oder Gotteskinder erzählt wird. In den Mythen der Völker sind die Götter menschengleich. Sie handeln nach ihren Gelüsten und wirken Wunder nach ihren Launen.

Nach welchem Gesichtspunkt hat Jesus unter den vielen Hilfesuchenden jene ausgewählt, denen er helfen wollte?

Folgt man der traditionellen Lehre, wonach der Mensch Jesus mit der unerschöpflichen Gotteskraft begabt war, so muß aus dem überlieferten Wortlaut der Evangelien der Eindruck entstehen, auch er habe seine „Wunder“ nur nach dem Zufall der Gegebenheiten und seiner jeweiligen Laune geschehen lassen, denn es ist nicht zu erkennen, weshalb er — wie auch die Götter der Mythen — nicht allen Bedürftigen geholfen, nicht alle Leidenden geheilt hat, sondern immer nur jene, die durch eigene oder die Kraft ihrer Begleiter, andere Hilfesuchende beiseite stoßen und nahe genug an ihn herankommen konnten, oder deren schrille Stimmen laut genug waren, um seine Aufmerksamkeit auf sich zu ziehen.

Diese Darstellung zerstört das Bild vom Menschen Jesus, der um Gerechtigkeit bemüht war; sie zeichnet ihn als einen seiner Herkunft und Macht bewußten Gottessohn, in der langen Reihe der menschengleichen, launischen Götterkinder aus den Mythologien des Altertums.

Einerseits wird behauptet, Jesus habe gelehrt, daß keiner sein „Licht und den Scheffel“ stellen dürfe. Anderseits soll er die Geheilten beschworen haben, über ihre Heilung nichts zu erzählen.

Wie sollte da ein Lahmer seine Heilung verschweigen, der nach Jahrzehnten plötzlich gehen, oder ein Blinder, der sehen, endlich wieder arbeiten und für sich selbst sorgen kann?

Als Johannes der Täufer im Gefängnis vom wunderbaren Wirken Jesu gehört hatte, schickte er zwei seiner Jünger zu ihm und ließ ihn fragen: „Bist du, der da kommen soll, oder sollen wir eines anderen warten?“ Aus seiner Antwort wurde in der mittelalterlichen Theologie gedeutet, Jesus habe bekannt, der erwartete Messias zu sein.

Matthäus 11.4
Jesus antwortete und sprach zu ihnen: Gehet hin, und saget Johannes wieder, was ihr sehet und höret.
(5.) Die Blinden sehen und die Lahmen gehen, die Aussätzigen werden rein und die Tauben hören, und den Armen wird das Evangelium gepredigt.

Hat Jesus das aber wirklich so gemeint, wie es von den Textgestaltern der Evangelien dargestellt wurde?
Es gab zu allen Zeiten „Blinde", die an der Leere ihres scheinbar sinnlosen Lebens verzweifelten. In der Begegnung mit Jesus, in der Erfahrung seiner, aus dem Leben mit dem Zimmermann Joseph und dem überlieferten Wissen der „Hirten und Bewahrer" entstandenen Lehre, wurden „ihre Augen aufgetan". Sie sahen klar vor sich, daß nicht die Brand- und Sündopfer für den Gott der Rache den Sinn des Lebens ausmachen, sondern die Hilfe, die der Wohlhabende den Armen, der Gesunde den Kranken und der Starke den Schwachen geben soll. Menschen, die von Jesus den im Namen JHWH offenbarten göttlichen Geist übernahmen und durch die Erkenntnis ihrer Verpflichtung, „Hüter des Bruders" zu sein, „sehend" geworden waren, die allerdings mußten gewarnt werden, denn wenn sie den Mächtigen der Politik und den Selbstgerechten der Religionen von ihrer „Heilung" erzählten, waren sie in Gefahr, wegen Aufruhr und Gotteslästerung angeklagt und hingerichtet zu werden.

Es hat zu allen Zeiten Menschen gegeben, die gegen die Hilferufe derer taub waren, die durch die „Sünden der Eltern" oder durch eigenes Versagen außerhalb der Gemeinschaft der frommen und rechtschaffenen Diener Gottes im Elend leben mußten.
Auch wer durch die Lehre Jesu diese Hilferufe hören lernte und danach bereit war zu helfen, mußte gewarnt werden. Wer nämlich denen beistand, die nach dem „Gesetz Gottes" der Strafe verfallen und aus der Gemeinschaft ausgestoßen waren, der handelte gegen dieses Gesetz.
Es gab zu allen Zeiten Menschen, deren guter Wille gelähmt war durch den Argwohn und die Eifersucht ihrer Umgebung, durch die längst ausgehöhlten und zur starren, lebensfeindlichen Formel gewordenen Gesetzesbestimmungen aus früheren Epochen. Viele haben ihre Hem-

mung vergessen, wenn sie zu der Erkenntnis geführt wurden, daß sie gebraucht werden.
Jesus empfahl den „Lahmen", ihre Teilnahme denen zuzuwenden, die durch Bestimmungen des Gesetzes zu „Aussätzigen" geworden, und denen, die durch ihre materielle Not zu Verachteten gestempelt waren. Schriftgelehrte, die meinen, das Gebot der Nächstenliebe sei erfüllt, wenn man in Abgeschiedenheit und stiller Frömmigkeit der leidenden Brüder und Schwestern in Liebe gedenkt, müssen noch lernen, daß die Botschaft nicht im Wort übermittelt und Nächstenliebe nur in der Tat zur unaufhaltsamen, unmißverständlichen Kraft wird, die durch kein Gesetz und keine Staatsgewalt unterdrückt werden kann. Sie werden dann hoffentlich auch begreifen, daß im Beispiel, das Joseph durch seine Tat gegeben hat, mehr für die Befreiung der Menschen getan worden ist, als durch die geschwätzige Aufbereitung der zu „Wundern" deklarierten, wegweisenden Handlungen des Menschen Jesus.
Wer sich nicht zu der unsinnigen Behauptung versteigen will, daß Jesus nicht lesen und schreiben konnte, wird keine Antwort finden auf die Frage, weshalb er seine Lehre nicht niedergeschrieben hat, als die, daß er die beispielgebende Tat höher einschätzte, als heilsverheißende schriftliche Theorien.
In der überlieferten Form enthalten die Evangelien mehrere und verschiedene Beschreibungen von Wundern, die Jesus vollbracht haben soll. Nur ein einziges „Wunder" kommt in allen vier Evangelien vor. Der Bericht muß zum ältesten und wichtigsten Gut der ursprünglichen Überlieferung gehört haben. Das ist — folgt man dem Text, so wie er nach Auslegung, der Tradition und dem überlieferten Wortlaut dargeboten wird —, eigentlich nicht zu verstehen, denn der Bericht von der wunderbaren Speisung der 5000 mit nur fünf Broten und zwei Fischen enthält — so scheint es — die als Heilsbotschaft wenig überzeugende Mitteilung, daß Jesus zaubern konnte.
In den Evangelien nach Markus und Matthäus — den beiden ältesten des Kanons — folgt die Fabel von der wunderbaren Speisung der 5000 auf den Bericht von der Hinrichtung Johannes des Täufers, dessen Kopf Herodes der Tochter seiner Frau für ihren Tanz versprochen hatte.

Matthäus 14.12
Da kamen seine (Johannes) Jünger und nahmen seinen Leib und begruben ihn; und

kamen, und verkündigten das Jesu.

Mit den Jüngern scheinen viele, über das neue Unrecht ratlos Verzweifelte, um ihren verehrten Lehrer und Täufer Johannes trauernde Menschen zu Jesus gekommen zu sein. Es heißt, er habe sich, als er die Todesnachricht erhielt, allein in eine eisame Gegend — oder Wüste — zurückziehen wollen. Das Volk aber folgte ihm nach und blieb bei ihm.

Matthäus 14.14
Und Jesus ging hervor und sah das große Volk; und es jammerte ihn derselbigen, und er heilte ihre Kranken.

Als es Abend wurde, wußten die Jünger nicht, wie die vielen Menschen verköstigt werden könnten, denn sie hatten nur fünf Brote und zwei Fische bei sich. Jesus ließ die Brote und die Fische bringen.

Matthäus 14.19
Und er hieß das Volk sich lagern auf das Gras und nahm die fünf Brote und die zwei Fische, sah auf zum Himmel, und dankte, und brach's und gab die Brote den Jüngern, und die Jünger gaben sie dem Volk.
(20.) Und sie aßen alle und wurden satt; und huben auf, was übrig blieb von Brocken, zwölf Körbe voll.

Die Erklärung des Wunders steht im Text. Man erkennt sie nur dann nicht, wenn man, angeregt von der Alchimistenphantasie der mittelalterlichen Textdeuter, nach einer geheimnisvollen Formel sucht.
Jesus gab die Brote seinen Jüngern. Er selbst aß nicht. Die Jünger gaben die Brote weiter, ohne selbst davon zu essen. Diesem Beispiel folgend, teilte jeder, was er hatte, auf die anderen auf, ohne selbst davon zu nehmen, und am Ende waren alle satt.
Jesus hatte, ohne ein Wort dazu zu sagen, das Beispiel gegeben, das die Jünger nachahmten und von dem keiner der anderen dann zurückstehen wollte.
Nicht die Vermehrung der Brote und der Fische durch die überirdische Zaubermacht eines Halbgottes war das Wunder, das die Menschen an

diesem Tag erlebten, sondern die als Erlösung aus der Einsamkeit empfundene Zuwendung des anderen, die damit verbundene Befreiung von der Angst vor dem Argwohn und der Mißgunst des Nachbarn und die Erkenntnis, daß das scheinbar nutzlose eigene Dasein in der Sorge um das Wohl des Nächsten neuen, beglückenden Sinn erhalten kann.
Das Wunder dieses Tages war die Erfahrung, daß es Ungerechtigkeit und Not nicht geben kann, wenn in einer Gemeinschaft jeder dem anderen die gleichen Rechte zugesteht, die er für sich selbst beansprucht, so wie es im Gebot der Nächstenliebe von den Menschen verlangt wird.

Wie dem Evangelium nach Matthäus zu entnehmen ist, waren an diesem Tag viele Jünger und Anhänger des ermordeten „Täufers" zu Jesus gekommen. Diese Menschen glaubten an die Verheißungen der alten Propheten. Sie warteten auf den Messias, der das Reich der Gerechtigkeit errichten sollte, und sie erhofften von den Asketen und wandernden Lehrern zu erfahren, wann endlich die Zeit des Unrechts enden würde.
Nach dem Geist der Zeit gab es für das Ausbleiben des schon vor Jahrhunderten angekündigten Erlösers nur eine Erklärung: den Zorn Gottes über die Sünden der Menschen.
Als sich die Kunde vom Tod Johannes des Täufers im Land verbreitete, werden sie hinausgezogen sein in die Einsamkeit zu den Asketen und den Heiligen, um Rat zu erhalten und Buße zu tun, damit sie von der von Gott für die Ermordung seines Heiligen über die Menschen verhängten Strafe und der Gewalt seines Zornes nicht mit voller Härte getroffen werden. Sie waren bereit, durch Verzicht auf Genuß, durch Beten und Fasten Gott zu versöhnen.
Und da war dieser Jesus, der vom Fasten und Kasteien nichts hielt, der bereit war, mit ihnen zu teilen, was seine Jünger an Essenvorräten bei sich hatten und der nicht, wie die anderen, Gottes Zorn auf die Schuldigen beschwor, als er sah, daß viele von denen, die gekommen waren, um zu fasten, sich heimlich mit Proviant versorgt hatten.
Sie waren gekommen, um zu fasten, und sie bekamen zu essen; sie waren gekommen, um zu büßen, und sie fanden Trost.
Jesus hat an diesem Tag wohl viele von der Vorstellung erlöst, dem Gott der Rache hilflos ausgeliefert zu sein und ihnen von der Gnade der Befreiung von Schuld erzählt, die in diesem Leben jeder dem anderen gewähren soll, der an ihm schuldig geworden ist. Durch sein Beispiel

verlangte Jesus von den Menschen, Bürge für das Wohl und die Sicherheit des anderen zu sein, und er lehrte sie dadurch, daß dort, wo Tausende zusammenkommen, keiner hungrig bleiben wird, wenn einer für das Wohl des anderen bürgt.
Die materielle Vermehrung einiger Brote wäre für den leiblichen Sohn Gottes ein Zauberkunstück von beschämender Bescheidenheit gewesen. Er hätte damit als ein allmächtiger Magier den Notleidenden für einen winzigen Augenblick ihres Lebens die Hoffnung vorgegaukelt, aus ihrem Elend befreit zu sein, und sie wären am nächsten Tag, durch die Einsicht, daß sie nur für eine einmalige Darbietung göttlicher Zaubermacht als bewunderndes Publikum gebraucht wurden, desto tiefer in ihre ausweglose Hoffnungslosigkeit zurückgeworfen worden.
Manche werden vielleicht sagen, diese profane Erklärung der wunderbaren Speisung der 5000 nimmt der Überlieferung den göttlichen Glanz und den Hungernden die Hoffnung auf die Gnade eines göttlichen Wunders. Wer so denkt, soll sich aus der Sphäre seiner Poesie in die Wirklichkeit begeben und sich einen Tag lang umtun in Kalkutta oder Rio, in den Slums von Rom oder in einem der Massenlager, die in aller Welt zu finden sind.
Wenn er dort die Verhungernden sieht, wird er nicht mehr meinen, es sei eine für alle Menschen aller Zeiten erlösende Tat gewesen, daß Jesus vor 2000 Jahren angeblich durch Zauberkraft mit fünf Broten und zwei Fischen 5000 Menschen sättigen konnte, sondern hoffentlich darüber nachdenken, ob es nicht einen Weg gibt, den Elenden auch noch in diesem Leben zu helfen. Die profane Erklärung des „Wunders“ der Speisung könnte ihm dann ein Beispiel sein zur besseren Orientierung, falls er Antwort sucht auf die Frage, was er selbst tun könnte.

DIE RABEN

„Lilie ist Zeugnis“

Matthäus 6.25.
Darum sage ich euch: sorget nicht für euer Leben, was ihr essen und trinken werdet; auch nicht für euren Leib, was ihr anziehen werdet. Ist nicht das Leben mehr denn die Speise? Und der Leib mehr denn die Kleidung?
(26.) Sehet die Vögel unter dem Himmel an: sie säen nicht, sie ernten nicht, sie sammeln nicht in die Scheunen; und euer himmlischer Vater nähret sie doch. Seid ihr denn nicht viel mehr denn sie?

Im zwanzigsten Jahrhundert der christlichen Zeit gibt es Millionen Menschen auf unserem Planeten, die gezwungen sind, ohne zu säen, ohne zu ernten, ohne in die Scheunen sammeln zu können, nach dem Beispiel verirrter Vögel zu leben, aber der himmlische Vater ernährt sie nicht, und sie verhungern.
Die auch im Christentum noch ab und zu auffindbaren Nachkommen derer, die in den Schriften des Neuen Testamentes als „Pharisäer“ bezeichnet werden, verteidigen die Poesie, indem sie darauf hinweisen, daß das schöne Wort ein Gleichnis für die Wirksamkeit des Glaubens an Jesus Christus als Sohn Gottes sein soll, nicht ein Rat oder eine im alltäglichen Leben anzuwendende Verhaltensregel.
Was aber nützt das schöne Gleichnis den Verhungernden? Und wieso dürfen die Frömmler den Eindruck erwecken, daß die Reichen in Mittel- und Südamerika aufrichtiger und besser glauben als die Verarmten und Verhungernden?
Was bedeutet dieses Gleichnis überhaupt? Noch nie hat es einen Vogel gegeben, der den Tag überlebte, wenn er nicht in der Sekunde des Erwachens sich aufgemacht hat, um nach dem wärmenden Futter für seinen unterkühlten Körper zu suchen. Bliebe er sitzen und wartete er

auf die wundersame Fütterung durch den himmlischen Vater, er wäre nicht besser daran als die Menschen in den Hungerzonen Afrikas.
Der Dichter dieses irreführenden Spruches hat den beschaulich lebenden Gelehrten, den frömmelnden Bürgern des noch lange fortdauernden Mittelalters eine Formel zur Betäubung ihres Gewissens geliefert, sonst nichts; und er hat bewiesen, daß er vom Leben der Vögel so wenig wußte, wie vom Elend der Menschen. Er hat den Kuckuck nicht gekannt, der, um zu seinem Futter zu kommen, die anderen jungen Vögel aus dem Netz wirft. Er wußte nichts von den Möven, die in riesigen Kolonien leben, in denen sie ihre Nester nicht allein lassen; denn wenn sie es tun, fressen die Nachbarn sofort ihre Eier oder ihre Jungen, um dem eigenen Nachwuchs größere Lebenschancen zu sichern. Der himmlische Vater versorgt die Vögel nicht anders oder besser als alle anderen Tiere, die Tag und Nacht in der Angst vor ihren Feinden leben, denen sie als Nahrung dienen und die selbst andere, kleinere Lebewesen jagen, um sich von ihnen zu ernähren. Was wollte der Dichter dieses seltsamen Spruches die Menschen lehren? Daß sie wieder leben sollen wie die Tiere?
Es soll auch keiner erzählen, dieser Ausspruch sei im überlieferten Wortlaut von Jesus in seiner Bergpredigt in dem gedanklichen Zusammenhang und in der Bedeutung gesagt worden, die von den gelehrten Deutern hineingedichtet worden ist. In den Evangelien nach Markus und Johannes wird dieses seltsame Gleichnis nicht erwähnt. Das Lukas-Evangelium enthält einen geringfügig abgewandelten Wortlaut.

Lukas 12.24
Nehmet wahr der Raben; die säen nicht, sie ernten auch nicht, sie haben auch keinen Keller noch Scheune; und Gott nähret sie doch.

In vielen Bibelausgaben ist zu diesem Vers ein Hinweis auf den 147. Psalm angegeben.

147. Psalm 9.
...(Lobet unseren Gott)...
(9.) Der dem Vieh sein Futter gibt, den jungen Raben, die ihn anrufen.

Und dazu wird wieder ein Hinweis auf einen anderen Vers gegeben, diesmal aus dem Buch Hiob.

Hiob 38.41
Wer bereitet dem Raben die Speise, wenn seine Jungen zu Gott rufen, und fliegen irre, weil sie nichts zu essen haben.

Von diesem Vers wird der Leser wieder zurückverwiesen auf den 147. Psalm.

Zunächst erscheint der Wortlaut im Lukas-Evangelium noch unsinniger, als der Vers bei Matthäus, in dem die Vögel im allgemeinen als Beispiel für die Menschen genannt werden. Durch die Verweise auf die anderen Nennungen kann aber zumindest erkannt werden, daß der Begriff „Rabe" schon in der Überlieferung des Alten Testamentes eine bestimmte, aus dem Wortlaut der Schriften, in dem er vorkommt, nicht mehr erkennbare Bedeutung gehabt haben muß.

In der alten Welt waren die Rabenvögel bei manchen Völkern verachtet und wurden verfolgt, weil sie sich respektlos und diebisch über die auf den Altären für die Götter zubereiteten Speiseopfer hermachten.

Es gibt Berichte, daß Raben, Krähen und Dohlen gezähmt gehalten und zum Sprechen abgerichtet worden sein sollen.

In der germanischen Mythologie sind die beiden Raben Hunin und Munin die Boten des Götterkönigs Wotan, die ihm berichten, was in der Welt geschieht.

Raben wurden auch als weissagende Vögel verehrt. Sie sollen eine besondere Fähigkeit haben, Land wittern und kommenden Regen anzeigen zu können.

Bei manchen Völkern der alten Welt waren die Raben auch Symbol der Heilkraft der Götter. Einige erklären das mit der Meinung der Alten, daß Raben für menschliche Begriffe uralt werden. Andere bringen die Heilkunst mit der in vielen Legenden berichteten Weisheit der Raben in Zusammenhang.

Bei den Griechen galten die Raben wegen ihres monogamen Verhaltens und ihrer Nestpflege als Symbol ehelicher Eintracht. Der Rabe war in Athen der Hochzeitsvogel.

Es gibt in den Berichten über die Kulturen des Altertums unglaublich viele Hinweise auf eine — zur Zeit der Niederschrift — nicht mehr erkennbare und deshalb mythisch verformte Bedeutung des Begriffes „Rabe".

Weder in den fünf nach dem Propheten Mose benannten Büchern des Alten Testamentes noch in den Schriften der Propheten sind Hinweise zu finden für die Erklärung des Begriffes Rabe.
Die Frau des Propheten Mose, die er im Exil bei den Midianitern geheiratet hatte, hieß „Ziporha", das bedeutet „weiblicher Vogel". Ihr Vater soll Reguel geheißen haben; in der hebräischen Sprache enthält der Name die Begriffe „Hirte" und „Gott".
Das zeigt zwar unvermutet die Möglichkeit einer geistigen Beziehung zwischen der Lebensart des Zimmermannes Joseph, der in der Gemeinschaft der „Hirten und Bewahrer" lebte, und dem Schwiegervater und Lehrer des Propheten Mose auf, aber auch daraus ergibt sich keine Erklärung für die Bedeutung der Bezeichnung Rabe in dem oben zitierten Vers des Lukas-Evangeliums.
Es ist aber auch in der Geschichtedes Propheten Elia (Eljahu) von Raben die Rede; und dort sind eindeutig keine Vögel gemeint. Als Elia von Ahab, dem König des Nordreiches Israel, verfolgt wird, rät ihm das „Wort des Herrn", (JHWH):

1. Könige 17.3
... verbirg dich am Bache Krith, der gegen den Jordan fließt,
(4.) und sollst vom Bach trinken; und ich habe den Raben geboten, daß sie dich daselbst sollen versorgen.

Weder in der Geschichte des Propheten Elia, noch in dem zitierten Vers aus dem Lukas-Evangelium sind die mit dem Begriff „Rabe" bezeichneten Lebewesen jene schwarzen Vögel, die wir als Raben, Krähen und Dohlen kennen.
Da die Bücher der Könige aber lange vor den Schriften des Neuen Testamentes entstanden und in hebräischer Sprache und Schrift geschrieben sind, muß die Erklärung des Begriffes „Rabe" aus der Bedeutung des hebräischen Wortes zu entnehmen sein.*
Das Wort bedeutet nicht nur „Rabe", sondern auch „Bürge" (in der Bedeutung „für jemanden Bürge sein, indem man für sein Leben einsteht").

* Das hebräische Wort (ayin-resch-beth) wird im Wörterbuch (Gesenius S. 614/616) mit mehreren Bedeutungen aufgeführt; zwei davon geben die gesuchte Erklärung.

Der rätselhafte, anscheinend sinnlose Vers aus der Bergpredigt wird damit zur Bestätigung der „profanen" Deutung des „Wunders" der Speisung der 5000 mit nur fünf Broten und zwei Fischen.
Die „Raben" sind Menschen, die für das Leben ihres Nächsten „bürgen". Als „Hüter ihres Bruders" fühlen sie sich nicht aufgerufen, Wächter über seine Sitte und seine Moral, sondern „Hirten" zu sein, die mit ihrem Besitz und Leben für die Sicherheit und das Wohlergehen Ihres Nächsten bürgen. Sie leben nach dem Geist JHWH, denn durch das „Wort des Herrn" (hebr. DVR JHWH) wurde Elia in die Obhut der „Raben" am Bache Krith empfohlen.
Daß die aus dem Wörterbuch empfohlene Deutung des Begriffes Rabe nicht falsch sein kann, wird durch den Fortgang der Geschichte des Propheten Elia bestätigt.

1. Könige 17.6
Und die Raben brachten ihm Brot und Fleisch des Morgens und des Abends.

Die „Raben" versorgten Elia so, wie 800 Jahre später die „Hirten" den Zimmermann Joseph von den Nazoräern mit seiner Familie auf der Flucht nach „Ägypten" beschützt haben.
In dem Begriff „Raben" ist auch die in ferne Vergangenheit reichende, von den Nazoräern und Hirten bewahrte älteste Tradition umschrieben, denn neben „Bürge" hat das hebräische Wort auch noch eine andere sehr wichtige Bedeutung. Es bezeichnet „den Schwarm der Nicht-Israeliten, die sich beim Auszug aus Ägypten den Israeliten zugesellt hatten."

Exodus 12.37.
Also zogen aus die Kinder Israel von Raemses gen Sukkoth, 600.000 Mann zu Fuß ohne die Kinder.
(38.) und zog auch mit ihnen viel PÖBELVOLK und Schafe und Rinder, sehr viel Viehs.

Wo Luther „viel Pöbelvolk" übersetzt hat, steht im Kommentar der Jerusalemer Bibel „viel Mischvolk". Leser der „Bibel-Korrektur" werden sich vielleicht an den Hinweis erinnern, daß im Namen Mose die

aus den ältesten Zeiten stammende Tradition des Namen „JHWH" mit der viel jüngeren Tradition der Patriarchen, die den Namen JHWH nicht gekannt haben (Ex. 6.2.), zusammengeführt worden ist. Vom Geist JHWH geleitet, fanden die Menschen, die der Katastrophe entkommen konnten, auf ihrer Wanderung durch die „verwüstete Welt" die Kraft, zu überleben. Sie nährten sich vom MAN (Manna), dem Geist und dem Wissen der Vergangenheit.
Es heißt, das Man endete, als das Volk den Jordan überschritt, unter der Führung des Propheten Josua beschnitten wurde und das „Getreide des Landes aß".
Die „Raben" haben weiterhin das alte Wissen und den in dem Gesetz der Zehn Worte, im Namen des Propheten Mose aus JHWH verkündeten Geist der Nächstenliebe bewahrt.
In der Bergpredigt wies Jesus also wahrscheinlich nicht darauf hin, daß der Mensch sein Schicksal dem der Tiere angleichen soll, er wollte auch nicht die später im Namen des Apostels Paulus erhobene Forderung nach bedingungsloser Unterwerfung unter die Macht der Priester vorbereiten, die von sich behaupten, allein den Willen Gottes zu kennen und zu verkünden. Er wies die Menschen darauf hin, daß ihre Vorfahren die Folgen der kultur- und zivilisationsvernichtenden Katastrophen überleben und den Geist bewahren konnten, weil sie einander Hirten und Bürgen gewesen sind.
Er wollte nicht zur Untätigkeit auffordern, denn er selbst ging doch mit seinen Jüngern am Sabbath zum Ährenausraufen in die Felder, weil sie Hunger hatten. Sie ernteten, was ein anderer gesät und, wie es der Brauch des Volkes bestimmte, für die Armen hatte stehen lassen. Der Gedanke, den er den Menschen erzählte, muß nur in einem Wort geändert werden, um den eigentlichen Sinn freizugeben und seine Gültigkeit für alle Menschen und alle Zeiten erkennen zu lassen:

Sie säen nicht, sie ernten nicht, UM in die
Scheunen zu sammeln.

Das heißt, die „Raben" tun täglich das, was in der Welt und der Zeit, in der Jesus lehrte, als Wunder angesehen wurde. Sie geben den Bedürftigen von dem, was sie haben, und vertrauen auf den Geist der Nächstenliebe, der sie versorgen wird, wenn sie in Not geraten sollten.
Jesus soll in der Bergpredigt aber nicht nur von Raben gesprochen haben, sondern auch von Lilien.

Matthäus 6.28.
Und warum sorget ihr für die Kleidung? Schauet die Lilien auf dem Felde, wie sie wachsen; sie arbeiten nicht, auch spinnen sie nicht.
(29.) Ich sage euch, daß auch Salomo in aller seiner Herrlichkeit nicht bekleidet gewesen ist, als derselbigen Eins.

Beweisen nun die „Lilien", daß die gefundene Bedeutung des Wortes Rabe doch nicht stimmen kann?
In der Welt der Raben und der Hirten hat das Wort „Bruder" eine Bedeutung, die weit über die Bezeichnung einer körperlichen, familiären Beziehung hinausreicht. Ebenso wird das Wort „Schwester" verstanden werden müssen, denn im Geist der Hirten und der Nächstenliebe ist eine unterschiedliche Bewertung der Menschen nach ihrer Herkunft oder ihrem Geschlecht nicht möglich.

Wir sollten also nicht an Hand der Namensnennungen und Erwähnungen in den Evangelien unter Zuhilfenahme unserer Glieder errechnen wollen, wie viele Kinder im Hause des Zimmermanes geboren worden sind, um dann lüstern oder boshaft zu überlegen, wann und von wem sie gezeugt und geboren worden sein könnten.

Johannes 11.3.
Da sandten seine Schwestern zu ihm (Jesus) und ließen ihm sagen: Herr, siehe, den du lieb hast (Lazarus), der liegt krank.

Wir werden der geschichtlichen Wirklichkeit wohl ziemlich nahe kommen, wenn wir annehmen, daß die „Schwestern" Jesu und die nach den „Raben" in der Bergpredigt erwähnten „Lilien" ähnliche Wesen sind. Es ist ein liebenswerter Gedanke, daß ein weltfremder, sich in seiner Frauenangst von aller Versuchungen abschließender Verfechter des Ideales der Jungfräulichkeit den Lilienvers begeistert poetisch ausgeschmückt hat, ohne zu wissen, daß er am Ende seiner Bemühungen damit den Menschen rät, die Frauen nicht arbeiten zu lassen, sie nicht zu kleiden, sondern sie so, wie Gott sie erschaffen hat, unter die Männer zu schicken.

Zu dem hebräischen Wort für „Lilien" (schin-waw-schin-nun) wird angegeben (Gesenius S. 817):

Name einer Blume, nach der gewöhnlichen Auffassung der Lilie; wahrscheinlich aber eine umfassende Benennung für mehrere Blumenarten.

In den Psalmenüberschriften 45.1. — 69.1. — 60.1. und 80.1 — NICHT MEHR ZU DEUTEN.

Martin Luther hat den Begriff mit „Rosen" übersetzt. Danach heißen die undeutbaren Überschriften der Psalmen so:

45.1
Ein Brautlied und Unterweisung der Kinder Korah, VON DEN ROSEN VORZUSINGEN
60.1
Ein gülden Kleinod Davids, vorzusingen; VON DER ROSE DES ZEUGNISSES, zu lehren.
69.1
Ein Psalm Davids VON DEN ROSEN VORZUSINGEN
80.1
Ein Psalm und Zeugnis Asaphs, VON DEN ROSEN VORZUSINGEN

Der Frage, wo es denn jemals singende Rosen oder Lilien gegeben habe, sind die Gestalter der deutschen Ausgabe der „Jerusalemer Bibel" ausgewichen. Auch wenn es nach Vergleich der beiden Übersetzungen unmöglich erscheint — beide wurden nach demselben Wortlaut der im Alten Testament gesammelten Psalmen verfaßt.

45.1
Dem Chormeister, nach „Lilien"; von den Söhnen Korachs, ein Weisheitslied, ein Lied

der Liebe.
60.1
Dem Chormeister, nach „Lilie ist Zeugnis";
von David; ein Miktam
69.1
Dem Chormeister, nach „Lilien"; von David
80.1.
Dem Chormeister, nach „Lilie ist Zeugnis";
ein Psalm von Asaph;

In beiden Übersetzungen wird wenigstens das Wort *Zeugnis* gleich wiedergegeben. Es steht im Hebräischen auch für „Gesetz", für eine „feierlich gegebene und übernommene Verordnung", für ein „verpflichtend anerkanntes Gesetz", und es wird dann auch noch darauf hingewiesen, daß das hebräische Wort in den Fünf Büchern Mose auch für das in den zwei Steinernen Tafeln bewahrte Gesetz der Zehn Worte gilt.

Die „Raben" und die „Lilien" oder die „Rosen" sind Frauen und Männer, die nach dem im „Lebenden Wort" JHWH überlieferten Geist, in einer Gemeinschaft der Gleichberechtigung leben.
Was der Begriff „Rosen des Gesetzes" oder „Lilien des Zeugnisses" genau zu bedeuten hat, läßt sich aus dem Psalmentext nicht feststellen. Der Zusammenhang mit den anderen Berichten zwingt aber zu der Erkenntnis, daß in der Tradition der „Hirten und Bewahrer" auch die Frauen als würdig angesehen wurden, mit dem Namen des Gesetzes verbunden zu sein, das heißt, es zu bewahren und vielleicht auch, danach Entscheidungen zu treffen.
Die Zehn Wort sind das gültige, über allen Menschen und Ordnungen stehende Gesetz. Es darf weder im Namen eines Gottes noch im Namen der Menschen aufgehoben oder geändert werden, denn es sind durch dieses Gesetz die Rechte des Menschen, ohne Unterschied für Frau und Mann, und die Rechte der Familie, also der Kinder und der Alten, gegen jede religiöse oder staatliche Macht geschützt. Jesus läßt jedes Gesetz gelten, das nicht dem obersten für die Menschen gemachten Gesetz der Zehn Worte widerspricht.

Matthäus 5.17.
Ihr sollt nicht wähnen, daß ich kommen bin,

das Gesetz oder die Propheten aufzulösen;
ich bin nicht kommen aufzulösen, sondern zu erfüllen.

Seine Aufforderung in der Synagoge, den Armen und Rechtlosen beizustehen, den Gefangenen die Freiheit zu verkünden, ist kein Aufruf, *gegen* das Gesetz zu handeln, sondern dazu, die Forderung der zehn Gebote nach Gerechtigkeit, Gleichberechtigung und Nächstenliebe endlich zu erfüllen.

Matthäus 5.18.
Denn ich sage euch wahrlich; bis daß Himmel und Erde zergehe, wird nicht zergehen der kleinste Buchstabe, noch ein Tüttel vom Gesetze, bis daß es alles geschehe.

Im Lukas-Evangelium wird berichtet, Jesus habe in der Synagoge von Nazareth aus dem Buch des Propheten Jesaja gelesen, und es seien die Augen aller auf ihn gerichtet gewesen.

Lukas 4.21
Und er fing an, zu sagen zu ihnen:
heute ist die Schrift erfüllet vor euren Ohren.

Aus dem Geist des Zimmermannes Joseph von den Näzoräern und dem Geist der Handlungen des Menschen Jesu ist zu schließen, daß die mittelalterlichen Textgestalter, um den Schimmer eines Beweises zu erhalten, aus dem gedeutet werden kann, Jesus habe von sich selbst als Messias und Sohn Gottes gezeugt, das verdeckten, was seine Zuhörer in der Synagoge in zwei Lager gespalten haben muß: Den Aufruf, nicht auf den Messias als Wundertäter zu warten, sondern selbst zu handeln, damit das, was sich heute nur „vor euren Ohren" erfüllte, bald „vor aller Augen gesehen kann". Nicht erst Gott kann die Gerechtigkeit herstellen, die Menschen wären jederzeit dazu fähig, denn Gerechtigkeit entsteht nicht nur durch Richter und Obrigkeit, sondern auch dann, wenn keiner dem anderen Unrecht zufügt.
Von den Raben wird gesagt, daß keiner dem anderen ein Auge aushackt. Vielleicht sollte auch dieser Gedanke anklingen in dem Beispiel, das Jesus in der Bergpredigt geben wollte. Sein Hinweis auf die

„Raben", an denen die Menschen sich ein Beispiel nehmen sollten, beweist, daß Jesus vom Zimmermann Joseph und den Hirten die Gedanken, Gesetze und die Weisheit der alten Tradition übernommen hat, und nicht als von Anfang an allwissendes, zaubermächtiges und von seinen menschlichen Eltern unabhängiges Wunderkind aufgewachsen ist.

Es wäre gut, einen Menschen umzubringen für das Volk

Auf der Hochzeit zu Kana soll Maria ihren Sohn aufmerksam gemacht haben, daß es keinen Wein gab. Jesus reagierte seltsam darauf.

Johannes 2.4.
Jesus spricht zu ihr: Weib, was habe ich mit dir zu schaffen? Meine Stunde ist noch nicht gekommen.

Aus der lieblichen Umrahmung des Göttermärchens gelöst und in die Wirklichkeit der damaligen Zeit gestellt, offenbart uns das scheinbar launische Wort die besorgte Vorsicht des Sohnes für seine Mutter.
Aus dem Lukas-Evangelium wissen wir, daß der Zimmermann Joseph von den Nazoräern in jedem Jahr zu den Pesach-Feiern nach Jerusalem zog. Alle Vorfälle in der Stadt wurden von den Römern während der Feste besonders argwöhnisch beobachtet und jede Begegnung von Menschen, die sie als beginnende Zusammenrottung ansahen, wurde von römischen Soldaten sofort gestört. Kana war eine Stadt in Galiläa. Mit der Bevölkerung dieses Landesteiles hatten die Römer immer wieder Schwierigkeiten gehabt.
Galiläer, die zu den Feststagen nach Jerusalem kamen, scheinen, wie dem Lukas-Evangelium entnommen werden muß, beobachtet und nicht immer gut behandelt worden zu sein.

Lukas 13.1. (Einheitsübersetzung)
Zu dieser Zeit kamen einige Leute zu Jesus und berichteten ihm von den GALILÄERN,

die Pilatus beim Opfern umbringen ließ, so daß sich ihr Blut mit dem ihrer Opfertiere vermischte.

Es gibt über diesen Mord an jüdischen Pilgern aus Galiläa keine außerbiblischen Berichte. Der Wortlaut des Evangeliums läßt eine Beteiligung jüdischer Priester oder Würdenträger nicht erkennen. Da die Pilger beim Opfern getötet worden sind, kann es sich auch nicht um die Vollstreckung von zumindest formell korrekten Todesurteilen gehandelt haben.
Joseph war aus Gründen die wir nicht genau kennen, in Judäa verfolgt worden. Maria wird deshalb als Frau des Zimmermannes ohnehin verdächtig gewesen sein. Jesus stand im Mittelpunkt einer Volksbewegung. Die Menschen suchten seinen Rat, als Johannes getötet wurde. Sie brachten ihm Berichte über den Pilgermord in Jerusalem. Er mußte damit rechnen, daß er von der jüdischen Obrigkeit und den Römern als potentieller Anführer argwöhnisch beobachtet wurde. Es konnte für Maria Gefahr bedeuten, wenn Informanten der Römer, sie an den Festtagen in Jerusalem erkennen und den Römern über ihre Beziehung zu dem verdächtigen Nazoräer Jesus erzählen würden.

Die Römer lassen nämlich immer an Festtagen (in Jerusalem) eine bewaffnete Kohorte auf Wache ziehen, damit das versammelte Volk keine Gelüste nach Aufruhr bekommt. (Flavius Josephus, Jüdischer Krieg II.12.1.)

Die wenigen außerbiblischen Quellen zur Geschichte dieser Zeit berichten fast nur über Kämpfe der Judäer und Galiläer gegen die Römer; über Maßnahmen der Römer gegen vermeintliche Aufständische, und durch römische Maßnahmen gegen vermeintliche oder echte Aufrührer ausgelöst worden sind.
Im überlieferten Wortlaut der Evangelien fand dieser nie endende Krieg der Juden gegen ihre römische Besetzung nicht statt.
Die Gestalter der Evangelientexte haben kaum eine Gelegenheit ausgelassen, um die Juden als Christusmörder, die Römer aber als faire Opfer jüdischer Intrigen darzustellen. Es darf daher nicht verwundern, daß uns in den Evangelien nicht berichtet wird, ob der Zimmermann zur Zeit der Kreuzigung mit Maria in Jerusalem gewesen ist, denn nach

Meinung der mittelalterlichen Gelehrten war Joseph Jude. Die Juden aber waren für die Verfasser der uns überlieferten Evangelientexte düstere Gesellen, die Jesus und seine Lehre haßten. Angeführt von den Hohenpriestern Hannas und Kaiphas trachteten sie in der Schilderung der Evangelien nur danach, Jesus zu ermorden.

Johannes 18.14.
Es war aber Kaiphas, der den Juden riet, es wäre gut, daß ein Mensch würde umgebracht für das Volk.

Dies ist für mich der widerlichste Satz der gesamten Überlieferung, denn aus ihm wurden in späteren Jahrhunderten die fanatischen Judenhasser zu ihren Verleumdungen und Lügen über Menschen- und Kinderopfer in den Synagogen inspiriert.
Es gab keinen Grund für einen jüdischen Priester, unmittelbar vor dem höchsten Fest seines Volkes einen Menschen „umzubringen für das Volk". Kein Pilger, kein Bewohner der heiligen Stadt Jerusalem war daran interessiert, daß die Vorbereitungen auf das Fest durch eine spektakuläre Hinrichtung gestört würden. Keiner hätte Freude an der Hinrichtung gehabt, und keiner der Juden hatte Freude an der Kreuzigung — sie fand ohne jüdisches Publikum statt.
Für die Römer allerdings gab es guten Grund, „einen Menschen hinrichten zu lassen für das Volk".
Öffentliche Hinrichtungen von echten oder angeblichen Widerstandskämpfern als Demonstration der Macht und abschreckendes Beispiel sind ein oft angewandtes Mittel der Unterdrückung. Die Opfer werden von einem Exekutionskommando durch die Stadt geführt, nicht selten tragen sie ein Schild um den Hals, oder es wird vor ihnen einhergetragen — mit einem zynischen Text, der das Opfer und die Gleichgesinnten verhöhnt.
In Jerusalem unter dem römischen Statthalter Pontius Pilatus wurde Jesus durch die Stadt zur Kreuzigung geführt. Sie trugen ein Schild vor ihm her: Jesus der Nazoräer, König der Juden.
Die Textgestalter der Evangelien erlaubten Pilatus, seine Hände in Unschuld zu waschen; sie luden alle Schuld auf Hannas, Kaiphas und auf das Volk der Juden. Zur Kreuzigung waren die „Brüder" Jesu nicht gekommen, und auch seine Jünger nicht. Man wird nicht sagen dürfen, sie seien aus „Angst vor den Juden" ferngeblieben, denn Juden waren

keine da. Nur römische Soldaten bewachten den Gekreuzigten. Wahrscheinlich hätte Jesus, wäre einer seiner Brüder oder seiner Jünger zum Kreuz gekommen, auch zu ihm gesagt: „Was habe ich mit dir zu schaffen!"
In den Evangelien wird beschrieben, daß die jüdischen Priester die Kreuzigung Jesu gewollt und das Volk angestiftet haben zu dem haßerfüllten Schrei: „Kreuzigt ihn". Es wäre diese Behauptung eher glaubhaft, wenn es hieße, sie hätten gerufen: „Steinigt ihn", denn das war die vom Gesetz bestimmte Todesstrafe.
In den Evangelien sind Hannas und Kaiphas als haßerfüllte, blutrünstige Bösewichte geschildert, deren Macht sich auch Pilatus beugen mußte.
Im fünften Geschichtsbuch des Neuen Testamentes, der Apostelgeschichte, wird beschrieben, wie die Gemeinde der Apostel nach der Kreuzigung bemüht war, die Lehre Jesu in Jerusalem zu verbreiten.

Apg. 2.44. (Einheitsübersetzung)
Und alle, die gläubig geworden waren, bildeten eine Gemeinschaft und hatten alles gemeinsam.
(45.) Sie verkauften Hab und Gut und gaben davon allen jenen soviel, wie er nötig hatte.
(46.) TAG FÜR TAG VERHARRTEN SIE EINMÜTIG IM TEMPEL, brachen in ihren Häusern das Brot und hielten miteinander Mahl in Freude und Einfalt des Herzens.
(47.) Sie lobten Gott UND WAREN BEIM GANZEN VOLK BELIEBT.

Da die Jünger im Tempel verkündeten, daß Jesus von den Toten auferstanden sei, die im Tempel bestimmenden Sadduzäer aber — im Gegensatz zu den Pharisäern — nicht an ein Weiterleben nach dem Tode glaubten, wurden Petrus und Johannes von den Tempelwachen festgenommen und vor den Rat der Obersten, der Ältesten und der Schriftgelehrten gebracht, dem selbstverständlich auch die Hohenpriester angehörten.

Apg. 4.6.
Hannas, der Hohepriester, und Kaiphas und

Johannes und Alexander, und wieviel ihrer waren vom Hohenpriestergeschlechte.

Nach Verhör und Beratung wurde den Aposteln geboten, im Tempel nicht mehr im Namen Jesu zu lehren.
Petrus und Johannes waren nicht bereit, sich dem Urteil zu fügen, weil es nach ihrer Meinung nicht recht sein konnte, dem Rat mehr zu gehorchen als Gott.
Man sollte meinen, daß nun die letzte Stunde der beiden Apostel angebrochen war. Vor Hannas und Kaiphas, die nach dem überlieferten Wortlaut der Evangelien gegen den Willen des römischen Statthalters den Mord an Jesus erzwungen haben sollen, erklärten sie weiterhin im Tempel lehren zu wollen, daß Jesus von den Toten auferstanden sei.

Apg. 4.21. (Einheitsübersetzung)
Jene aber drohten ihnen noch mehr und ließen sie dann gehen; denn sie sahen keine Möglichkeit, sie zu bestrafen, mit Rücksicht auf das Volk...

Die Hohenpriester Hannas und Kaiphas ließen die Apostel gehen, weil das Volk — das angeblich kurz zuvor haßerfüllt die Kreuzigung Jesu gefordert hatte — eine Bestrafung der Apostel nicht dulden würde. Bald darauf wurden Petrus und die Apostel im Tempel erneut festgenommen, in der Nacht aber vom „Engel des Herrn" befreit und ermutigt, weiterhin im Tempel zu lehren.
Es gab nur einen Tempel in Jerusalem, und es war in ganz Judäa nur dieser Platz, wo Juden mehr bestimmen durften als die Römer. Nach der Geschichtsauffassung der Textgestalter der überlieferten Schriften des Neuen Testamentes wurden die Römer von.den Juden gezwungen, Jesus zu kreuzigen. Pilatus aber ließ auf das Kreuz schreiben: Jesus der Nazoräer, König der Juden.

Johannes 19.21
Da sprachen die Hohenpriester der Juden zu Pilatus: Schreib nicht: der Juden König, sondern daß Er gesagt habe: Ich bin der Juden König.
(22.) Pilatus antwortete: was ich geschrieben

habe, das habe ich geschrieben.

Wenn vor dem heiligsten Fest eines Volkes eine fremde Besatzungsmacht einen Angehörigen dieses Volkes zum Tod verurteilt, ihn am hellen Tag mit dieser Kreuzesaufschrift durch die mit Pilgern überfüllte Stadt führt und als „König der Juden" kreuzigen läßt, dann ist es lächerlich, zu behaupten, das Volk habe den Gekreuzigten verhöhnen wollen. Es war eine vor Aufruhr warnende Demonstration römischer Macht. Pilatus zeigte, daß es gegen den Willen des römischen Kaisers keinen König der Juden geben kann. Die Kreuzesinschrift verhöhnte die Hoffnung der Juden auf den Messias, den von Gott gesandten König, der dem Volk die Freiheit bringen sollte.

Markus 15.2.
Und Pilatus fragte ihn: Bist du der König der Juden? Er (Jesus) antwortete aber und sprach zu ihm: Du sagst es.

Die Antwort wurde oft als Beweis dafür angeführt, daß Jesus sich vor seinem Tod eindeutig als der von den Propheten des Alten Testamentes angekündigte — von den Juden nicht erkannte, aber von den Heiden gehörte — Messias zu erkennen gegeben hat.
Wäre es aber nicht seltsam, wenn der — nach Auffassung der Theologen — als Heiland und Erlöser aller Menschen in die Welt gesandte Gottessohn sich im Angesicht des Todes als „König der Juden" bekannt hätte, der er nicht war, nicht sein sollte und als Mensch Jesus auch nicht sein wollte?
Nach dem Bericht im Markus-Evangelium soll Jesus nach diesem „Du sagst es" auf keine weiteren Fragen mehr geantwortet haben. Das läßt vermuten, daß sowohl die Wortwahl zu seiner Antwort wie auch das nachfolgende konsequente Schweigen nicht als das mystische Bekenntnis eines, sich seiner für kurze Zeit übernommenen Rolle bewußten, göttlichen Gastes zu verstehen sind, sondern als bewußtes, durchdachtes und opferbereites Verhalten eines mutigen Menschen, der bereit war, selbst zu erfüllen, was er von anderen forderte: Bürge für das Leben seines Nächsten zu sein.
Die Juden hatten keine Vollmacht, Menschen zum Tode zu verurteilen und hinzurichten; auch die Priester hatten dieses Recht nicht. Es war der römischen Besatzungsmacht vorbehalten. Nur Pontius Pilatus

konnte über Leben und Tod der Gefangenen entscheiden.

Markus 15.6.
Er (Pilatus) pflegte aber ihnen auf das Osterfest einen Gefangenen loszugeben, welchen sie begehrten.

Für die Römer war es sinnvoll, einen Tag vor dem Fest einen Mann aus dem Volk öffentlich hinrichten zu lassen, zur Warnung und Demütigung der Juden.
Die andere Maßnahme war aber noch teuflischer. Pilatus ließ die Judäer mitentscheiden, welcher der Gefangenen freigegeben und welcher hingerichtet werden sollte. Das mußte zu erbitterten Auseinandersetzungen führen, unter den Gefangenen im Gefängnis und den Freunden und Familien des Todeskandidaten draußen. Hätte Jesus auf die Frage, ob er der König der Juden sei, geantwortet „Nein", dann wäre Pilatus die Möglichkeit gegeben gewesen, sein widerliches Spiel weiterzutreiben und die Gefangenen und ihre Angehörigen gegeneinander auszuspielen. Es war die klassische Anwendung des lateinischen Lehrsatzes: „Teile und herrsche".
Jesus hatte von Joseph durch dessen menschliche Entscheidung für ein ihm fremdes Kind das Leben erhalten. Nun setzte er es für das Leben eines anderen ein. Indem er sich selbst als den — hinzurichtenden — König der Juden bezeichnete, bestimmte er sich selbst zur Kreuzigung und sicherte dem anderen — loszugebenden — das Leben. Er übernahm die „Bürgschaft", zu der Raben und Hirten vor ihrem eigenen Gewissen verpflichet sind.
Im Johannes-Evangelium wird Pilatus noch weiter entlastet. Jesus verteidigt sich nicht und gibt auf die Fragen, die ihm gestellt werden, keine Antworten.

Johannes 19.10.
Da sprach Pilatus zu ihm: Redest du nicht mit mir? Weißt du nicht, daß ich Macht habe, dich zu kreuzigen, und Macht, dich loszugeben?
(11.) Jesus antwortete: Du hättest keine Macht über mich, wenn sie dir nicht wäre von oben herab gegeben; darum, DER MICH

DIR ÜBERANTWORTET HAT, DER HAT GRÖSSERE SÜNDE.

Die Autoren des Johannes-Evangeliums haben den Judenhassern des Mittelalters ein „Herrenwort“ gedichtet, das für viele Jahrhunderte zum Alibi des Antisemitismus werden sollte, denn verraten worden war Jesus von einem seiner Jünger, der auf den bezeichnenden Namen Judas hörte, und überantwortet hatten ihn angeblich die Priester und das Volk der Juden. Pilatus, der die Macht hatte, ihn und auch Barabbas freizugeben und es nicht getan hat, den traf nach dem Willen der Textgestalter aber keine Schuld.
Auf Golgatha waren die römischen Soldaten, die den gekreuzigten „König der Juden“ zu bewachen hatten, allein. In allen vier Evangelien wird berichtet, daß Maria, die Mutter Jesu, gekommen war, und Maria Magdalena und einige andere Frauen. Nach dem Johannes-Evangelium soll auch der Jünger da gewesen sein, „den Jesus lieb hatte“. Nur die Textgestalter des Lukas-Evangeliums haben mit einer diffusen Formulierung wieder eine römerfreundliche Brücke gebaut:

Lukas 23.49.
Es stunden aber alle seine Bekannten von ferne und die Weiber, die ihm aus Galiläa waren nachgefolgt und sahen das alles.

Joseph der Zimmermann wird nicht erwähnt. Vielleicht weil der Nazoräer nach Auffassung der mittelalterlichen Gelehrten ein Jude war.

X. EIN FREMDER MANN

Der Messias sollte aus dem Haus des Königs David kommen. Die Propheten hatten ihn „Sohn Davids“ oder den „Gesalbten des Herrn“ genannt.
Die gelehrten Verfasser des Neuen Testamentes glaubten daran, daß der Gekreuzigte der von Gott durch die Propheten verkündete Erlöser gewesen ist. Sie suchten es aus den Schriften des Alten Testamentes zu beweisen und durch die Formulierungen in ihren Evangelientexten zu bestätigen. Es fehlte ihnen aber ein wichtiger Beweis. Jesus, der Sohn Josephs von den Nazoräern, war nicht gesalbt gewesen.
König David war einst von dem großen Propheten Samuel zum König gesalbt worden. Die Stadt Samuels war Ramah, oder Ramathaim Zophim. Sie war ungefähr 25 km östlich von Jaffa und wurde in der Überlieferung des Neuen Testamentes Arimathia genannt.

Matthäus 27.57.
Am Abend kam ein reicher Mann von Arimathia, der hieß Joseph; welcher auch ein Jünger Jesu war.
(58.) Der ging zu Pilatus und bat ihn um den Leib Jesu... Da befahl Pilatus, man sollte ihm ihn geben.
(59.) Und Joseph nahm den Leib und wickelte ihn in eine reine Leinwand;

Dadurch, daß dieser Joseph aus Arimathia — der Stadt des Propheten Samuel — kam, war die letzte Lücke in der Kette der anfangs so wichtigen Messias-Beweise geschlossen.

Matthäus 27.60.
(60.) und legte ihn in sein eigen neu Grab, welches er hatte lassen in einen Fels hauen, und wälzte einen großen Stein vor die Tür des Grabes und ging davon.

Joseph von Arimathia kommt in allen vier Evangelien vor. Er hatte ein

Grab für sich vorbereitet, also kann er nicht mehr ganz jung gewesen sein. Er hatte Mut, denn es war gefährlich, sich zu einem als Aufrührer hingerichteten Galiläer zu bekennen.

Dieser Joseph von Arimathia muß aber auch mit Jesus verwandt gewesen sein. Die Freigabe des Leichnams eines Hingerichteten für die private Bestattung war nach Römischem Recht dem zuständigen Richter vorbehalten und durfte nur an Verwandte oder enge Freunde erfolgen. Ein enger Freund kann dieser Joseph von Arimathia nicht gewesen sein, wenn das richtig ist, was im Johannes-Evangelium steht;

...„Joseph von Arimathia, der ein Jünger Jesu war, doch heimlich aus Furcht vor den Juden"...(19.38.)

Wäre dieser Mann so ängstlich gewesen, daß er sich aus Furcht vor den Juden nicht offen zu Jesus bekannte, dann hätte er nicht den Mut aufgebracht, sich vor dem Statthalter der Römer zu einem Mann zu bekennen, der erst vor wenigen Stunden gekreuzigt worden war.

Im Text nach Lukas wird berichtet von einem Mann „mit Namen Joseph, ein Ratsherr, der war ein guter, frommer Mann. Er hatte nicht gewilligt in ihren Rat und Handel; er war von Arimathia, der Stadt der Juden...". (23.50f.)

Joseph von Arimathia wird nie, wie es sonst üblich war, mit dem Namen seines Vaters bezeichnet.

Am Anfang seines Lebens war ein mutiger Mann für Jesus eingetreten, von dem nur der Name Joseph überliefert ist. Am Ende seines Lebens trat wieder ein mutiger Mann mit dem Namen Joseph für Jesus ein und legte ihn in das Grab, das er schon für sich selbst bestimmt hatte.

Niemand könnte beweisen, daß Joseph von Arimathia und der Zimmermann Joseph nur zwei verschiedene Benennungen einer Person sind. Es würde aber auch der Beweis nicht möglich sein, daß zwei verschiedene Männer mit diesem Namen bezeichnet werden sollten.

Die Heimatstadt des Zimmermanns Joseph ist nicht bekannt. Es gibt gute Gründe für die Annahme, daß die Stadt Nazareth erst nachträglich in die Überlieferung eingesetzt wurde, weil es sonst keine Erklärung gegeben hätte für den im Beinamen stehenden Begriff Nazoräer, dessen ursprüngliche Bedeutung die Textgestalter der Evangelien nicht mehr wußten. Der Einwand, daß Joseph von Arimathia ein reicher Ratsherr gewesen sei, der Zimmermann aber nur ein schlichter Handwerker, hat wenig Überzeugungskraft.

Ob Jesus, der seinem Jünger gesagt hatte, er soll die leeren Trauer-

rituale um die Toten den Toten überlassen und sich um die Not der Lebenden kümmern, die Freundschaft eines reichen Ratsherrn angenommen hätte, der zu ängstlich war, sich als Jünger seiner Lehre zu bekennen?
Die schlichte Tumbheit des Zimmermannes ist eine Erfindung der mittelalterlichen Apokryphendichter. Das Neue Testament enthält zu dieser Auffassung keine Berichte. Dem Matthäus-Evangelium darf anderseits entnommen werden, daß der Zimmermann Joseph urspünglich in Judäa gelebt hat, nach der Heimkehr von der „Flucht nach Ägypten" „zunächst nach Judäa wollte und erst, als er erfuhr, daß Archälaos nun nach seinem Vater Herodes in Judäa herrschte, mit seiner Familie weiter nach Galiäa gezogen ist.
Drei Evangelien nennen Joseph als den Mann, den die Menschen für den Vater des Menschen Jesus gehalten haben. Im Evangelium nach Markus — dem ältesten — entsteht der Eindruck, daß Jesus ein außerehelich geborenes Kind der Maria war.

Markus 6.3.
Ist er nicht der Zimmermann, Marias Sohn
und der Bruder des Jakobus und Joses und
Judas und Simon?

Marias Sohn — so wurden die vaterlosen, außereheheliche geborenen Kinder bezeichnet. Ein gesetzlicher Vater wird nicht genannt. Entweder die Verfasser wußten von keinem, oder sie nahmen an, daß ihn ohnehin jeder kennt. Bei Markus steht, wie in den anderen Evangelien, einmal (15.43.): „Joseph von Arimathia, ein ehrbarer Ratsherr", dann aber steht schlicht:

Markus 15.45.
... und als er (Pilatus) es erkundet hatte (daß
Jesus tot war) von dem Hauptmann, gab er
Joseph den Leichnam.

Hier steht der Name Joseph, als wäre er der eines vertrauten Menschen.
Wenn also die Verfasser dieses Evangeliums vorausgesetzt haben sollten, es sei ohnehin jedem bekannt, daß der Zimmermann Joseph zu Pilatus ging, weil er der gesetzliche Vater des Menschen Jesus war,

dann wäre die Bezeichnung „Marias Sohn“ nicht für „unehelich“, sondern nur zur Unterscheidung von den anderen verwendet worden, die denselben Vater, aber eine andere Mutter hatten.
Vieles spricht für die Vermutung, daß der Zimmermann Joseph sein „fremdes Kind“ vom Kreuz genommen und in das Grab gelegt hat, das schon für ihn selbst bestimmt war.
Sie haben beide kein geschriebenes Wort hinterlassen, der Zimmermann, und auch Jesus, der Sohn Josephs von den Nazoräern. Sie haben uns aber ein Beispiel gegeben, in dem alle Gedanken der großen Lehre gelebt worden sind.

ANHANG

Die Familie des Zimmermannes

Eusebius von Caesarea, Kirchengeschichte II.1.2.:

„Jakobus, der Bruder des Herrn genannt wird — weil auch er Sohn des Joseph hieß — Joseph war Christi Vater, wie die Heilige Schrift der Evangelien lehrt, fand man, daß die ihm verlobte Jungfrau, noch ehe sie zusammen kamen, vom Heiligen Geist empfangen habe — dieser Jakobus, dem die Alten wegen seiner sittlichen Vorzüge den Beinamen „der Gerechte" gaben, erhielt damals, wie die Geschichte überliefert, als erster den Bischofsstuhl der Kirche von Jerusalem."

Zu diesem Absatz stellen die Herausgeber der deutschen Ausgabe von 1967 in einer Fußnote (Seite 117) fest:

Jakobus war nach Matthäus 10,3, Markus 3,18, Lukas 6,15, Johannes 19,25, Apostelgeschte 1,13 **ein Sohn des Alphäus** bzw. Kleophas. Daß er ein Sohn Josephs gewesen sei, behauptet schon das Protoevangelium des Jakobus ... in der Handschrift B.

Flavius Josephus (geboren im Jahre 37 n. Chr. bis zu seiner Gefangennahme einer der jüdischen Oberbefehlshaber im Krieg gegen die Römer). „Jüdische Altertümer" XX.9.1.:

Der jüngere Ananus jedoch, dessen Ernennung zum Hohepriester ich erwähnt habe, war von heftiger und verwegener Gemütsart und gehörte zur Sekte der Sadducäer, die, wie schon früher bemerkt, im Gerichte härter und liebloser waren als alle anderen Juden. Zur Befriedigung dieser seiner Hartherzigkeit glaubte Ananus auch jetzt, da Festus gestorben, Albinus aber noch nicht angekommen war, eine günstige Gelegenheit gefunden zu haben. Er versammelte daher den Hohen Rat zum Gericht und stellte vor dasselbe *den Bruder des Jesus, der Christus genannt wird, mit Namen Jakobus.*
Sowie noch einige andere, die er der Gesetzesübertretung anklagte und

zur Steinigung führen ließ. Das aber erbitterte auch die eifrigsten Beobachter des Gesetzes...

Eusebius von Caesarea, Kirchengeschichte III.32.5.:

Wie Hegesippus mitteilt, lebten noch Nachkommen von einem anderen der sogennanten Brüder des Heilands, nämlich von Judas, bis zur gleichen Regierungszeit (Kaiser Trajan 98—117), nachdem sie unter Domitian, wie schon oben erzählt, für ihren christlichen Glauben Zeugnis abgelegt hatten. Hegesippus schreibt: „Sie kamen nun und erhielten als Bekenner und als Verwandte des Herrn führende Stellung in der ganzen Kirche. Nachdem tiefer Friede in der ganzen Kirche eingetreten war, lebten sie noch bis zur Regierung des Kaisers Trajan.

Stichwort Joseph

Brockhaus 1955 Bd. 6, S. 88

Joseph — der Mann Mariens
Seine kirchliche Verehrung ist im Orient zuerst während des 7. Jahrhunderts nachweisbar:
Sie beschränkt sich auf die Mitfeier am Sonntag nach Weihnachten.
Im Abendland findet sich die Joseph-Verehrung erstmals im 9. Jahrhundert; sie breitete sich während des Mittelalters immer mehr aus und führte gegen 1480 zu einem eigenen Fest — 19. März — im römischen Brevier und Missale.
Neben diesem Josephstag steht seit dem 19. Jahrhundert das Schutzfest, heute am zweiten Mittwoch nach Ostern, mit Oktar gefeiert.

Brockhaus 1955, Bd 6, S. 88

Von den Klostergemeinschaften unter seinem (Joseph) Namen sind für Deutschland zu nennen:
Die Trierer Josephs-Schwestern, gegr. 1891
Die Deutsche Provinz der Josephs-Schwestern von St. Marx (Diözese

Straßburg), gegründet 1845 mit dem Mutterhaus in St. Trudpert (Schwarzwald)

Meyers Lexikon 6. Aufl. 10. Band
Leipzig-Wien 1905, Seite 310

Joseph (hebr. entweder „er nimmt hinweg", nämlich die Schmach der Kinderlosigkeit von Rachel nach 1. Mos. 30.23., oder „er vermehre" das Mutterglück)

1. vorletzter Sohn des Patriarchen Jakob...
2. Joseph, der Heilige, Gatte der Maria, der Mutter Jesu, daher sein Nähr- oder Pflegevater genannt.
   Nach den Evangelien war er ein Zimmermann, wird aber nach dem öffentlichen Auftreten Jesu nicht mehr erwähnt und scheint deshalb vorher gestorben zu sein. Die christliche Sage läßt ihn erst im hohen Greisenalter die Maria heiraten, um jeden Gedanken an eine natürliche Zeugung Jesu fernzuhalten.
   Sein Gedächtnis wird in der römisch-katholischen Kirche am 19. März, in der griechischen am 26. Dezember gefeiert.
   Pius IX. erhob am 8. Dezember 1870 den Tag zu einem Fest erster Klasse und Joseph zum Schutzpartron der ganzen Kirche.
   Der Hebung seines Kultes widmet sich seit 1860 die „Erzbrüderschaft vom heiligen Joseph". Seit 1875 wird der Kult auch durch eine vielgelesene Zeitschrift „Sendbote des heiligen Joseph" gefördert, und Leo XIII. hat ihn durch Rundschreiben vom 15. August 1889 den Gläubigen ans Herz gelegt.

1. Der Schlangenzertreter	Gen. 3. 15.
2. Japhets Wohnen bei Sem	Gen. 9. 25.—27.
3. Abrahams Same	Gen. 12.3.; 22.18.
4. Isaac	Gen. 26.4.
5. Jakob	Gen. 28.14.
6. Der Held aus Juda	Gen. 49.10.
7. Die erhöhte Schlange	Num. 21.18.
8. Der Stern aus Jakob	Num. 24.17.
9. Der Prophet wie Mose	Deut. 18.15.; 18.
10. Der dem David verheißene Erbe	2. Sam. 7. 12.—14.

11. *Der in den Psalmen verheißene davidische König*

Psalm 2.	Du bist mein Sohn, heute habe ich dich gezeugt
Psalm 16.	Du wirst meine Seele nicht in der Hölle lassen
Psalm 22.	Mein Gott, mein Gott, warum hast du mich verlassen
Psalm 24.	Machet die Tore weit
Psalm 40.	Siehe, ich komme, im Buch ist von mir geschrieben
Psalm 45.	Der Schönste unter den Menschenkindern
Psalm 69.	Der mit Galle Getränkte
Psalm 72.	Der große Friedefürst
Psalm 110.	Der ewige König und Hohepriester
Psalm 118.	Der Eckstein

12. *Jesaja*

2.3.	Von Zion wird das Heil ausgehen
4.2.	Des Herrn werter Zweig
7.14.	Der Jungfrau Sohn, der Immanuel
9.6.	Uns ist ein Kind geboren, ein Sohn ist uns gegeben
11.1.	Die Rute vom Stamme Isai
25.7.	Die hinweggenommene Decke der Heiden
28.16.	Der Grundstein und köstliche Eckstein in Zion
32.1.	Der König der Gerechtigkeit
35.	Die Rückkehr durch die Wüste
40.3.	Der Prediger in der Wüste
42.3.	Der sanftmütige Heiland, der das Rohr nicht zerbricht
49.6.	Das Licht der Heiden
53.	Der leidende Gottesknecht
60.	Das Schwinden der Finsternis und das ewige Licht

61. Das gnädige Jahr des Herrn
65.17. Der neue Himmel und die neue Erde

13. *Jeremia*
23. 5./6.
und
33.15. Das gerechte Gewächs Davids
31.31. Der neue Bund

14. *Ezechiel*
17.23.ff Das Zedernreis auf Zion
34. 23. Der einige Hirt
36. 26.f Der neue Geist und das fleischerne Herz
37.1.ff Die Auferstehung Israels

15. *Daniel*
7.13. Des Menschen Sohn
9.25. Jerusalem soll wiederum gebaut werden, bis auf den Gesalbten
9.26. Der Gesalbte wird ausgerottet
12. Der Fürst Michael

16. *Hosea*
11.1. Aus Ägypten habe ich meinen Sohn gerufen

17. *Joel*
Kap. 3. Der Heilige Geist

18. *Amos*
Kap. 9.11. Die zerfallene Hütte Davids

19. *Jona*
Kap. 2. Vorbild Christi

20. *Micha*
Kap. 5.1. Bethlehem, die Geburtsstadt des Herrn

21. *Haggai*
Kap. 2.10. Die größere Herrlichkeit des zweiten Tempels

22. *Sacharja*

6.12.	Zemach (Sproß)
9.9.	Des Königs Einzug
11.12.	Dreißig Silberlinge
11.13.	Der Töpfersacker
12.10.	Die Geistesausgießung

23. *Maleachi*

3.1.	Der Engel, der dem Herrn den Weg bereitet
4.5.	Elia, der vor dem Herrn hingeht

Stichwort Nazoräer

Nazoräer (1) in der synoptischen Tradition titularer Beiname Jesu...(z. B. Mk. 1.24.) sowie einmal (Apg. 24.5.) der Christen. (2) Selbstbezeichnung syrischer Judenchristen im syrisch-arabischen Sprachbereich. (3) Selbstbezeichnung der Mandäer.

Es ist umstritten, ob (2) und (3) parallel auf die Selbstbezeichnung einer vorchristlichen Taufsekte zurückgehen und die Bezeichnung Nazoräer/Nazarenus für Jesus als ein in der christlichen Überlieferung fast verwischter Hinweis auf eine ursprüngliche Zugehörigkeit Jesu zu dieser Sekte aufzufassen ist.

Lit. H. H, Schäder, Th, IV 879 — 884 — RGG IVI385 (lit)

(Aus: Lexikon der Alten Welt, Artemis-Verlag, Zürich)

ZEITTAFEL

30. v. (—14 n. Ch.)	Selbstmord d. Antonius und der Kleopatra. Augustus römischer Kaiser
7. v. (?)	Geburt zu Bethlehem
14. (—37)	Tiberius Kaiser
	Augustus wird zum Gott erklärt
	„Geheimkulte“ werden auf Befehl des Tiberius verfolgt
26. (—36)	Pilatus, kaiserl. Landpfleger in Judäa
30. (?)	Kreuzigung
33.	Steinigung des hl. Stephanus
34 (?) (32)	Bekehrung des Saulus — Damaskuserlebnis
37. (—41)	Caligula römischer Kaiser
41.	Herodes Agrippa I. König von Judäa
41.	Verfolgung der Urgemeinde in Jerusalem durch Herodes Agrippa I.
41. (—54)	Claudius Kaiser
44.	Hinrichtung des Jakobus Zebedäus
46.	Judäa wieder römische Provinz
48. (51?)	Apostelkonzil Anerkennung der Lehre des Paulus
51. 52	Ausweisung der Juden aus Rom
52.	Felix Statthalter
54 — 57	Galaterbriefe
54 (68)	Nero röm. Kaiser
56. (58)	Verhaftung d. Paulus in Jerusalem
57.	Korintherbrief
58.	Römerbrief
59/61	Paulus in Gefangenschaft in Rom
60.	Portius Festus, Statthalter in Judäa
61/63	Freilassung des Paulus?
62.	Clodius Albinus Statthalter in Judäa
62—63	Epheser/Philliper/Kollosser/Phil. Brief

64	Rom brennt Christenverfolgung Petrus gekreuzigt (?) Paulus enthauptet (?)
66 (73)	Jüdischer Krieg
66.	Steinigung d. Jakobus, Sohn des Joseph, in Jerusalem
70. (65)	Markus-Evangelium
70.	Eroberung Jerusalems und Zerstörung des Tempels durch Titus
70.	Matthäus-Evangelium
73.	Massada — die letzte jüdische Festung v. d. Römern erobert
75.	Lukas, Apostelgeschichte
100.	Apokalypse um 100 Johannes-Evangelium
100.	1. u. 2. Thimotheus Titus Brief
249. (251)	Decius, Kaiser, Christenverfolgung
284. (305)	Diocletian, Kaiser
303.	Christenverfolgung
311.	Edikt Kaiser Galerius Ende der Christenverfolgung
312.	Schlacht an der Milvischen Brücke, Sieg Konstantins
313.	Toleranzedikt v. Mailand
325.	1. Reichs-Konzil zu Nicäa von Kaiser Konstantin einberufen
391.	Christentum wird römische Staatsreligion
395.	Kanon
431.	Konzil zu Ephesus, einberufen v. Kaiser Theodosius II.

Verwendete Bibelausgaben und alte Texte

DIE BIBEL
Nach der deutschen Übersetzung D. Martin Luther's Preußische Haupt-Bibelgesellschaft, Berlin 1905

DIE BIBEL
Die Heilige Schrift des Alten und Neuen Bundes
Deutsche Ausgabe mit den Erläuterungen der Jerusalemer Bibel
Freiburg/Br. 1968

Einheitsübersetzung der Heiligen Schrift
DAS NEUE TESTAMENT
1. Aufl. der Endfassung
Stuttgart 1979

D. Martin Luther
DIE GANZE HEILIGE SCHRIFT DEUTSCH
Wittenberg 1545/München 1972

DIE HEILIGE SCHRIFT
Zürcher Bibel, auf die Reformation Zwinglis zurückgehend
Zürich 1942/Stuttgart 1970

Novum testamentum
Gracce et Gcomaince
Herausgb. Eberhard Nestle
Bearbeit. Erwin Nestle, Kurt Aland
Stuttgart 1973 — 18. Aufl.

BIBELIA SACRA VULGATA
Württembergische Bibelanstalt
Stuttgart 1969

THE NEW ENGLISH BIBLE
Oxford/Cambridge 1970

SEPHÄR THORAH NEVIIM W KETUVIM
Hebrew Old Testament
The British and Foreign Bible Society
London 1960

Wilhelm Gesenius'
HERBRÄISCHES UND ARAMÄISCHES HANDWÖRTERBUCH ÜBER DAS ALTE TESTAMENT
17. Aufage, Berlin 1962 und 10. Auflage, Leipzig 1886

HANDBUCH THEOLOGISCHER GRUNDBEGRIFFE
Hrsg. Heinrich Frics
München 1962

LEXIKON DER ALTEN WELT
Artemis Verlag, Zürich—Stuttgart 1965

W. C. van Unnik-Joh. Bauer — Walter Till
EVANGELIEN AUS DEM NILSAND
Frankfurt/Main 1960

Flavius Josephus
JÜDISCHE ALTERTÜMER
Übersetzung Dr. Heinrich Clementz
Darmstadt

Flavius Josephus
DER JÜDISCHE KRIEG
München 1965, Hermann Endrös

Eusebius von Caesarea
KIRCHENGESCHICHTE
Übersetzung von Philipp Haeuser
München 1933 u. 1967

Dr. Johann Maier (Übersctzung)
DIE TEXTE VOM TOTEN MEER
München/Basel 1960

Sittengesetz des Augustus schafft neues Ehrenrecht im römischen Reich

Literaturauswahl

Rudolf Augstein
JESUS — MENSCHENSOHN
München 1972

Ferdinand Christian Baur
LEHRBUCH DER CHRISTLICHEN DOGMENGESCHICHTE
Darmstadt 1979

F.F. Bruce
ZEITGESCHICHTE DES NEUEN TESTAMENTS
London 1969
Wuppertal 1974

Campenhausen, H.v.
DIE ENTSTEHUNG DER CHRISTLICHEN BIBEL
Tübingen 1968

Delitzsch, E.
ERNSTE FRAGEN AN DIE GEBILDETEN JÜDISCHER NATION
Leipzig 1888

Martin Dibelius
JESUS
Berlin 1949

Friedländer, M.
DIE RELIGIÖSEN BEWEGUNGEN INNERHALB DES JUDENTUMS IM ZEITALTER JESU
Berlin 1905
(repr. Amsterdam 1974)

Gärtner, B.
DIE RÄTSELHAFTEN TERMINI NAZORÄER UND ISKARIOT
Uppsala 1957

Michael Grant
JESUS
Bergisch Gladbach 1979

Gunther, I.J.
ST. PAUL'S OPPONENTS AND THEIR BACKGROUND
A Study of Apocalyptic and Jewish Sectarian Teaching
Leiden 1973

Edgar Hennecke
Neutestamentliche Apokryphen
Tübingen u. Leipzig 1904

E. Hennecke — W. Schneemelcher
NEUTESTAMENTLICHE APOKRYPHEN
In deutscher Übersetzung
Tübigen 1959

Hoennicke, G.
DAS JUDENCHRISTENTUM IM ERSTEN UND ZWEITEN JAHRHUNDERT
Berlin 1908

Adolf Holl
JESUS IN SCHLECHTER GESELLSCHAFT
Stuttgart 1971

Werner Koch
DER PROZESS JESU
Köln-Berlin 1966

Johann Maier
JESUS VON NAZARETH IN DER TALMUDISCHEN ÜBERLIEFERUNG
Darmstadt 1978

Johann Maier
DIE TEXTE VOM TOTEN MEER
Anmerkungen
München/Basel 1960

W. Michaelis
Die Apokryphen zum Neuen Testament
Bremen 1956
Sammlung Dieterich

Siegfried Meuer (Hrsg.)
EINE BIBEL, *VIELE* ÜBERSETZUNGEN
Stuttart 1978

Jean Paillard
VIER EVANGELISTEN, VIER WELTEN
Frankfurt/Main 1960

Pines, S.
THE JEWISH CHRISTIANS OF THE EARLY CENTURIES OF CHRISTIANITY ACCORDING TO A NEW SOURCE
Jerusalem 1966

Pleticha/Schönberger (Hrsg.)
DIE RÖMER
Gütersloh 1977

Emil Postel
BIBELKUNDE
Langensalza 1903

Ernest Renan
DAS LEBEN JESU
Philipp Reclam jun. Leipzig

Ropes, J. H.
DIE SPRÜCHE JESU, DIE IN DEN KANONISCHEN EVANGELIEN NICHT ÜBERLIEFERT SIND
Leipzig 1896

Henri Daniel-Rops (Hrsg.)
DIE APOKRYPHEN EVANGELIEN DES NEUEN TESTAMENTS
Zürich 1956

Schlatter, A.
DIE KIRCHE JERUSALEMS VOM JAHRE 70—130
Gütersloh 1898

Schlatter, A.
DIE GESCHICHTE DER ERSTEN CHRISTENHEIT
Gütersloh 1926
(Nachdr. d. Ausg. 1926:1971)

Schlatter, A.
THEOLOGIE UND GESCHICHTE DES JUDENCHRISTENTUMS
Tübingen 1949

Schlatter, A.
DAS JUDENCHRISTENTUM
Untersuchungen über Gruppenbildungen und Parteienkämpfe in der frühen Christenheit
Bern 1964

Hans-Joachim Schoeps
DAS JUDENCHRISTENTUM
Bern 1964

Schürer, E.
GESCHICHTE DES JÜDISCHEN VOLKES IM ZEITALTER JESU CHRISTI
3 Bde., 3. — 4. Aufl. Leipzig 1901, 1907, 1909

Schweitzer, A.
GESCHICHTE DER LEBEN-JESU-FORSCHUNG
Tübingen 1951

Ethelbert Stauffer
JERUSALEM UND ROM IM ZEITALTER CHRISTI
Bern 1957

Strack, H. L.
JESUS, DIE HÄRETIKER UND DIE CHRISTEN NACH DEN ÄLTESTEN JÜDISCHEN ANGABEN
Berlin 1910

Strecker, G.
DAS JUDENCHRISTENTUM IN DEN PSEUDOKLEMENTINEN
Berlin 1958

G. Warneck
PONTIUS PILATUS
Gotha 1867

Ziegler, I.
DER KAMPF ZWISCHEN JUDENTUM UND CHRISTENTUM IN DEN ERSTEN DREI CHRISTLICHEN JAHRHUNDERTEN
Berlin 1904

(Hrsgg. von den deutschen Bischöfen)
GLAUBENSBUCH
Für das 3. und 4. Schuljahr
Ausgabe für die Erzdiözese München-Freising
München—Düsseldorf 1963

REGISTER